Rippl · Ruhnau · Hrsg.
Wissen im 21. Jahrhundert

Daniela Rippl · Eva Ruhnau
Hrsg.

Wissen im 21. Jahrhundert

Komplexität und Reduktion

Wilhelm Fink Verlag

Umschlagabbildung:
Dirk Buwalda, ›Kyoto, Japan‹, 1986

Die Deutsche Bibliothek – CIP-Einheitsaufnahme

Ein Titeldatensatz für diese Publikation ist bei
Der Deutschen Bibliothek erhältlich

Gedruckt auf alterungsbeständigem Papier.

ISBN 3-7705-3676-2

Herstellung: Ferdinand Schöningh GmbH, Paderborn

Inhalt

Vorwort

Wissen im 21. Jahrhundert zielt – neben einer Vertiefung der Erkenntnisse über die unbelebte Natur – vorwiegend auf ein Erkennen des Lebendigen. Die (Neu-) Konstruktion des Menschen mit Hilfe der Gentechnologie, der Zugriff auf das Bewußtsein in der Hirnforschung und die Erschaffung künstlicher Intelligenz und künstlichen Lebens in der Informatik verschränken sich dabei in unübersehbarer Weise. Im Erkennen des Lebendigen führt eine Wissensproduktion, die auf Vielheit durch Vervielfältigung gleicher Methoden beruht, ins Dickicht komplizierter Unklarheiten. Komplexität des Wissens erfordert Pluralität der Hypothesen, der Methoden und der Disziplinen. Aus dem Wechselspiel von Komplexität und Reduktion, die notwendig ist, um das komplexe Ganze in Wissen zu transformieren, entstehen Wissenswelten, in deren Fülle sich die Komplexität des Lebendigen selbst spiegelt. So sollte es sein?

So könnte es sein! Um Lebendiges zu verstehen und um als Menschen mit Respekt und Würde zu leben, brauchen wir Politik, Natur- und Geisteswissenschaften und die Künste, nicht als getrennte Welten, sondern miteinander in einem Prozess der Wissensgewinnung, der das dem Lebendigen angemessene Maß findet. Der Dynamik einer solchen Wissenslandschaft versuchen wir uns mit diesem Buch anzunähern.

Die Beiträge der Herausgeberinnen zu Anfang und am Ende des Buches verweisen auf dreierlei: eine methodische Verortung der verschiedenen Wissensdisziplinen, eine Beschreibung der Wissensdynamik mit Hilfe eines neuen Begriffs – *Syntopie* - und die Öffnung des Wissens in das ihm Komplementäre, die Kunst.

Die Frage: Was gibt es? greift der Philosoph Ulises Moulines auf. Diese ontologische Frage nach einem System von grundlegenden Kategorien des Seienden kann sinnvoll nur im Rahmen einer Bindung der Ontologie an die empirischen Wissenschaften erörtert werden. Empirische Theorien gibt es viele, von ontologischer Einheit kann damit keine Rede sein. Theorienreduktionismus ist ein Versuch, die Menge empirischer Theorien so zu klassifizieren, dass die verlorengegangene ontologische Einheit wiedergewonnen werden kann. Die Unvereinbarkeit von Gravitations- und Quantentheorie liefert jedoch einen Hinweis darauf, dass die Konstruktion der Einheit der Wissenschaft auf reduktionistischer Grundlage möglicherweise nicht gelingt.

Mit der Einheit des Erlebens befasst sich der Hirnforscher Ernst Pöppel. Alle psychischen Zustände, also Wahrnehmungen, Lernen und Gedächtnis, Gefühle und Handlungen, sind durch gleichzeitige räumlich verteilte Aktivitäten von Nervenzellen gekennzeichnet. Welches sind die Mechanismen, die diese räumlich verteilten Aktivitäten verbinden, um das subjektive Phänomen eines einheitlichen mentalen Aktes zu ermöglichen? Das Gehirn löst dieses Problem durch Konstruktion von Eigenzeiten. Dieses Urphänomen des Gehirns setzt Randbedingungen für soziales und künstlerisches Handeln. Die Architektur des Gehirns, die sich von Computerarchitekturen prinzipiell unterscheidet und räumliche Divergenz und funktionale Nähe von Neuronen verbindet, lässt eine angemessene Modellierung der komplexen Einheit des Psychischen als extrem unwahrscheinlich erscheinen.

Den Einfluss der Möglichkeiten moderner Computertechnologie auf das menschliche Lernen untersucht der Informatiker Wilfried Brauer. Um Faktenwissen nutzen zu können, muss es in den eigenen Wissenszusammenhang integriert werden. Der Bewältigung der Komplexität dieser Aufgabe dienen Computer durch Vereinfachung der Mensch/Maschine-Schnittstelle und durch die zunehmende Vernetzung von Computern und Datenbanken. Die neue Wissenstechnologie der Software-Agenten, die Informationen sammeln, strukturieren, verarbeiten und im definierten Kontext auch anwenden, macht manches bisherige menschliche Grundwissen obsolet. Rationales Weltverständnis wird zunehmend unwichtiger, da es von Software-Agenten übernommen wird, die Bedeutung prozessuralen und emotionalen Wissens nimmt dagegen zu.

Die Visionen des Physikers Joachim Treusch orientieren sich an den menschlichen Grundbedürfnissen: Energie, nachhaltige Materialversorgung, Information und Kommunikation, Gesundheit und neue Horizonte des Erkennens. Wachsender Energiebedarf erfordert die Erschließung neuer Energiequellen und damit auch die Entwicklung neuer Materialien. Dies ist wiederum ohne Informationstechnologie (künstliche Intelligenz, Software-Agenten) nicht möglich. Mit der Gentechnologie wird die Zukunft wie mit bisher keiner anderen Technik vorher nachhaltig beeinflusst werden. Nach dem 20. Jahrhundert, dem Jahrhundert der Physik mit ihrer überwiegend reduktionistischen Methodik, wird das 21. Jahrhundert vom Paradigma der Komplexität lebender Systeme geprägt sein. Die Verbindung der systemischen Ebenen des Atomaren und Molekularen bis zur Ebene des Gehirns ist *die* neue Herausforderung moderner Naturwissenschaft.

Der Biologe und Wissenschaftsmanager Hubert Markl erläutert das Ethos der Wissenschaft gleichsam vom Negativen her, vom Verfehlen und Versagen durch Betrug. Wobei – so seine These – die Fähigkeit zu Täuschung und Betrug aus den gleichen Voraussetzungen erwächst wie die Möglichkeit von Wissensfähigkeit überhaupt. Erst die Verbindung von reflektierend bewerteten Repräsentationen von Wirklichkeit und sprachlichem Ausdruck macht uns Menschen wissensfähig. Die evolutionäre Verhaltensforschung begreift die Entwicklung einer Intelligenz, die sich in derartiger Wissens- und Wissenschaftsfähigkeit äußert, zweckorientiert: zur wirkungsvollen Einschätzung und Beeinflussung des Verhaltens von Artgenossen, also anderer Menschen. Der Einsatz eines solchen Wissens zur Durchsetzung eigener und gemeinsamer Interessen beinhaltet damit auch immer die Fähigkeit, bestimmtes Wissen absichtsvoll vorzuspiegeln, also die Fähigkeit des Betrugs.

In seinem Parcours durch die moderne Ethik stellt der Philosoph und Staatsminister für Kultur Julian Nida-Rümelin drei Hauptansätze dar, um sie schließlich als Ansatz einer umfassenden Ethik zu verwerfen, da sie vor der Komplexität der Moral in der Ethik kapitulieren. Den Grund hierfür sieht der Autor in einem längst überholten Wissenschaftsparadigma, das an begründenden Axiomen festhält. Diesem »Idealbild« stellt er die handlungsleitende Funktion der Ethik als Korrektiv gegenüber. Die ethische Begründung muss ihren Ausgangspunkt in der Lebenswelt nehmen. Ihr kritisches Potential gewinnt sie aus dem Postulat der Kohärenz, der inneren Stimmigkeit.

Wie kann man angesichts der ständigen Informationsflut ein geeignetes Verhalten entwickeln, das den Menschen in die Lage versetzt, reflexiv mit diesem Prozeß umzugehen? Der Kommunikationswissenschaftler und Politiker Peter Glotz sieht in dem Begriff Medienkompetenz die Schlüsselkompetenz künftiger Generationen, die Filterfähigkeit, Auswahlvermögen, Symbolverständnis und Zeitökonomie in ein gesundes Gleichgewicht setzt. Diese Kompetenz zu fördern, ist Aufgabe des Staates. In den Schulen muss man eine neue Lerninfrastruktur schaffen und in der Erziehungswissenschaft die Medienpädagogik als zentralen Bestandteil der Lehrerausbildung. Darüberhinaus muss man Medienkompetenz natürlich auch in der Freizeit und in der Familie anwenden.

Männerdominanz zentriert sich immer da, wo die Macht ist, so die These der Soziologin Jutta Allmendinger. Entgegen der aktuellen Rhetorik ist bis heute keine Gleichstellung zwischen Mann und Frau erreicht, weder in Führungspositionen des Management noch im Wissenschafts- und Forschungssystem. Im Gegenteil, Frauen können nur dort reüssieren, wo sich Männer aufgrund schlechter werdender Arbeitsbedingungen zurückziehen: »Ein steigender Frauenanteil ist der beste Beleg für sinkende Bedeutung«. Deswegen sind die gegenwärtigen Reformansätze, wie sie z.B. die Universität durch die Abschaffung der Habilitation gerade anstrebt, keineswegs dazu geeignet, der Komplexität dieses Problems gerecht zu werden. Weibliche Lebensentwürfe werden immer noch in Abhängigkeit der männlichen konstruiert.

Der Germanist Wolfgang Frühwald favorisiert die poetische Weise des Zugangs zur Komplexität menschlichen Lebens gegenüber der lebenswissenschaftlichen. Damit verkörpert der Dichter als »Hüter der Verwandlung« in seiner Arbeit den lebendigen Prozess der steten Anverwandlung all dessen, was zur Entwicklung der Menschen gehört. Als intensivste Form der literarischen Erinnerung schließt die Poesie die Kette des Menschseins und erreicht in ihrer Komplexität den äußersten Grad der Reduktion: »Sie versucht, durch Schreiben dem Tod zu widerstehen.«

In ihrer Lektüre von Paul Austers *Leviathan* und Sophie Calles Antwort darauf verweist die Anglistin Elisabeth Bronfen auf den Prätext dieser Texte: die mythische Figur der Pandora, die erste sterbliche Frau, die den menschlichen Wissensdrang mit einem katastrophalen Wechselspiel von Komplexität und Reduktion verknüpft. In diesen Texten findet sie Situationen, die an den Prämissen all der zur alltäglichen Erklärung der Welterfahrung herangezogenen Geschichten zweifeln lasssen, die zwingen, den von der Kontingenz der Erfahrung hervorgerufenen Drang nach Reduktion nicht nur als solchen zu erkennen, sondern auch zu fragen, was auf dem Spiel steht, wenn nicht in Einklang zu bringende Positionen, wenn unlösbare Widersprüche umschlagen in eine auf Eindeutigkeit hinauslaufende Vereinfachung von Komplexität.

Dieses Buch ist aus den Münchner Millenniumsgesprächen unter dem Titel »Zwischen den Zeiten – an einem Ort« hervorgegangen, die von Januar bis November 2000 im Alten Münchner Rathaus stattfanden. Die öffentlichen Vorträge und Symposien wurden in Zusammenarbeit des Kulturreferats der Landeshauptstadt München und des Humanwissenschaftlichen Zentrums der Ludwig-Maximilians-Universität München mit dem Ziel veranstaltet, eine stärkere Integration von Stadtkultur und Wissenschaft zu fördern.

München, im Dezember 2001 Daniela Rippl, Eva Ruhnau

Eva Ruhnau

Syntopie I – Ort und Wissen

Es ist noch dunkel. Ich verlasse leise das Haus. Ich gehe an der Mauer entlang, hinter der die hohen Wände des Klosters aufragen und den Hügel hinab. Kaum in der Ebene angekommen, beginnt der Aufstieg zum Berg des Propheten Elias. Inzwischen ist die Nacht dem hellen Grau der Morgendämmerung gewichen. Auch die Stille ist gebrochen, Tiere schreien und krähen, als müssten ihre Laute den neuen Tag gebären. Der Weg ist manchmal schwer zu erkennen, doch ich erinnere mich, ich gehe ihn nicht zum ersten Mal. Es wird heller. Ich erreiche die höchste Stelle der Insel und finde meinen Platz – eine Felsplatte, flach wie eine Tafel.

Ich bin auf der Insel Patmos. Die Insel ist nicht groß: drei Berge – Hügel eher, drei größere Siedlungen – Kampos im Nordteil der Insel, Skala, der Hafenort in der Mitte und Chora, der Hauptort im Süden, der das Kloster schützt. Der Blick von meinem Felsen aus umfaßt nahezu die ganze Insel. Es ist ein Blick aus der Vogelperspektive. Dort unten fahren jetzt die ersten Autos. Im Osten zeichnet sich der Küstenstreifen Kleinasiens ab. Das Meer ist noch dunkel.

Die Sonne geht auf. Und mit zunehmendem Licht zeigen sich die Inseln. Lipsos, Leros, Kefalos, Ikaria – in weiter Ferne Samos – sie tauchen an dem klaren Oktobermorgen auf wie neu geschaffen, unberührt – und zwischen ihnen, verbindend und trennend zugleich, das Meer.

Der Blick auf die Inselorte, in denen das Morgenleben beginnt, der Blick auf die Inseln, die – Ideen gleich – im Meeresraum ruhen – das Gleichzeitige des Schauens an diesem Ort ist ein Wunder.

Die Sonne steigt höher, Grenzen werden schärfer. Ich wandere hinunter. Das alltägliche Leben beginnt.

1. Utopien

> Die Summe aller Wissenschaften ist uns noch nicht Kultur geworden.[1]

Wir leben heute – so scheint es – in einer Welt, die uns unübersichtlich geworden ist. Man spricht vom Verschwinden der Ausdehnungen von Raum und Zeit, von Informationsflut, von der Notwendigkeit, Information in Wissen umzuwandeln und davon, dass es an integrativen Ideen zur Gestaltung dieser neuen Wissensgesellschaft mangelt. Wissen im 21. Jahrhundert – welche Utopie könnte und sollte

1 Huizinga, Johan (1935): *Im Schatten von morgen. Eine Diagnose des kulturellen Leidens unserer Zeit.* Zitiert nach: Nowotny, Helga (1999): Es ist so. Es könnte auch anders sein. Frankfurt am Main: Suhrkamp, S. 35.

die Entstehung und Strukturierung dieses zukünftigen Wissens leiten? Die Antwort, die ich hier anregen möchte ist – *keine!* Keine Utopie, denn der Gedanke der Utopie ist Teil des Problems. Weshalb?

Vor der Schaffung der Weltbilder des Wissens und der Wissenschaften waren die Erzählungen, die Mythen der Weltentstehung. Im Mythos unserer jüdisch-christlichen Tradition wird der Mensch aus seinem Einssein mit der Natur verstoßen. Der Akt der Vertreibung aus dem Paradies verdichtet eine menschliche Erfahrung: Wir sind in weiten Bereichen unseres Handelns frei von unmittelbaren Reflexen, wir sind aus dem Reflex in die Reflexion geworfen. Zwischen der Wahrnehmung einer Situation und einer Handlung eröffnet sich eine Zeitspanne, ein Reflexionsraum. Wir haben mehrere Optionen für mögliche Handlungen, wir verfügen über ein »Zwischen« in der Zeit. In dieser Trennung von unmittelbarer, reaktiver Handlung liegt die Möglichkeit der Erkenntnis von Natur, von Wissen. Werden solche Wissensräume eng mit der Lebenspraxis verbunden, gelingt eine Ritualisierung des Wissens in der Praxis, so ist die Einheit neu gewonnen. Differenziert sich das Wissen zu sehr und zu schnell, dann entfernt es sich von der Möglichkeit der Bindung an das Erleben und verstärkt die Trennung.

Die Gegenwart ist geprägt von den Erfolgen der Naturwissenschaften und den daraus resultierenden technischen Wissenschaften. Das Wissen, dessen Zersplitterung wir zu überwinden versuchen, ist Ergebnis der Verfahren dieser Wissenschaften. Die Naturwissenschaften (auf die ich mich hier zunächst beschränken möchte) werden auch heute noch (unumstrittener als manche öffentliche Diskussion glauben macht) vom Modell der Physik beherrscht. Diese Wissenschaften möchte ich als *utopische Wissenschaften* bezeichnen. Die Charakteristika der Wissenschaften, die für mich die Zuordnung »utopisch« rechtfertigen, sind im wesentlichen folgende: Utopische Wissenschaften sind *nicht-selbstbegründend* und *unvollständig*. Was ist damit gemeint?

Die Frage nach Wesen und Umfang menschlicher Welterkenntnis und die Frage nach der Wahrheit solcher Erkenntnis werden explizit in der nachsokratischen griechischsprachigen Welt gestellt. Wie wird verbindliches, allgemeingültiges, intersubjektiv-wahres Wissen gewonnen? Aristoteles begründet in seinen Schriften zur Logik das zwingende Beweisverfahren, nach dem in einer Wissenschaft aus ihren höchsten Prinzipien (Axiomen) alle Aussagen deduktiv erschlossen werden, den Syllogismus. Die höchsten Prinzipien selbst sind nicht definierbar, sie sind evident und absolut. Sie sind auch nicht beweisbar, da sie selbst nicht ableitbar sind. Eine so verstandene Wissenschaft kann sich deshalb nicht wissenschaftlich selbst begründen. Das Problem der mangelnden Selbstbegründung der Wissenschaft ist für Aristoteles offenbar; eine Behandlung dieses Problems ist in seiner »Topik« zu finden, dazu später mehr.

Die Betonung der deduktiven Wissenschaftsmethode verlagert sich in der wissenschaftlichen Revolution des 17. Jahrhunderts, die als Beginn der modernen Naturwissenschaften zu sehen ist, in eine Betonung der induktiven Methode, die auf empirischem Wissen beruht. Es ist dies eine Ergänzung durch den Empirismus und keine Ablösung des Rationalismus, denn die Hervorhebung des Experiments und die Suche nach empirischen Naturgesetzen verzichtet dennoch nicht auf Beweise und ihre Ausgangspunkte, die selbstevidenten Wahrheiten – wie zum Beispiel zunächst noch sehr klar bei Descartes formuliert.[2]

Die Verschränkung von deduktiver Methode und Empirie ist jedoch nicht so konsistent möglich, wie man zunächst glauben möchte. So werden zum Beispiel die Gesetze der Mechanik als einer beweisenden Wissenschaft zwar als definitiv und wahr verstanden und nicht als Approximation der Wirklichkeit, dennoch erfordert ihre Anwendung auf diese Wirklichkeit eine Idealisierung. Damit aus einem Experiment sinnvolle Aussagen gewonnen werden können, ist es notwendig, die im Experiment untersuchte Welt sehr genau einzugrenzen, sie möglichst exakt auf Teilwelten, sogenannte isolierte Systeme, zu reduzieren. Diese notwendige *Reduktion* stellt nicht die Wahrheit der physikalischen Gesetze in Frage, sondern wird der *Komplexität* der Wirklichkeit zugewiesen. In dieser Reduktion der Komplexität von Welt und dem Glauben an die gleichzeitige Gültigkeit exakter Naturgesetze sind der ungeheure Erfolg, die Präzision und die expansive Dynamik der modernen faktenschaffenden Wissenschaften begründet.

Das Wechselspiel von Axiomatik, Empirie, Reduktion und Komplexität der Welt zwingt den Wissenschaftlern zunehmend eine weitere Einschränkung absoluter Gewissheit auf: Die Grundprinzipien sind nicht länger evident. Sie entstehen vielmehr – wenn überhaupt – aus Hypothesen, deren Richtigkeit (dieser Begriff muss jetzt Wahrheit ersetzen) sich erst in fortgesetztem empirischem Gebrauch erweist. Überspitzt formuliert bedeutet dies, dass die Wirkungen nun nicht mehr aus den Ursachen abgeleitet werden, sondern die Ursachen zunehmend aus ihren Wirkungen. Diese Begründung von Begriffen und Hypothesen im Prozess der Anwendung von Wissenschaft selbst ist von Carl Friedrich von Weizsäcker als »semantische Konsistenz« bezeichnet worden.[3] Der fortwährende Versuch semantischer Konsistenz findet sein Abbild in der Theoriendynamik moderner Wissenschaft.[4]

Dieser Versuch – scheinbarer – Selbstbegründung der Wissenschaft erzeugt immer wieder neue Grenzen des Begriffs- und Theorieninstrumentariums. In der modernen Physik sind dies heute die Singularitäten der Allgemeinen Relativitätstheorie (Schwarze Löcher, Urknall) und das Mess- und Beobachterproblem in der Quantentheorie (Kollaps der Wellenfunktion). Durch Vereinigung beider Theorien zu einer GUT-Theorie (Grand Unified Theory) hofft man, die Begrenzungen in der neuen Metatheorie aufzuheben. Wenn es denn gelingt, GUT, dann auf zu neuen Grenzen, so könnte man ironisch sagen. Ironisch deshalb, weil Physiker meist den Eindruck erwecken und viel zu oft auch selbst glauben, dass die alles erklärende, universale, die TOE-Theorie (Theory of Everything), machbar sei. Doch dies ist zu bezweifeln. Weshalb?

---

2 Descartes, René (1637): *Discours de la Méthode*. Hamburg: Meiner (1960).

3 Von Weizsäcker, Carl Friedrich (1985): *Aufbau der Physik*. München: Hanser.

4 Kuhn, Thomas S. (1967): *Die Struktur wissenschaftlicher Revolutionen*. Frankfurt am Main: Suhrkamp.

»Sagbar das Tao, doch nicht das ewige Tao; nennbar der Name, doch nicht der ewige Name«, schon die Anfangszeilen des Tao-te-king von Lao-tse[5] (ein chinesischer Text aus dem 7. oder 6. Jahrhundert v. Chr.) weisen darauf hin, daß das Ganze der Wirklichkeit nicht benennbar ist. Anders ausgedrückt, jede Sprache ist bereits Einschränkung von Wirklichkeit. Die Sprache mag zwar semantisch konsistent sein, dennoch kann sie nicht die vollständige Wirklichkeit repräsentieren. Was für die Sprache allgemein gilt, gilt insbesondere und in verschärftem Maße für die formalen Sprachen, die die modernen Naturwissenschaften verwenden. Die formale Sprache per se ist die Mathematik. Die reine Mathematik ist in der Tat nicht als Suche nach der absoluten Wahrheit ihrer Axiome zu verstehen, sondern prüft, ob die aus den Axiomen gefolgerten Aussagen logisch notwendig folgen. Man glaubte, dass für jedes Teilgebiet der Mathematik ein Axiomensystem zu finden sei, aus dem man die Gesamtheit der wahren Aussagen dieses mathematischen Gebietes ableiten könnte.

In der reinen Mathematik lag damit etwas begründet – so war die Vermutung zu Beginn des 20. Jahrhunderts – das über den Verlust absoluter Wahrheit hinweg trösten konnte: Widerspruchsfreiheit und Vollständigkeit. Diese Vermutung erwies sich in ihrer Absolutheit als unhaltbar. Der Mathematiker Kurt Gödel legte 1931 einen Beweis vor[6], der Grenzen der axiomatischen Methode aufzeigte. Es ist unmöglich, die logische Widerspruchsfreiheit eines deduktiven Systems mit den Mitteln desselben Systems nachzuweisen. Setzt man die Widerspruchsfreiheit jedoch voraus, so ist nicht mehr jeder wahre Satz des Axiomensystems formal deduzierbar. Das bedeutet, Widerspruchsfreiheit – eine Grundvoraussetzung eines Theoriengebäudes – und Vollständigkeit sind miteinander nicht verträglich.[7]

Das Weltbild der modernen Wissenschaften, das der Suche nach Erkenntnis und Wissen zugrunde liegt und das das Nicht-Erfassen eines Absoluten als Mangel versteht, ist eng verknüpft mit dem klassischen Weltbild des objektiven Realismus: Die Welt ist objektiv gegeben, Wissen über sie ist das Wissen von Beobachtern. In den klassischen Naturwissenschaften werden Beobachter und Objekt als streng getrennt verstanden; das Objekt ist, so wie es ist, unabhängig von jedem Beobachter. Diese strikte Trennung wird in der Quantentheorie aufgehoben – das, was zu einem Zeitpunkt gemessenes Faktum innerhalb des experimentellen Paradigmas des Beobachters ist, kann dem Objekt unabhängig von der Messung keinesfalls zugeordnet werden. Die Grenze zwischen Objekt und Repräsentation ist unscharf. Dennoch bewegen wir uns erkenntnistheoretisch gesehen weiterhin meist ausschließlich innerhalb des klassischen Weltbildes: »Der Realist behandelt alles Seiende wie Fakten.«[8]

Was dieser kurze Exkurs deutlich macht ist dies: Die modernen Naturwissenschaften sind weder selbstbegründend noch vollständig. Naturwissenschaftliche

---

5 Lao-tse: *Tao-te-king*. München: Deutscher Taschenbuch Verlag, 6. Aufl. (1994), S. 51.

6 Gödel, Kurt (1931): *Über formal unentscheidbare Sätze der Principia Mathematica und verwandter Systeme I.* Monatshefte für Mathematik und Physik **38**, S. 173-198.

7 Genau genommen gilt dies nur für den Bereich der Arithmetik; eine Diskussion der Verallgemeinerung führt hier zu weit.

8 Von Weizsäcker: a. a. O., S. 557.

Wahrheit wird damit ein notwendig relativer Begriff, ist bezogen auf ein bestimmtes Weltbild. Ein solches Weltbild beruht auf Hypothesen, sie sind notwendig, um das Weltbild zu setzen, jedoch kann die Wahrheit der Hypothesen im Rahmen des Weltbildes selbst nicht bewiesen werden. Dazu ist ein weiteres Weltbild nötig, das das erste umfasst und die Wahrheit der Hypothesen des ersten beweist. Das heißt, eine ganze Hierarchie von Weltbildern und Wahrheiten ohne Ende tut sich auf, ein Spiel von Metaebenen. Damit verschieben sich die Grenzen der Wissenschaft immer weiter, ins Nirgendwo. Der paradiesische Ort dieser Wissenschaften in der Sehnsucht nach Selbstbegründung und Vollständigkeit ist der *Nicht-Ort, die Utopie.*

2. Orte – topoi und Topik

Die Dominanz der utopischen Wissenschaften führt dazu, dass das Wissen, das erzeugt, gelehrt und gelernt wird, weitgehend Faktenwissen ist. Menschliches Wissen ist jedoch umfassender. Dies ist uns im Alltag ganz selbstverständlich und wird auch durch die moderne Hirnforschung bestätigt. Menschliches Wissen umfaßt drei Formen: Begriffliches oder explizites Wissen, implizites oder Handlungswissen und bildliches oder personales Wissen. Explizites Wissen ist ein Wissen von Fakten, es ist das Wissen, das die utopischen Wissenschaften überwiegend produzieren. Implizites Wissen bezieht sich auf unser Können, unsere Handlungskompetenzen, die sich der exakten Beschreibung oft weitgehend entziehen. Das bildliche Wissen ist uns als Anschauungswissen, als Erinnerungswissen und als Vorstellungswissen verfügbar. Alle diese Weisen des Wissens sind zwar an unterschiedliche Mechanismen des Gehirns gebunden, sie sind jedoch nicht voneinander unabhängig.

Der Hirnforscher Ernst Pöppel kennzeichnet das explizite Wissen als Ich-fernes Wissen, die beiden anderen Formen als Ich-nahes Wissen. Die Ich-Nähe ist besonders ausgeprägt für das bildliche Wissen:

> Eine weitere Form des bildlichen Wissens spiegelt sich in den sinnlichen Erfahrungen und Episoden wider, die wir als Erinnerungen in uns tragen. Erinnerungswissen aus der Vergangenheit ist mit Orten verbunden, die sich bleibend in unser Gedächtnis eingeprägt haben. Die Bilder dieser Orte beziehen sich auf entscheidende, beglückende oder verletzende Episoden unserer Lebensgeschichte. Diese Bilder bestimmen unser Selbst, und sie lassen uns in der Welt heimisch werden.[9]

Jeder wird aufgrund eigener Erfahrung diese Beschreibung bestätigen können. Erlebnisse, die mit starken Emotionen verknüpft sind, die für uns prägend sind, sind in der Erinnerung immer verknüpft mit unmittelbaren Bildern der Orte, an denen sie stattfanden. Diese Bilder von Orten sind offensichtlich notwendig zur Etablierung und Aufrechterhaltung unserer personalen Identität. Welche Rolle

---

9 Pöppel, Ernst (2000): *Drei Welten des Wissens – Koordinaten einer Wissenswelt.* In: Maar, Ch., Obrist, H. U. und Pöppel, E.: Weltwissen – Wissenswelt. Das globale Netz von Text und Bild. Köln: DuMont, S. 26.

diese Verortungen auch im Nachdenken über eine gegenwärtige Situation spielen, wird im folgenden Zitat besonders deutlich:

> I am sitting at the moment in a stifling hotel room in 90-degree heat, halfway down an air shaft, in midtown. No air moves in or out the room, yet I am curiously affected by emanations from the immediate surroundings. I am twenty-two blocks from where Rudolph Valentino lay in state, eight blocks from where Nathan Hale was executed, five blocks from the publisher's office where Ernest Hemingway hit Max Eastman on the nose, four miles where Walt Whitman sat sweating out editorials for the Brooklyn Eagle, thirty-four blocks from the street Willa Cather lived when she came to New York to write books about Nebraska, one block from where Marceline used to clown on the boards of the Hippodrome, thirty-six blocks from the spot where the historian Joe Gould kicked a radio to pieces in full view of the public, thirteen blocks from where Harry Thaw shot Stanford White, five blocks from where I used to usher at the Metropolitan Opera and only a hundred and twelve blocks from the spot where Clarence Day the Elder was washed of his sins in the Church of the Epiphany (I could continue this list indefinitely) [...].[10]

In ihrem Anspruch auf Objektivität abstrahieren die utopischen Wissenschaften von den Ich-nahen Wissensformen, speziell von den personalen Verortungen; in der Ausrichtung auf die Absolutheit der Erkenntnis wird der eigene konkrete Entstehungsort ausgeblendet. Die Philosophie der Griechen, aus der die Wissenschaften erwachsen, ist mit ihrer Ortsvergessenheit jedoch nur eine mögliche Weise des Umgangs mit Welt und Wissen. In der japanischen Kultur wird gerade die Hinwendung auf die Situation und die Betonung des Ortes thematisiert:

> Philosophie in Japan ist im Kern nicht an theoretischer Weltkonstitution interessiert: Die Welt soll nicht begründet, sondern aufgezeigt werden. Deswegen finden sich auch keine formalen Modelle zur Begründungsrationalität. Die Gegenstände, die hier zum Thema werden, sind an Situation und Kontext gebunden und deswegen immer schon auf ein Sinnganzes bezogen. Ziel ist nicht die Zerlegung des Seins in diskrete Elemente, sondern die Gliederung konkreter Orte.[11]

Wie – und vor allem an welchem Ort, in welchem Kontext – entwickelt sich die westliche Begründungsrationalität? Platon unternahm als erster den Versuch, eine Topographie des Wissens zu entwerfen. In seiner Akademie in Athen wird um die Bildung richtiger Begriffe und angemessener Klassifikationen gestritten. Vielen erscheint dieses Vorgehen nicht nur merkwürdig, sondern geradezu verrückt. So schreibt zum Beispiel Epikrates, ein zeitgenössischer Komödiant, in einem Dialog:

> A: Wie steht's mit Platon, Speusippos, Menedemos? Was ist jetzt ihr Geschäft? Welch' Problemen, welch' Themen gilt ihre Untersuchung? – B: Ich sah die Schar der Burschen ... am Übungsplatz der Akademie, hörte Reden, unsagbar, sinnlos: Definitionen über Natur. Das Wesen der Tiere teilten sie ein, Arten der Bäume, der Gemüse Gattungen. Sie prüften auch den Kürbis, welcher Gattung er wohl sei ... Zuerst da standen alle schweigend, beugten sich nieder, meditierten ... Auf einmal ... sagte einer: Ein rundes Gemüse, der andere: Kraut, der dritte: Ein Baum. Dies hörend ließ ein Arzt sizil'schen Landes furzend sich vernehmen: Die seien ja verrückt! – A: Da wurden sie wohl mächtig bös und schrien: Das ist Beleidigung!

---

10 White, E. B. (1949): *Here is New York*. Nachdruck 1999. New York: The Little Bookroom, S. 20.

11 Pörtner P. und Heise J. (1995): *Die Philosophie Japans*. Stuttgart: Alfred Kröner, S. 12.

> Denn nicht geziemt sich's, solcherart im Hörsaal sich zu äußern! – B: Den Bürschchen macht' das gar nichts aus, und Platon, der dabeistand, sagte ganz sanft und ohne Zorn: Versucht's nochmal von Anfang an zu definieren. Was ist ein Kürbis?[12]

Neben aller Komik lassen diese Sätze des Epikrates ahnen, welch ungeheures Unterfangen, welche Mühe es war, die Dinge auf den Begriff zu bringen. Das genau nämlich ist das Ziel platonischen Denkens: im Dialog Definitionen, Begriffe, Maße zu gewinnen. Erst in Bezug auf diese Maße werden die Gegebenheiten und Geschehnisse der Wirklichkeit verstehbar – in einer Weise, der alle Verständigen und Wohlmeinenden zustimmen können. Das Herausarbeiten verbindlicher Bezugspunkte ist deshalb so dringlich, da im Chaos all der Meinungen, die von den Rhetorikern, den *Sophisten*, vertreten werden, scheinbar alle festen Bezugspunkte und Markierungen von Erkenntnis abhanden gekommen sind.

Die Sophisten argumentieren stets kontextabhängig, sie abstrahieren niemals von der Lebenspraxis, dem konkreten Ort und den konkreten Körpern der Menschen. Was einem Menschen als kalt erscheint, mag einem anderen als warm erscheinen, was einer als süß empfindet, mag einem anderen sauer erscheinen. Einander widersprechende Wahrnehmungen und Meinungen sind gleichzeitig wahr, da sie in jeweils anderen Kontexten entstehen. Es ist nicht so, dass die Sophisten jedweder Methodik entbehrten. Die *Rhetorik* ist die Kunst, die Meinungsbildung mithilfe bestimmter Regeln zu fördern; die Lehrbücher der Rhetorik dienen später sogar Aristoteles als Vorbild bei der Entwicklung seiner eigenen Methodik. Doch der stets wechselnde Standpunkt lässt kein Allgemein-Gültiges erkennen, und die Verteidigung verschiedener Ansichten führt in endlose Reden:

> Offenbar, o Fremdling, ist es doch wahr, was vom Sophisten anfänglich gesagt worden, dass es ein schwer zu fangendes Geschlecht ist. Denn man sieht ja welchen Überfluss er hat an Verschanzungen, von denen er eine nach der anderen aufwirft, die man dann notwendig erst erobern muss, um zu ihm selbst zu kommen. Denn kaum haben wir uns jetzt durch das Nichtseiende, was er aufgeworfen hatte, als ob es nicht wäre, durchgeschlagen, so hat er schon etwas anderes aufgeworfen, und wir müssen nun erst zeigen, dass es Falsches gibt in der Rede und in der Vorstellung, und nach diesem vielleicht etwas anderes, und dann wieder ein anderes nach jenem, und niemals, wie es scheint, wird sich ein Ende zeigen.[13]

Das Bestreben, in der Argumentation zu einem Ende zu kommen und der Wunsch, die Wirklichkeit, die noch schwerer zu fangen ist als der Sophist, dingfest zu machen, führen zur Entwicklung der platonischen Ideenlehre. Damit beginnt eine deutliche Abgrenzung gegenüber der Sophistik und auch eine immer explizitere Abkehr von den vorsokratischen Denkern. Dabei entwickelt Platon noch keine eigentliche Methodik. Der wirkliche Systematiker der beginnenden Philosophie ist Aristoteles.

Aristoteles unterscheidet zwei logische Methoden. Die eine, die Analytik, versucht universelle Wahrheiten aufzudecken; aus den höchsten Wahrheiten werden durch Syllogismen andere Wahrheiten deduktiv erschlossen. Die andere Methode,

---

12 Zekl, H. G. (1992): *Vorwort zur Topik des Aristoteles*. Hamburg: Meiner, S. VI.

13 Platon: *Sophistes*, 261 a. In: Werke IV. Hamburg: Rowohlt (1983).

die Topik, ist ein nicht-universelles, aber dennoch methodisches Verfahren, das argumentativ überzeugen will; die Ableitungsregeln beziehen sich hier auf *wahrscheinliche* Voraussetzungen. Diese letztere Form des Denkens bezeichnet Aristoteles als rhetorische oder *topische Dialektik*.

Die »Topik«[14] ist die erste logische Schrift des Aristoteles. In ihr wird dargelegt, wie in Bezug auf jedes aufgeworfene Problem aus wahrscheinlichen Sätzen Schlüsse gebildet werden und wie die Verteidigung der eigenen Argumente nicht in Widersprüche geraten kann. Bei der Untersuchung eines Problems ergeben sich Gemeinsamkeiten, die Aristoteles mit »topoi« bezeichnet. Die Topik ist damit eine Sammlung von Gesichtspunkten, von *topoi*, für das dialektische Verfahren, mit dem wahrscheinliche Thesen geprüft werden. Auf diese Weise werden die – einem Problembereich angemessenen – Grundhypothesen und Aussagen gewonnen. Die Bindung an den konkreten Problembereich bleibt dabei stets erhalten. Das Verfahren der rückgekoppelten Verschärfung von Anfangshypothesen ist der oben angesprochenen semantischen Konsistenzprüfung sehr ähnlich. Diese Grundfigur der antiken Rhetorik – die Präzisierung des Einzelnen durch die fortwährende Rückbindung in den betrachteten Gesamtzusammenhang – wird von Gadamer auch als hermeneutischer Zirkel bezeichnet.[15]

Die Topik ist für Aristoteles in Bezug auf seine Auffassung der Wissenschaften mindestens so wichtig wie die Analytik, in der die allgemeingültigen Axiome, zu denen die Sätze und Regeln der Logik zählen, behandelt werden. Bei Cicero wird die Topik in Bezug auf die Rechtswissenschaften weiter entfaltet; er definiert die *topoi* als »Wohnsitze, aus denen man sich Argumente holt.«[16]

Doch in der sich entwickelnden Philosophie und den Wissenschaften wird der topische Aspekt zunehmend verdrängt und damit auch die Bindung an konkrete Kontexte. In einer topischen Kartierung der Wirklichkeit verweisen die einzelnen *topoi* immer auch auf den Menschen selbst, er ist ein in dieser Wirklichkeit Handelnder und in seiner Beschaffenheit ist das Maß der Dinge begründet. Mensch und Dinge, Maß und Gemessenes sind hier noch in *einem* Geschehen miteinander verwoben. Mit der Betonung analytischer, kritischer Philosophie und Wissenschaft beginnen sie, sich zu trennnen:

> [...] *Reflexion auf etwas* überhaupt erfordert den externen Standpunkt. Und weil Reflexion das vornehmste Geschäft der Philosophie ist, deshalb verweist Platon den Philosophierenden unablässig auf externe Größen, die Ideen, und deshalb heben Reflexion und Philosophie nach Platon an in der *Ekstasis* : Das Gewinnen neuer, externer Standpunkte erfordert vorab ein Heraustreten aus dem jeweiligen Kontext.[17]

Hier scheint bereits etwas auf, das sich zweitausend Jahre später als Trennung von Subjekt und Objekt der Erkenntnis darstellen und die Erfolge der modernen Naturwissenschaften begründen wird.

---

14 Aristoteles: *Topik*. Hamburg: Meiner (1992).
15 Gadamer, Hans-Georg (1960): *Wahrheit und Methode*. Tübingen: Mohr (Paul Siebeck).
16 Cicero: *Topica*. Hamburg: Meiner (1983).
17 Buchheim, Thomas (1986): *Die Sophistik als Avantgarde normalen Lebens*. Hamburg: Meiner, S. 134.

Das Verlassen des ursprünglichen Kontextes, des ursprünglichen Ortes, ist nicht mehr aufhebbar. In der Reflexion wird die ursprüngliche Situation nicht nur deshalb nicht mehr erreicht, weil sie sich in der Zeit verändert hat, sondern weil der Blick, der die Situation zu erfassen versucht, ein durch Hypothesen und Normen geschulter Blick ist, dem die Wahrnehmung des unmittelbar Handelnden bereits fremd ist. Die Gliederung konkreter Orte (Kontexte) ist damit nicht mehr möglich, die Wirklichkeit zerfällt in Objekte und Beobachter.

Diese Abstraktion vom Konkreten möchte ich kurz am Beispiel des Ortsbegriffes selbst demonstrieren. Philosophie und Wissenschaften haben unser Denken so geformt, dass wir mit der Vorstellung eines Raumes, in dem Dinge plaziert sind und in dem wir Orte lokalisieren können völlig vertraut sind. Dabei stellen wir uns den Raum selbst als homogen und isotrop vor: »Der Raum – jenes gleichförmige, an keiner der möglichen Stellen ausgezeichnete, nach jeder Richtung hin gleichwertige, aber sinnlich nicht wahrnehmbare Auseinander?«[18] Doch dieser objektive Raum hat sich, das ist hier die These, erst aus der Ortsgebundenheit konkreten Erlebens entwickelt: » Der Ort befindet sich nicht im vorgegebenen Raum nach der Art des physikalisch-technischen Raumes. Dieser entfaltet sich erst aus dem Walten von Orten [...].«[19]

Die konkreten Orte des Erlebens haben eine merkwürdige Doppelfunktion: In der Bindung des Menschen an sie sind Wandel und Konstanz miteinander verschränkt. Orte ermöglichen einerseits Handlungen des Menschen, die in ihrer Wirkung die Orte selbst verändern; andererseits sind erinnerte Bilder von Orten die Grundlage personalen Wissens. Diese Bilder sind Ankerpunkte für die Konstruktion einer Identität im steten Fluss der Veränderungen. Erst durch Verortung kann das Ich sich als etwas Identisches ergreifen und begreifen. Interessant ist dabei, dass bereits auf der Ebene der Retina ein Mechanismus vorliegt, der die funktional gegebenen Inhomogenitäten des Gesichtsfeldes (also zum Beispiel die Veränderung der Helligkeit eines Objektes bei Änderung der Blickrichtung) ausgleicht und Helligkeitskonstanz erzeugt: »All perceptual acts are characterized by constancy mechanisms, which serve the task to retain the identity of a perceptual defined entity over time. »[20] [21] Aus dieser Gewinnung von Ortsbildern, die stabile Zuordnungen – Identitäten – ermöglichen, ist vielleicht auch die Benennung von Standpunkten als *topoi* in der Aristotelischen Topik besser zu verstehen (neben der nahezu wörtlichen Bedeutung als Stelle, die ein Argumentierender einnimmt).

---

18 Heidegger, Martin (1969): *Die Kunst und der Raum*. St. Gallen: Erker, S. 6.

19 Heidegger: a. a. O., S. 11.

20 Pöppel, Ernst (1995): *Homogeneity of Space and Continuity of Time: Necessary Prerequisites of Perception?* In: Herrmann, H. J., Wolf, D. E. und Pöppel, E. (Hg.): Supercomputing in Brain Research – from Tomograpgy to Neural Networks. Singapore: World Scientific, S. 6.

21 Die Frage nach den biologischen Randbedingungen von Philosophie, Wissenschaft und Kunst gewinnt zunehmend an Bedeutung. Auch die Kontinuität der Zeit könnte sich als Konstruktion erweisen, siehe dazu auch: Ruhnau, Eva (1996): *Zeit-Gestalt und Beobachter – Betrachtungen zum tertium datur des Bewußtseins*. In: Metzinger, Th. (Hg.): Bewußtsein. Paderborn: Schöningh, 3. Aufl., S. 201-220.

Im vierten Buch der »Physik« analysiert Aristoteles den Begriff des Ortes – *topos* – und entwickelt eine Theorie seiner Eigenschaften (die wörtliche Übersetzung von *topos* ist Ort, Stelle, Platz und nicht Raum; Raum wäre mit *chora* wiederzugeben):

> Wenn also Ort keins von den dreien ist, weder Form noch Stoff noch eine Art Ausdehnung, als stets vorhandene und unterschiedene neben der des Gegenstandes, der den Platz wechselt, so ist es notwendig, daß Ort das noch übriggebliebene von den vieren ist, nämlich die *Grenze des umfassenden Körpers*, (insofern sie mit dem Umfaßten in Berührung steht). [...] Also: *Die unmittelbare, unbewegliche Grenze des Umfassenden – das ist der Ort.*[22]

Die Aristotelische Ortsbestimmung scheint von der mathematisch-physikalischen Raumvorstellung noch weit entfernt; dennoch enthält sie bereits den Keim künftigen abstrakten Raumes. Der *topos* hat die Aufgabe zu begrenzen. Eine genauere Untersuchung des *topos*-Begriffs in Zusammenhang mit der im Dritten Buch der Physik entfalteten Analyse des *apeiron*, des Unbegrenzten, würde hier zu weit führen; anzumerken ist jedoch, dass Aristoteles den Standpunkt der vorsokratischen Denker völlig umkehrt. Für sie ist das unbegrenzt, wovon es kein Außen gibt; für ihn ist das Unbegrenzte nun das, von dem immer etwas außen ist.[23] [24] Der Standort des Denkens der Vorsokratiker ist das Unbegrenzte, der Standort des Aristoteles ist das Begrenzte. Das Unbegrenzte ist ihm nicht Wirkliches, sondern nur Mögliches. In dieser Sichtweise liegt bereits die Idee des ständigen Überschreitens von Grenzen, des Fortschritts verborgen. Indem Aristoteles von der konkreten Verbindung von Ort und Mensch abstrahiert, ist es ihm möglich, einen Ortsbegriff zu denken, der erlaubt, das qualitativ notwendige Nebeneinander von Orten aufzuheben. Aristotelische *topoi* können ineinander liegen und sind deshalb eher der Vermessung und dem Vergleich durch rein quantitative Maße zugänglich.

Der Aristotelische Ortsbegriff bleibt über Jahrhunderte bestimmend. Erst in der italienischen Naturphilosophie des 17. Jahrhunderts wandelt sich der Ort zum völlig eigenschaftslosen Raum, zum notwendigen Hintergrund aller physikalischen Prozesse und in Newtons *philosophiae naturalis principia mathematica* von 1687 zu einem Absolutum. Der Versuch Leibniz', den Raum als Relativum einzuführen, wird nicht angenommen. Der Raum ist nun zunehmend unabhängig von den Dingen, die er umfasst. Im 18. Jahrhundert versucht man sogar, den Begriff des absoluten Raumes als logisch zwingend zu beweisen. Für Kant ist der Raum dann reine Form der Anschauung, er steht uns unabhängig von Erfahrung zur Verfügung. Und es ist ein Euklidischer (flacher) Raum, die Axiome der Euklidischen Geometrie sind a priori Urteile, die vor aller Erfahrung gegeben sind. Mit der Entdeckung der nicht-Euklidischen Geometrie im 19. Jahrhundert gerät die Unabhängigkeit des Raumes von den in ihm enthaltenen Dingen ins Wanken. Und im 20. Jahrhundert gewinnt der Raum in Einsteins Allgemeiner Relativitätstheorie wieder an innerer Struktur, die Materieverteilung der in ihm enthaltenen physikalischen Körper ist mit der Krümmung des Raumes zu identifizieren.

---

22 Aristoteles: *Physik*; Buch IV, 212 a. Hamburg: Meiner (1987).

23 Aristoteles: a. a. O., Buch III, 206 b.

24 Buchheim, Thomas (1994). *Die Vorsokratiker*. München: Beck.

Die Frage nach dem, was Raum sei, ist im Laufe der Entfaltung der utopischen Wissenschaften zu einer rein mathematisch-physikalischen Frage geworden. Die ursprüngliche Bindung an den Ort ist seit langem vergessen, Ort ist kein physikalisches Konzept[25]. Umgekehrt jedoch hat die Vorstellung des abstrakten Raumes die Organisation konkreter Orte entscheidend geprägt. So beklagt die Architektin Zaha Hadid:

> An Berlin war interessant, dass es nicht homogen war. Deswegen war es attraktiv. Jetzt wird es homogenisiert wie eine Creme, so als lege sich eine homogene Schicht nach der anderen über die Stadt. Das Ergebnis ist eine 'swiss-cake-condition' im Gegensatz zum Prinzip der Durchdringung. Dieser Zustand ist es, der die Stadt verharmlost und dem Auge gefällig gemacht hat. Es gibt nichts Bedrückendes mehr, niemand hat mehr Angst, in Kreuzberg herumzulaufen.[26]

3. Syntopie

Die Länge des historischen Prozesses der Herausbildung von Objektivität, die Erfolge der Technikwissenschaften in der Gestaltung unseres täglichen Lebens und die daraus resultierenden (auch ökonomischen) Abhängigkeiten verstellen häufig den Blick auf die tatsächlich erfolgte Reduziertheit unserer Erkenntnis- und Handlungsweisen. Was am Beispiel des Ortes und seiner Verwandlung in einen abstrakten Raumbegriff gezeigt wurde, gilt für eine Fülle von Begriffen, deren analytisch reduzierte Formen uns heute selbstverständlich sind. Die Einschränkung der Phänomene auf objektive Begrifflichkeit ist die Grundlage vieler tatsächlicher Fortschritte unseres Wissens, und sie ist in Bezug auf die utopischen Wissenschaften weitgehend irreversibel. Dies soll hier nicht beklagt, sondern explizit gemacht und ergänzt werden. Neben und seit dem 17. Jahrhundert streng getrennt von den utopischen Wissenschaften existieren die – wie man nach Aristoteles sagen könnte – topischen Wissenschaften, also die Rechts-, die Sozial- und Geisteswissenschaften und die Künste. Doch werden die beiden Bereiche keineswegs als zwar verschieden aber einander gleichwertig betrachet, die scheinbare Objektivität und Unparteilichkeit der Naturwissenschaften ist paradoxerweise auch Basis moralischer und politischer Richtlinien, also von Wertentscheidungen. Die utopischen Wissenschaften dominieren die topischen Bereiche.

Trotz aller Kritik der letzten Jahre und Jahrzehnte an der Idee des Fortschritts und an der Herrschaft der Natur- und Technikwissenschaften scheint die Wissenschaftsförderung vorwiegend den schnellen, breiten Strassen der traditionellen utopischen Wissenschaftslandschaften zu folgen (wie am Beispiel der Gentechnik aktuell deutlich wird). Die Besonderheiten der Orte des Wissens spielen dabei kaum eine Rolle, die schnelle Umsetzung ist gefragt. Setzt sich dieser Trend fort, dann ließe sich eine künftige globale Wissenslandschaft mit ihren Informations-

25 ähnlich wie Gegenwart
26 Hadid, Zaha: *Berlin: Denkmal oder Denkmodell?*

highways und der Ödnis gleichförmigen Wissens metaphorisch so kennzeichnen wie der Landschaftshistoriker John B. Jackson die moderne amerikanische Landschaft darstellt:

> [...] much of our contemporary American landscape can no longer be seen as a composition of well-defined individual spaces – farms, counties, states, territories, and ecological regions – but as the zones of influence and control of roads, street, highways: arteries which dominate and nourish and hold a landscape together and provide it with instant accessibility.[27]

Doch die schnelle Umsetzung und Verfügbarkeit ist an Grenzen gestoßen. So erfordert die Komplexität mancher Probleme hochgradige Interdisziplinarität. Die moderne Hirnforschung ist zum Beispiel ohne das Zusammenwirken von Molekularbiologen, Anatomen, Physiologen, Neuropsychologen, Chemikern, Physikern, Entwicklungsbiologen, Sprachforschern und Computerwissenschaftlern, um nur die wesentlichen zu nennen, nicht denkbar. Interdisziplinäres Forschen könnte sich als ein neues wissenschaftliches Paradigma erweisen; dafür wird manchmal auch der Begriff »Transdisziplinarität« verwendet. Transdisziplinarität ist jedoch – in seiner Wortbedeutung – ein utopisch gefärbter Begriff. Es geht bei dieser neuen Form des Zusammenbringens verschiedener Disziplinen zu einem neuen Ganzen weder um ein rein additives Vorgehen noch um reine Abstraktion neuer Methoden. Im Sinne der obigen Erläuterungen zum Ortsbegriff erscheint das Wort »Syntopie« angemessener und vor allem für weitere Überlegungen fruchtbarer zu sein. Ernst Pöppel definiert *Syntopie* wie folgt:

> In gewisser Weise ist die Funktion des Gehirns [...] eine Metapher für die moderne Forschung selbst, denn die integrierte Aktivität des Gehirns ist eine Verwirklichung von Syntopie. Unterschiedliche Funktionen müssen an verschiedenen Orten verankert sein, aber sie müssen zusammenkommen, damit überhaupt etwas geschieht. Es müssen somit zwei Dinge gegeben sein, nämlich die spezielle Leistung an einem Ort, also die örtliche Funktionskompetenz, und die kreative Interaktion zwischen diesen lokalen Kompetenzen, das Zusammen von räumlich Getrenntem – Syntopie.[28]

Auf das Zusammenspiel verschiedener Disziplinen verallgemeinert bedeutet *Syntopie:* Die Lösung einer Frage, eines Problems, wird nicht dadurch versucht, dass die jeweiligen Sichtweisen der Einzeldisziplinen auf das Problem die Bausteine bilden, aus denen die Problemsituation rekonstruiert wird. Stattdessen bestimmt bei einem *syntopischen* Verfahren die Gesamtkorrelation der beteiligten Wissenschaften den Beitrag der jeweiligen Einzelwissenschaft. Das Ganze, so könnte man sagen, ist dabei nicht nur mehr als die Summe seiner Teile, sondern es ist davon verschieden, es ist etwas anderes. Dabei erwächst der Ort der Einzelwissenschaft in der Wissenslandschaft einerseits – neben ausschließlich wissenschaftsinternen Bezügen – aus dem konkreten Problem, und aus dieser Verortung generieren sich

---

27 Jackson, John B. (1994): *A Sense of Place, a Sense of Time*. New Haven: Yale University Press, S. VIII.

28 Pöppel, Ernst (1996): *Radikale Syntopie an der Schnittstelle von Gehirn und Computer*. In: Maar, Ch., Pöppel, E. und Christaller, Th. (Hg.): Die Technik auf dem Weg zur Seele – Forschungen an der Schnittstelle Gehirn/Computer. Hamburg: Rowohlt, S. 18.

andererseits Randbedingungen der Problemlösung. Dieser dynamisch offene Prozess wird durch die gefundene Lösung beendet. Die Randbedingungen spiegeln dabei die Ganzheit der Wissenslandschaft wieder und ermöglichen nun – gewissermaßen retrospektiv – die Beschreibung des Problems in den jeweiligen Einzelwissenschaften.[29]

Diese knappe Darstellung eines neuen wissenschaftlichen Paradigmas zeigt auch auf, dass *syntopische Wissenschaft* sich schneller Verfügbarkeit und Verwertung entzieht. Da die wirkliche Lösung eines Problems oder die Beantwortung einer fundamentalen Frage sich nicht aus dem methodischen Blick von außen auf die komplizierte Unübersichtlichkeit von reduzierten Einzelaspekten ergibt, sondern aus der Komplexität innerer Dynamik erwächst, sind weder Zeitdauer noch Ergebnis präzise zu prognostizieren. Diese zeitliche und faktische Unbestimmtheit, diese »Fuzzyness«, ist nicht nur vielen Fragen angemessener, sondern ist auch Menschen gemäßer. Damit aber kann *Syntopie* auch ein Leitbegriff in den gegenwärtigen, heftigen Diskussionen über die ethischen Bewertungen moderner Wissenschaften sein.

Der Verfall der Utopie von Einheit und Sicherheit des Wissens, der Zerfall in Einzeldisziplinen, das Entstehen einer »Risikogesellschaft« und die zunehmende Berufung auf Expertenwissen bei moralischen Empfehlungen und politischen Entscheidungen verschafft dem Anspruch nach demokratischer Legitimation der Wissenschaften zunehmend Gehör. Ethikdiskussionen und Ethikkommissionen boomen. Dabei wird meist wenig darauf geachtet, welche Prämissen dem jeweiligen Welt- und Menschenbild der Experten zugrunde liegen, beziehungsweise welche Prämissen betont und welche verborgen werden. Mit anderen Worten, die verschiedenen *topoi,* »die Wohnsitze, aus denen man sich die Argumente holt«, werden ausgeblendet. Ethik wird damit häufig zu einem Erfassen sogenannter objektiver Sachzwänge und der daraus abzuleitenden Handlungsanweisungen im Lichte objektiver externer Moral degradiert.[30] Doch erst Richtlinien und Entscheidungen, die aus gelebter Pluralität – die sich von Vielheit durch Vervielfältigung unterscheidet – erwachsen, sind dem Lebendigen angemessen und auf Dauer durchsetzungsfähig.

Damit wendet sich der Blick zurück auf den Entstehungsort der Philosophie und Wissenschaften, auf den Streit zwischen Philosophen und Sophisten. In der Ablehnung des alleinigen Blicks von außen als Garant von Objektivität und in dem Bestehen auf der Pluralität auch subjektiver Meinungen erobert sich die moderne Gesellschaft ihren Ort zurück, von dem aus die Welt handelnd zugänglich und interpretierbar ist. Dies führt zu einer Neubewertung topischer Verfahren. Zwar gab es in der Neuzeit immer wieder Ansätze, topische Betrachtungen neben den

---

29 Pöppel, E. und Ruhnau, E. (1996): *What is Syntopy?* I. Japanese-German Conference on »Ba and Syntopy«, Tokyo.

30 Ruhnau, Eva (2000): *Ethik im Angebot – Verwaltung von Sachzwängen oder Kunst des Handelns.* In: Ruhnau, E., Kridlo, S., Busch, B. und Roessler, K. (Hg.): Ethik und Heuchelei. Köln: DuMont.

kritisch-utopischen Wissenschaften einzuführen; so zum Beispiel im 18. Jahrhundert die »Neue Wissenschaft« von Giambattista Vico[31], der die Topik neben der Kritik als grundlegender ansah. Doch diese Versuche erneuter Verortung konnten sich in der mitreißenden Dynamik der utopischen Wissenschaften nicht behaupten. Sie verweisen uns jedoch darauf, was Grundlage des topischen Verstehens von Welt ist: der *sensus communis,* der gemeinschaftliche Sinn. Für Vico ist der altrömische Begriff des *sensus communis* der Sinn, »der durch die Gemeinsamkeiten des Lebens gegeben ist«.[32] Dieses, nach Gadamer »tragende Einverständnis«, erlaubt nicht nur Gemeinsames zu finden, sondern auch Gemeinsames hervorzubringen.

In den letzten Jahren sind in der Wissenschaftssoziologie bemerkenswerte Analysen des Zusammenspiels von Wissenschaft und Gesellschaft durchgeführt worden. Mit der Veränderung der Wissensproduktion verändert sich auch das Produkt:

> Reliable knowledge, although it will remain a solid and indispensable criterion to strive for, will be tested not in the abstract, but in the very concrete and local circumstances. If science is to avoid becoming stuck in the objectivity trap, it has to develop greater context-sensitivity. The reliability of scientific knowledge needs to be complemented and strengthened by becoming also socially robust.[33]

Soziale Robustheit des Wissens bedeutet dabei, dass das Wissen relational, empirisch, sozial beeinflusst und prospektiv ist; das prospektive Wissen überschreitet dabei das nur akzeptierte Wissen, da es mit unbekannten und unvorhersehbaren Kontexten umgehen kann. Der soziale Raum, in dem diese Transformation von »reliable knowledge« nach »socially robust knowledge« erfolgt, wird – in Assoziation an die griechischen Stadtstaaten – als *Agora* bezeichnet: »the new public space where science and society, the market and politics, co-mingle«.[34]

Das Konzept der *Syntopie* umfaßt das Konzept der *Agora.* Ersetzt man in der oben gegebenen Darstellung von *Syntopie* die Einzeldisziplinen durch die Wissenschaften und die Gesellschaft, den Markt und die Politik, so ergibt sich das Bild wechselseitiger Verortung und Gestaltung und das Herausbilden eines gemeinsamen Ortes, der selbst als dynamisches Gebilde verstanden werden muss. *Syntopie* geht jedoch in ihrer Allgemeinheit über das Konzept der *Agora* hinaus. *Syntopie* kann auch in Kontexten angewandt werden, in denen gesellschaftlicher Einfluss nicht unmittelbar relevant ist, also auch wissenschaftsintern. In diesem Anspruch, eine neue Methodik von Dynamik und Statik, Prozess und Beobachtung/Beschreibung zu versuchen, ist das Konzept der *Syntopie* unausweichlich mit einer Paradoxie verbunden: Die dynamische Einheit von Andersartigem im (realen oder metaphorischen) Ort lässt sich weder als Abstraktum (zum Bei-

---

31 Vico, Giambattista (1744): *Die neue Wissenschaft von der gemeinschaftlichen Natur der Nationen*. Frankfurt am Main: Klostermann (1981).

32 Gadamer: a. a. O., S. 19.

33 Nowotny, H., Scott, P. and Gibbons, M. (2001): *Re-Thinking Science. Knowledge and the Public in an Age of Uncertainty*. Oxford: Blackwell, S. 117.

34 Nowotny, H. et al: a. a. O., S. 203.

spiel als Raum) noch als wechselseitige Relation von Konkreta (zum Beispiel von Objekten) erfassen. Jede Beschreibung ist immer retrospektive Beschreibung wechselseitiger Abhängigkeit von Objekten oder Fakten und erfasst nicht die synchrone Emergenz in der Dynamik selbst.

Aus den Paradoxien abstrakter Erörterungen ein Sprung ins Topische, in das Konkrete einer anderen Kultur:

> Nach Augustin Berque ist die ‚japanische Selbstidentität' im zeitlichen und im räumlichen Sinn durch einen zyklischen Prozess bestimmt, der die Realität zu Sets schematisiert, die die Japaner mit dem Begriff *kata* bezeichnen, wörtlich: Form, Gestalt. Darunter lassen sich ‚formende Formen' (phenomenal matrices) und ‚geformte Formen' (physical imprints) verstehen, die einander überblenden. Diese überschreiten das individuelle Selbst und binden es fest an seine physische Umgebung, um so mehr, als diese Formen von der Kultur institutionalisiert und kodifiziert seien [...].[35]

Dieses Überblenden findet sich auch in der Eigentümlichkeit der Sprachstruktur des Japanischen: Alle Teile eines Satzes können beliebig oft von nachfolgenden Markierungen überschrieben, d. h. vom Subjekt kontextualisiert werden. Damit sind die Sätze mit der Situation des Sprechenden, mit seinem Ort verbunden. Wort, Ding *und* Subjekt sind miteinander korreliert und bilden gemeinsam einen Sprachort.[36]

Ein letztes Beispiel, um die abstrakten Überlegungen des Konzeptes der *Syntopie* im Konkreten zu orten, möchte ich mit einem Ergebnis moderner Hirnforschung geben. Das erlebte subjektive Jetzt des Menschen, die Gegenwart, ist kein Punkt in der Zeit, sondern besitzt eine Ausdehnung von etwa drei Sekunden (in objektiver Zeit).[37] Dabei erfolgt innerhalb des Bereiches bewusster Gegenwart von drei Sekunden keine Bewertung: Wahrnehmungen, Erinnerungen, Emotionen und Handlungsplanungen sind untrennbar verbunden und nicht benennbar. Bewertung und Benennung geschehen erst retrospektiv, d. h. in einem weiteren Drei-Sekunden-Fenster, in dem wir das Geschehen innerhalb des ersten Fensters klassifizieren, indem wir unser Tun beobachten. »Bald bin ich, bald denke ich«[38], dieser Satz von Paul Valéry müsste eigentlich lauten: »Bald war ich, bald dachte ich«. Das entweder erlebende oder beobachtende, das *syntopische* Subjekt kann sich nicht selbst lokalisieren. Die Dichotomie von Erleben und Beobachten liegt damit all unserer Welterkenntnis zugrunde.

Wissen im 21. Jahrhundert zielt auf keine Utopie, sondern auf die Schaffung einer *Syntopie utopischer und topischer Wissenschaften*. Die Bezeichnung von Wirklichkeit führt stets zu einer Dichotomie der Zeichen. Doch in der Nichtfassbarkeit *syntopischen* Erkennens liegt seine Vollständigkeit. Utopisches Wissen ist reflexiv, jedoch nicht selbstbegründend, es ist aus dem Ort seines Ursprungs immer

35 Pörtner P. und Heise J.: a. a. O., S. 10.

36 Nakamura, Yûjirô (1983): *Nishida Kitarô*. Tokyo.

37 Pöppel, Ernst (1994): *Temporal Mechanisms in Perception*. International Review of Neurobiology **37**, S. 185-202.

38 Zitiert nach Arendt, Hannah (1968): *Zwischen Vergangenheit und Zukunft. Übungen im Politischen Denken I.* München: Piper (1994), S. 133.

schon herausgetreten. Topisches Wissen ist nicht reflexiv, jedoch selbstbezüglich, es bleibt immer in seinem Ort. Utopisches Wissen braucht Identität als Konstante der Reflexion. Topisches Wissen erzeugt und verflüssigt Identität im Selbstbezug. Welche Form – *kata* – braucht und erzeugt *syntopisches Wissen*? In Beantwortung dieser Frage wird die *»Summe aller Wissenschaften uns zur Kultur«*.

»Im Anfang war das Wort [logos] ...«, so beginnt das Evangelium dessen, der in seiner Offenbarung – der Apokalypse – schreibt: »Ich, Johannes, war auf der Insel, die da heißt Patmos ...«.

C. Ulises Moulines

Einheit des Seins, Einheit der Wissenschaft

Nach gängiger philosophischer Terminologie heißt die Lehre vom Sein »Ontologie«. In einer etwas weniger feierlichen Redeweise kann man Ontologie definieren als die Lehre von dem, was ist. In einem noch schlichteren Verständnis, das wir hauptsächlich dem großen Logiker und Philosophen Willard Quine verdanken, ist Ontologie die systematische Antwort auf die Frage: Was gibt es?[1]

Ich meine, wir können im Prinzip das Wesentliche dieser Auffassung übernehmen – allerdings mit einigen Abstrichen. Einer davon, um den es hier hauptsächlich gehen wird, ist folgender: Soll Ontologie als eine *philosophische* Disziplin, d.h. als eine Art Reflexion verstanden werden, die den höchsten Allgemeinheitsgrad besitzt, dann ist es nicht so zweckmäßig, sie zu bestimmen als die Lehre von all dem, was es gibt, sondern eher als die Lehre von den allgemeinen *Arten* von Dingen, die es gibt. Denn der Philosoph als solcher ist nicht daran interessiert, etwa zu wissen, ob es den Schneemenschen auf dem Himalaya gibt; er ist eher daran interessiert herauszufinden, ob die Art der Menschen eine Art von Wesen darstellt, die fundamental verschieden von anderen Wesen ist. Die erste Sorte von Existenzfragen gehört zu den einzelnen Wissenschaften, die zweite Sorte wohl eher zur Philosophie, in diesem Fall zur Ontologie im eigentlichen Sinne.

Allerdings ist es auch so, daß die beiden Sorten Fragestellungen – die fachwissenschaftliche und die ontologisch-philosophische – nicht ganz voneinander getrennt werden können; genauer gesagt, die Fragen, die sich ein philosophischer Ontologe sinnvoll stellen kann, hängen in wichtigen Hinsichten von den Ergebnissen ab, zu denen die Fachwissenschaftler kommen. Ein Philosoph, der sich gegenüber fundamentalen wissenschaftlichen Befunden indifferent zeigen würde, wäre ein armseliger Ontologe. Um diesen Punkt festzustellen, lassen Sie mir ein schematisches Beispiel anführen: Angenommen, ein Philosoph würde aufgrund tiefsinniger Überlegungen ein System ontologischer Kategorien konstruieren, aus dem folgt, daß es zwei fundamental verschiedene Kategorien von Dingen gibt: nennen wir sie die *A*-Dinge und die *B*-Dinge, so daß alles, was es gibt, entweder ein *A* oder ein *B* ist, aber nicht beides zugleich; und angenommen, alle bestens bestätigten wissenschaftlichen Theorien würden den Schluß erlauben, daß unter jeder plausiblen Interpretation der *A*- und *B*-Eigenschaften die *A*-Dinge immer auch *B*-Dinge sind und umgekehrt. Dann meine ich, daß wir das ontologische System des Philosophen trotz seines Tiefsinns getrost *ad acta* legen könnten – und müßten.

In diesem Aufsatz möchte ich einige allgemeine Fragen erörtern, die mit der Bindung der Ontologie an die *empirischen*, vor allem an die *physikalischen* Wis-

1 Vgl. W.V.O. Quine: »On What There Is«. In: *From a Logical Point of View*, Harvard 1953.

senschaften zusammenhängen. Ich will damit nicht andeuten, geschweige denn behaupten, daß *jede* sinnvolle Erörterung ontologischer Zusammenhänge von den Ergebnissen der empirischen Wissenschaften abhängen muß. Es gibt eine Reihe spannender ontologischer Fragen, die nicht, oder höchstens nur auf sehr indirektem Wege, mit der empirischen Erkenntnis zusammenhängen. Zum Beispiel scheinen viele Fragen über die Existenz und Art abstrakter Gegenstände wie Mengen, Zahlen, Propositionen u.ä. nur an Untersuchungen der reinen Mathematik und/oder der Logik gebunden zu sein. Aber auf jeden Fall scheint es mir auch offensichtlich, daß die Analyse dessen, was die empirischen Wissenschaften, allen voran die Physik, behaupten, Konsequenzen haben muß für die Kategorisierung dessen, was es gibt. Und es ist leider festzustellen, daß die Ontologen bisher in sträflicher Weise dazu tendiert haben, den zuletzt genannten Aspekt der »Außenbeziehungen« ihrer Disziplin zu vernachlässigen. Ich versuche hier also, einen kleinen Beitrag zur Herstellung der Balance innerhalb der Ontologie zu leisten.

Zum Auftakt wollen wir ein Gedankenexperiment machen. Angenommen, wir würden über eine einzige, wohl begründete empirische Theorie, sagen wir die Newtonsche Mechanik, verfügen, die alle denkbaren Sachverhalte gut erklären könnte – nicht nur die physikalischen im engeren Sinne, sondern auch die biologischen, psychologischen, sprachlichen, kulturellen, usw. Dann wären wir in der Tat berechtigt, auf die Frage: »Was gibt es?« eine ziemlich einfache Antwort zu geben: Es gibt drei fundamentale Arten von Dingen: eine Klasse von beweglichen Dingen, genannt »Teilchen«, eine dreidimensionale, kontinuierliche Mannigfaltigkeit, genannt »absoluter Raum« und eine eindimensionale, kontinuierliche Mannigfaltigkeit, genannt »absolute Zeit«. Das wäre alles, was es gibt – jedenfalls nach der ursprünglichen Konzeption der Mechanik bei Newton selbst. Irgendwann um die Mitte des 18. Jhds. haben viele aufgeklärte Geister in der Tat geglaubt, das wäre die endgültige Antwort auf die Frage: »Was gibt es?« Nicht nur die mechanischen Systeme, auch die optischen Phänomene, die chemischen Reaktionen, die mentalen Zustände, die sozialen Prozesse wären letzten Endes nichts anderes als mehr oder weniger komplizierte Ansammlungen von in Raum und Zeit lokalisierbaren Teilchen. Ein damaliger Modeautor hat sogar gemeint, auch die Liebe wäre ein Phänomen, das sich gemäß dem Gravitationsgesetz für sich gegenseitig anziehende Teilchen verhält[2]. Allgemeiner gesagt: Die Welt könnte sich uns gegenüber so freundlich zeigen, daß sie sich durch eine einzige, wissenschaftliche Theorie restlos erfassen ließe. Mehr noch, diese einzige Theorie könnte strukturell so schlicht, so transparent sein wie etwa ein Bauhaus-Gebäude, so daß wir bei bloßem Hinschauen sofort erkennen würden, was das ist, was es nach dieser Theorie gibt, was die Grundkategorien des Seienden genau sind. Wäre die erdachte Möglichkeit einer einzigen, einfachen Theorie nicht ein Gedankenspiel, sondern harte Realität, dann wäre die Aufgabe der Ontologie in der Tat ziemlich trivial. Aber würde jemand dies als Vorwurf an unsere Auffassung der Ontologie

---

2 Vgl. F. Algarotti: *Newtonianismo per le dame*, o.O.,1737.

vorbringen wollen, dann würde ich darauf antworten: Wenn die Ontologie deswegen trivial wird, um so schlimmer für die Ontologen und um so besser für die Ontologie selbst.

Leider ist die Welt, wie wir alle wissen, nicht so freundlich uns gegenüber. Die Gesamtheit der empirischen Theorien, zu denen wir ein gewisses Vertrauen in Sachen, was es gibt, haben, sieht überhaupt nicht so aus wie ein Bauhaus-Gebäude, sondern vielmehr wie ein riesiger, unübersichtlicher Flohmarkt. Es gibt Hunderte von Theorien mit Realitätsanspruch – jede mit ihrer eigenen Ontologie (einer sog. »Regionalontologie«). Nun, diese Ontologien brauchen nicht alle untereinander unverträglich zu sein, einige können – bei näherem Hinschauen – sich sogar als identisch erweisen. Es könnte sich herausstellen, daß die angeblichen ontologischen Differenzen zwischen den Theorien nur auf der Oberfläche liegen. Dennoch: Um diese ontologisch verheißungsvolle Feststellung zu machen, müssen wir erst die Grundsteine dieser Theorien ziemlich genau unter die Lupe nehmen. Mit einem Wort: Um Ontologie zu betreiben, müssen wir auch ein wenig Reflexion über die empirischen Wissenschaften betreiben. Dagegen mag sich der traditionelle Ontologe – sei es aus innerer Überzeugung oder aus Trägheit – wehren. Aber das ist *sein* Problem. Nach dem hier vertretenen Verständnis der Ontologie wäre eine völlige Abkopplung der empirischen Erkenntnis Zeitvergeudung.

Was ist die eigentliche Aufgabe der Ontologie dann, da die Welt uns nicht den Gefallen tut, sich nach einer einzigen, einfachen Theorie zu verhalten? Eine adäquate Antwort auf diese Frage besteht m. E. aus zwei methodologisch zu unterscheidenden Teilantworten. Das langfristige Ziel ist die Konstruktion eines einheitlichen ontologischen Systems, also eines Systems von grundlegenden Kategorien des Seienden, also von dem, was es gibt. Das ist natürlich ein extrem anspruchsvolles Ziel, das wahrscheinlich nie realisiert werden wird; aber wenigstens als ein sog. »regulatives Prinzip« sollte es immer präsent sein, sozusagen als letzte Rechtfertigung für die Beschäftigung von Ontologen. Das kurzfristige Ziel besteht dagegen darin, den Flohmarkt der wissenschaftlichen Theorien nach seinen verschiedenen ontologischen Voraussetzungen genau abzuklopfen und die Beziehungen zwischen den einschlägigen Theorien zu untersuchen. Man könnte vielleicht der Meinung sein, daß angesichts der Unübersichtlichkeit des »Flohmarkts Wissenschaft« die Untersuchungen im Sinne des kurzfristigen Ziels uns keinen Deut näher an das langfristige Ziel bringen werden: Chaos bleibt Chaos – auch wenn man es genau analysiert – so könnte man meinen. Dies wäre jedoch ein voreiliger Schluß. Das ist eine der Hauptthesen, die ich hier verteidigen will. Die These ist, daß, auch wenn es sehr viele verschiedene Theorien gibt mit angeblich verschiedenen ontologischen Rahmenbedingungen, dennoch die Möglichkeit eines plausiblen einheitlichen ontologischen Systems nicht grundsätzlich ausgeschlossen ist.

Diese allgemeine These besteht wiederum aus mehreren Teilthesen verschiedener Stärke. Die erste lautet: Die offenkundig sicherste Strategie, um die verlorene ontologische Einheit wiederzugewinnen, stellt die Methodologie des Reduktionismus dar. *Reduktion* ist das magische Heilmittel gegen ontologisches Chaos. Jedoch nicht jede Art von Beziehung zwischen Theorien bzw. Disziplinen, die nach gängiger Auffassung eine Reduktion darstellt, wird als formal wie inhaltlich plausibler Kandidat für unser Ziel fungieren können. Ich meine, es geht hier um eine spezifische Art von Reduktion, die ich eben als »ontologische Reduktion« bezeichnen möchte. Eine weitere These ist, daß diese Art von Beziehung in der real existierenden Wissenschaft häufiger vorkommt als das, was die Reduktionsskeptiker meinen. Das ist eine These über die reale Wissenschaft, die ich hier natürlich nicht beweisen kann. Dies würde ein enzyklopädisches Werk beanspruchen. Ich werde dennoch einige Beispiele angeben, die anderswo ausführlicher analysiert worden sind und die uns einen Hoffnungsschimmer hinsichtlich unseres langfristigen Ziels geben. Andererseits – und dies ist meine dritte These – scheint es einige ganz fundamentale Theorien zu geben, bei denen die ontologische Reduktion in eklatanter Weise nicht funktioniert. Auch hier werde ich mich auf Andeutungen beschränken müssen. Schließlich werde ich argumentieren, daß auch dort, wo die ontologische Reduktion anscheinend nicht funktioniert, dies nicht notwendigerweise zum Zusammenbruch des universellen ontologischen Systems und somit der Einheit der Wissenschaft führen muß.

Daß das Programm des Reduktionismus (in einem noch zu explizierenden Sinn) mit der regulativen Idee der Einheit der Wissenschaften eng zusammenhängt und daß letztere wiederum eine gute Basis für die Konstruktion eines einheitlichen ontologischen Systems darstellt, liegt intuitiv auf der Hand. Man könnte die Situation durch folgendes Schema darstellen:

Reduktionismus ⇒ Einheit der Wissenschaft ⇒ einheitliches ontologisches System.

Wäre das Programm des Reduktionismus für alle in Frage kommenden Theorien vollständig durchgeführt worden, dann hätten wir die Einheit der Wissenschaft vollzogen; und hätten wir letztere vollzogen, dann könnten wir ein einheitliches ontologisches System aufbauen. Wichtig ist dabei zu merken, daß die im obigen Schema angegebenen Implikationspfeile *nicht* in die umgekehrte Richtung gehen. Das heißt, auch wenn das Programm des Reduktionsmus bzw. die Einheit der Wissenschaften grundsätzlich nicht realisierbar wären, ist es nicht ausgeschlossen, daß wir ein einheitliches ontologisches System aufbauen könnten. Darauf werde ich am Schluß nochmals kommen.

Nun, alles, was bisher dargelegt worden ist, klingt zugegebenermaßen ziemlich vage und metaphorisch. Es ist nun geboten, all das zu präzisieren.

Zunächst haben wir schon darauf hingewiesen, daß ein wichtiger Bestandteil in unseren Überlegungen die Feststellung ist, daß die Konstruktion eines ontologischen Systems mit den ontologischen Voraussetzungen von erfolgreichen empirischen Theorien zusammenhängt. Also müssen wir zunächst klären, was die ontologischen Voraussetzungen einer erfolgreichen empirischen Theorie genau sind. Fangen wir mit dem letzten Terminus an. Was ist eine Theorie? Im Einklang mit den meisten gegenwärtigen Ansätzen der formalen Wissenschaftstheorie wollen wir davon ausgehen, daß die Identität einer Theorie hauptsächlich durch eine Klasse von Modellen (und nicht von Axiomen) gegeben ist. Wir können verschiedene Axiomen-Systeme haben; wenn sie die gleiche Klasse von Modellen bestimmen, die im Prinzip als Repräsentationen der erfahrbaren Realität angesehen werden können, dann sind die Unterschiede zwischen den Axiomensystemen eine wissenschaftstheoretisch ziemlich nebensächliche Angelegenheit. Alle Modelle ein- und derselben Theorie müssen die gleiche Art von Struktur haben. Was eine Strukturart ist, wird in der Mengenlehre definiert und ist eine ziemlich technische Angelegenheit, die wir hier nicht besonders zu thematisieren brauchen[3]. Es genügt zu wissen, daß die Forderung, daß alle Modelle einer Theorie die gleiche Strukturart haben, hinreichend ist, um eine gewisse formale, wenn auch nicht inhaltliche Homogenität der Modelle zu sichern. Deswegen brauchen wir uns auch nicht um die konkrete Axiomatisierung einer Theorie zu kümmern, wenn es um die Festlegung ihrer Identität geht.

Dieses modelltheoretische Konzept wissenschaftlicher Theorien wird sich auch, wie wir gleich sehen werden, als besonders günstig für die Erörterung der ontologischen Problematik erweisen.

Also: Eine Theorie ist im wesentlichen eine homogene Modellklasse. Die nächste Frage ist: Was ist eine *empirische* Theorie? Eine empirische Theorie ist eine homogene Modellklasse, bei der von einigen Modellen erwartet wird, daß sie ein Stück Erfahrung subsumieren. Und die empirische Theorie ist *erfolgreich*, wenn die zuständige wissenschaftliche Gemeinschaft gemäß ihren eigenen methodologischen Standards davon überzeugt ist, daß die Subsumtion der Erfahrung unter ein Modell der Theorie wenigstens annäherungsweise gelungen ist.

Natürlich ist hier nicht der Ort, um die große Frage zu diskutieren, was unter »Erfahrung« zu verstehen ist. Auf jeden Fall aber fasse ich diesen Begriff als relativ zu jeder Theorie auf. Das heißt, jede Theorie T hat ihre eigene Erfahrungswelt, auch »empirische Basis« genannt. Sie wird entweder durch die Sinnesorgane direkt gewonnen, oder (was eigentlich viel häufiger vorkommt) sie ist durch andere, der Theorie T zugrundeliegende Theorien T_1, T_2, usw. bestimmt. Das ist aber jetzt nicht unser Thema. Alles, was wir hier anzunehmen brauchen, ist, daß diese empirische Basis in einer Reihe von sog. *Datenstrukturen* kodifiziert werden kann. Eine solche Struktur ist die Repräsentation eines für die Theorie T relevanten Stücks Erfahrung in mit T verträglichen Begriffen. Angenommen, eine solche Datenstruktur läßt sich in inhaltlich plausibler Weise, wenn auch meistens nur mit einem Grad annehmbarer Approximation, so ergänzen, daß daraus ein echtes Modell der Theorie wird. Dann können wir sagen, daß das Modell die Datenstruktur erfolgreich subsumiert oder daß die Datenstruktur sich erfolgreich unter das Modell subsumieren läßt. Dabei erweist sich die Datenstruktur als eine *Teilstruktur* vom Modell.

Nun zurück zu unserem eigentlichen Thema. Angenommen, die Welt wäre wirklich freundlich zu uns. Dann bräuchten wir eine einzige Theorie mit Modellen, die etwa aus nur ein paar Grundbereichen von Entitäten, sagen wir z.B. die

3 Für die technischen Einzelheiten vgl. W. Balzer/C.U. Moulines/J.D. Sneed: *An Architectonic for Science*, Dordrecht 1987, Kap. I.

Mengen *A*, *B*, und *C*, und einigen wenigen Relationen zwischen diesen Mengen bestünden. Und alle erfahrbaren Sachverhalte – angefangen mit den Planetenbewegungen bis hin zur Liebesbeziehung zwischen Romeo und Julia – ließen sich als Datenstrukturen repräsentieren, die unter Modelle der Theorie subsumierbar sind. In diesem Fall wären wir berechtigt zu sagen, daß alles, was es gibt, entweder ein *A* ist, oder ein *B*, oder ein *C*. Diese, und nur diese wären die Grundkategorien des Seienden. Das einheitliche ontologische System wäre einfach das Tripel *A*, *B*, *C* mit ihren gegenseitigen Beziehungen.

Für dieses Gedankenexperiment bin ich von der utopischen Annahme ausgegangen, daß wir über eine einzige Theorie verfügen, unter die sich alle empirischen Phänomene subsumieren lassen. Nun, wir wissen schon, daß die Welt nicht so freundlich ist. Es gibt Hunderte von Theorien, jede mit ihrem spezifischen Erfahrungsbereich. Das heißt, ein bestimmter Teil unserer Erfahrung läßt sich durch eine Datenstruktur repräsentieren, die – wenn wir Glück haben – sich zu einem Modell einer Theorie T_1 ergänzen läßt, während ein anderer Teil durch eine ganz andere Datenstruktur repräsentiert wird, das sich zu einem anderen Modell einer anderen Theorie T_2 ergänzen läßt, die mit T_1 nichts zu tun hat, usw. Daraus scheint man kein vernünftiges ontologisches Gesamtsystem gewinnen zu können.

Wie wäre es aber, wenn diese Fülle von Theorien sich auf wenige, ja vielleicht letzten Endes auf eine einzige *reduzieren* ließe? Das ist schließlich der große Traum so vieler namhafter Wissenschaftler von Newton bis Hawking und Penrose gewesen, ein Traum, der viele Forscher angespornt hat und immer noch anspornt. Wie wäre es, wenn dieser Traum sich realisieren ließe? Diese Frage ist durch zwei Vorfragen bedingt: Was heißt hier eigentlich Reduktion? Und: Wieso ist dieser Reduktionsbegriff ontologisch relevant?

Die Literatur zur Reduktionsbeziehung, auch zur allgemeinen Definition dieser Beziehung, ist gewaltig. In früheren Schriften haben meine Mitarbeiter und ich eine ganze Familie von plausiblen Reduktionsbeziehungen betrachtet, die sich formal präzisieren, jedoch nicht reibungslos zu einem einzigen Reduktionsbegriff synthetisieren lassen. Es gibt nichtsdestoweniger zwei Bedingungen, die als notwendige, wenn auch nicht hinreichende Bedingungen wie ein roter Faden durch alle Reduktionskonzepte in formal unterschiedlich verkleideter Form hindurchgehen: Wenn eine Theorie *T* auf eine andere Theorie *T'* reduziert werden soll, dann müssen (1) die Grundbegriffe von *T* in einem bestimmten Sinn aus den Grundbegriffen von *T'* konstruierbar sein; und (2) die Grundgesetze von *T* müssen aus den Gesetzen von *T'* herleitbar sein, wenn auch vielleicht nur approximativ[4].

Das paradigmatische Beispiel für ein solches Verhältnis zwischen zwei empirischen Theorien stellt die Reduktion der Mechanik starrer Körper auf die Newtonsche Partikelmechanik dar. Diese Reduktion wurde im wesentlichen schon von Euler Mitte des 18. Jhds. skizziert, jedoch in einer wissenschaftstheoretisch völlig

4 Ein klassischer (wenn auch nicht ganz einwandfreier) Ausdruck dieser beiden Bedingungen findet sich bei Nagels Reduktionsansatz wieder (vgl. E. Nagel: *The Structure of Science*, New York, 1961, Kap. XI).

einwandfreien Weise erst von Ernest Adams 200 Jahre später formal ausgeführt. Charakteristisch für dieses Beispiel ist, daß die Reduktion erst dann als gelungen anzusehen ist, wenn zwei wesentliche Schritte einwandfrei gemacht worden sind: 1. Jeder starre Körper, also jedes Element des Grundbereichs der zu reduzierenden Theorie, wird rekonstruiert als eine Menge von Teilchen (also eine Menge von Elementen des Grundbereichs der reduzierenden Theorie), zwischen welchen bestimmte Beziehungen bestehen, die durch Relationen der reduzierenden Theorie (in diesem Fall hauptsächlich Abstandsbeziehungen) ausgedrückt werden. 2. Man sucht sich eine bestimmte Spezialisierung der Newtonschen Grundgesetze aus, die empirisch fundiert ist und die die Grundgesetze der Mechanik starrer Körper (hauptsächlich: den Drehimpulserhaltungssatz) impliziert.

Ähnlich geartet sind die meisten anderen Fälle von Reduktionen empirischer Theorien, die tatsächlich durchgeführt worden sind, wenigstens ansatzweise. Hier sei eine offene Liste solcher allgemein anerkannten Beispiele angegeben, die wenigstens in ihren Grundzügen formal rekonstruiert worden sind.[5]

Die Reduktion der:

- Kartesischen Stoßmechanik auf die Newtonsche Teilchenmechanik
- Keplerschen Planetarischen Theorie auf die Newtonsche Teilchenmechanik
- Geometrischen Optik auf die Wellenoptik
- Wellenoptik auf die Klassische Elektrodynamik
- Newtonschen Partikelmechanik auf die Relativistische Teilchenmechanik
- Mendelschen Genetik auf die Molekularbiologie.

In vielen dieser Fälle ist die Implikation, die dem zweiten Reduktionsschritt wesentlich ist, keine exakte Ableitbarkeitsbeziehung. Sie gilt nur annäherungsweise. Es ist jedoch kein grundsätzliches Problem, sondern nur ein wenig technisch aufwendig, den Begriff einer approximativen Implikation auch formal zu definieren, so daß die Notwendigkeit von Approximationen unserer allgemeinen Argumentation keinen Abstrich tut.

Versuchen wir, den ersten Reduktionsschritt genauer zu erfassen. Wir haben gesehen, es geht darum, die Grundbegriffe der zu reduzierenden Theorie aus den Grundbegriffen der reduzierenden zu konstruieren. Wie soll dies im allgemeinen geschehen? Wenn wir die angegebene Liste von Reduktionsbeispielen betrachten, dann merken wir leicht, daß ihnen allen folgendes Merkmal gemeinsam ist: Alle Grundbereiche der reduzierten Theorie werden entweder mit einigen Grundbereichen der reduzierenden Theorie identifiziert oder mit Teilbereichen davon, oder als relationale Strukturen über diesen Grundbereichen rekonstruiert, das heißt, die Grundbereiche der reduzierten Theorie werden aus einer mehrmaligen Anwendung einfacher logisch-mathematischer Operationen auf eine oder mehrere Grundbereiche der reduzierenden Theorie wiedergewonnen. Es gibt einen

---

5 Vgl. C.U. Moulines: »Ontological Reduction in the Natural Sciences«. In: *Reduction in Science* (hrsg. v. W. Balzer/D.A. Pearce/H.J. Schmidt) Dordrecht et al. (1984). S. 51-70.

logisch-mathematischen *terminus technicus* für dieses Verhältnis: Wir sagen, daß der erste Grundbereich, sagen wir *A*, eine *Leitermenge* über die anderen Grundbereiche, sagen wir B_1 ,..., B_n ist.

Versuchen wir, all dies festzuhalten. Seien *T* und *T'* zwei empirische Theorien mit ihren jeweiligen Modellen und in den Modellen die jeweiligen Grundbereiche.

Wir schränken unsere Aufmerksamkeit auf diejenigen Modelle beider Theorien ein, die ein Stück Erfahrung erfolgreich subsumieren, das heißt, auf diejenigen, die zu einer Datenteilstruktur die Subsumtions-Beziehung haben.

Wenn wir nun behaupten, daß *T* auf *T'* reduzierbar ist, dann muß mindestens folgende Bedingung erfüllt sein:

(*OR*) Für alle Modelle der Theorie *T* und für jeden Grundbereich *A* in solchen Modellen gibt es ein Modell der Theorie *T'* mit den Grundbereichen B_1,..., B_n, so daß *A* als Leitermenge über B_1 ,..., B_n konstruierbar ist.

Aus naheliegenden Gründen nenne ich (*OR*) die Bedingung der »ontologischen Reduktion« oder, wenn man will, den ontologischen Aspekt der Reduktionsbeziehung.

Wir könnten jetzt auch die zweite Bedingung, die der Implikation der Grundgesetze, präzisieren. Dies will ich mir aber sparen, und zwar nicht nur aus Platzgründen, sondern auch, weil ich argumentieren möchte, daß sie zwar für das Programm der Einheit der Wissenschaft, nicht aber für die Ontologie-Problematik wesentlich ist. Es ist nämlich so, daß bei vielen angeblichen oder erwünschten Fällen von Reduktionen gerade die Implikationsbedingung sich als besonders dubios, wenn nicht sogar unerfüllbar erweist – und zwar nicht, oder nicht nur aufgrund der technischen Probleme beim Erzielen von akzeptablen Approximationen. Die hauptsächliche Schwierigkeit besteht darin, daß die Spezialisierungen der Grundgesetze der reduzierenden Theorie, die wir benötigen, um die Grundgesetze der zu reduzierenden Theorie zu erhalten, sich oft als *ad hoc*, inhaltlich unplausibel oder gar als empirisch leer erweisen. Und trotzdem haben die praktizierenden Fachwissenschaftler in solchen Fällen (unter der Voraussetzung, daß der erste Reduktionsschritt, also die Erfüllung der *OR*-Bedingung, in inhaltlich plausibler Weise gelungen ist) selten irgendwelche Gewissensbisse bei der Behauptung, die Reduktion sei »irgendwie« doch gelungen. Auf jeden Fall sind sie dabei überzeugt, daß, auch wenn die Ableitung der Gesetze nur bei massiver Anwendung fauler Tricks und viel *hand-waving* zu erzielen ist, beide Theorien – die reduzierende und die reduzierte – von den *gleichen Arten von Dingen* reden, also ihre ontologischen Voraussetzungen letzten Endes die gleichen sind.

Betrachten wir kurz ein in dieser Hinsicht charakteristisches Beispiel. Seit nun fast einem Jahrhundert lesen wir in den physikalisch-chemischen Lehrbüchern immer wieder, daß es Boltzmann und Ehrenfest gelang, die ganze Thermodynamik (und nicht etwa nur die Theorie der idealen Gase) auf die statistische Mechanik zu reduzieren. Die zwei nötigen Schritte seien dabei erfüllt: 1. Die thermodynamischen Systeme (in der Hauptsache: Gase) als große Ansammlungen von Molekülen mit einer statistischen Verteilung bestimmter dynamischer Parameter zu konstruieren. 2. Die Grundgesetze der Thermodynamik aus den Gesetzen der statistischen Mechanik *plus* bestimmten Sonderbedingungen abzuleiten. Die berühmteste dieser Sonderbedingungen, mit der sich Boltzmann schon durchgeschlagen hat, ist die »ergodische Hypothese«. Sie ist aber nachweislich empirisch falsch, genauer gesagt, es gibt praktisch keine realen physikalischen Systeme, an denen sie bestätigt werden könnte. Später hat man es mit anderen Sonderbedingungen versucht, die der ergodischen Hypothese ähnlich sind, sog. »quasi-ergodischen« Hypothesen. Aber alle haben sich bis jetzt als inhaltlich zweifelhaft, wenn nicht direkt inakzeptabel erwiesen. Ein besonders akkurater Wissenschaftstheoretiker, Lawrence Sklar, der diesem Fall viel Aufmerksamkeit geschenkt hat, hat das Ergebnis seiner Untersuchungen in seinem Buch *Philosophy of Physics* (erschienen 1992 – also 100 Jahre nach Boltzmanns Versuch!) mit folgenden Worten lapidar zusammengefaßt:

> »there is as yet no real agreement about which idealization is the correct one to use in trying to represent thermodynamic behavior in terms of microscopic dynamical behavior and probabilities«.[6]

In unserer Terminologie bedeutet dies: Bei den für die Reduktion der Thermodynamik vorgeschlagenen Spezialisierungen der statistischen Mechanik ist es bis jetzt nicht gelungen zu garantieren, daß ihre Modelle stets die Subsumtions-Beziehung zu den entsprechenden Datenstrukturen haben. Nach dem strengen Reduktionskonzept kann man also nicht behaupten, daß die Thermodynamik auf die statistische Mechanik reduzierbar ist. Und dennoch: Niemand zweifelt im Ernst daran, daß thermodynamische Systeme »im Grunde« nichts anderes sind als Ansammlungen von Molekülen, die sich in einer statistisch bestimmbaren Weise verhalten. Die Arten von Dingen, zu deren Existenz sich Thermodynamik und statistische Mechanik verpflichten, sind die gleichen, weil die *OR*-Bedingung erfüllt ist.

Dieser Fall ist nicht atypisch. In vielen vermeintlichen Reduktionen, auch der approximativen Sorte, hapert es mit der Implikationsbedingung. Dennoch hat die zuständige wissenschaftliche Gemeinschaft keine Zweifel daran, wenn die *OR*-Bedingung formal korrekt und inhaltlich plausibel ausgeführt worden ist, daß die ontologische Vereinheitlichung gelungen ist. Man hofft dann, daß irgendwann eine vernünftige Spezialisierung der reduzierenden Theorie gefunden werden kann, die eine saubere Ableitung der Grundgesetze der zu reduzierenden Theorie erlaubt. Aber das ist für die Beantwortung der Frage, welche Arten von Dingen es gibt, nicht mehr so wichtig. Die Ontologie ist dann schon ein Stück weiter vereinheitlicht worden, unabhängig von einer noch bevorstehenden Vereinheitlichung der Gesetze. Im übrigen: Warum sollte die Aufgabe der Konstruktion einer einheitlichen Ontologie aus den bestehenden Theorien heraus von ihren *gesetzesartigen* Verhältnissen abhängig gemacht werden? Die Gesetze, die eine Leitermenge

6 Vgl. L. Sklar: *Philosophy of Physics*, Oxford 1992, S. 137.

erfüllt, brauchen weder mit denen ihrer Basismengen identisch noch aus ihnen ableitbar zu sein, damit wir sagen können, die Art von Dingen ist in beiden Fällen die gleiche. Auch eine große Ansammlung von Betrunkenen auf dem Oktoberfest verhält sich gemäß anderen Gesetzen als ein in seiner Bude einsam hockender Betrunkener – und dennoch sind die als real angenommenen Entitäten in beiden Fällen dieselben, nämlich Menschen.

Wären wir bereit, das Programm des Reduktionismus so abzuschwächen, daß nur *OR* verlangt wird, dann hätten wir zwar eine abgeschwächte Form der Einheit der Wissenschaft, die uns aber dafür leichter dem langfristigen Ziel der Konstruktion eines einheitlichen ontologischen Systems annähern würde. Nebenbei bemerkt, dieser abgeschwächte Reduktionismus wäre verträglich mit einer ontologischen Position in der Wissenschaftstheorie, die eine ehrwürdige Tradition hat: dem *Emergentismus*. Die Auffassung, daß es eine Art hierarchischen Aufbaus ontologischer Stufen gibt, jede mit den ihr eigenen Naturgesetzen, die nicht von den darunterliegenden herleitbar sind, wird gewöhnlich als eine anti-reduktionistische Konzeption gedeutet; in unserem Sinne wäre sie aber mit dem ontologischen bzw. schwachen Reduktionismus verträglich.

Wie dem auch sei, ich will zum Schluß doch noch ein wenig Wasser in meinen Wein gießen. Ich bin zwar davon überzeugt, daß das Programm eines schwachen Reduktionismus im hiesigen Sinn noch viele Schlachten gewinnen kann und es erlauben wird, den zunächst ontologisch so unappetitlich aussehenden Flohmarkt Wissenschaft viel ordentlicher zu gestalten. Dennoch dürfen wir uns nicht allzu optimitisch zeigen. Es kann Paare von fundamentalen empirischen Theorien geben, bei denen nicht einmal bei wohlwollender Interpretation die Bedingung *OR* erfüllt werden kann.

Ein prominentes Beispiel für diese Situation ist seit vielen Jahrzehnten in der Physik bekannt: das zu Tode angefeindete Paar »allgemeine Relativitätstheorie vs. Quantenfeldtheorie« bzw. in der späteren gewandelten Form »allgemeine Relativitätstheorie vs. elektroschwache Theorie«. Das Problem mit diesem Theorien-Paar ist nicht nur, daß weder die Grundgesetze des einen Paarglieds aus denen des anderen herleitbar sind, noch umgekehrt, und auch nicht nur, daß alle bisherigen Versuche, eine dritte, empirisch nachprüfbare Theorie auszubauen, auf die sowohl die allgemeine Relativitätstheorie wie auch die elektroschwache Theorie reduzierbar wären – eine sog. *»GUT«* (*»grand unified theory«*) –, entweder kläglich gescheitert sind oder sich bestenfalls als *wishful thinking* entpuppt haben[7]. Die Schwierigkeiten scheinen noch grundsätzlicherer Natur zu sein und betreffen direkt unsere *OR*-Bedingung. Wir verfügen zwar noch nicht über adäquate Rekonstruktionen der hier involvierten Theorien – ich kenne jedenfalls keine –; jedoch so viel scheint jetzt schon klar zu sein: Die angenommenen Grundbereiche in der einen und der anderen Theorie werden fundamental verschiedenartiger

7 Für einen sorgfältigen Panorama-Überblick der Schwierigkeiten in der Teilchen-Physik vgl. A. Salam: »Overview of Particle Physics«. In: P. Davies (ed.), *The New Physics*, Cambridge 1989.

Natur sein müssen, und zwar schon deswegen, weil die eine Theorie mit einem Raum-Zeit-Kontinuum zu arbeiten hat, während die zweite diskrete Mengen von Entitäten einführen muß, deren wesentliche Eigenschaften mit den Eigenschaften eines Raum-Zeit-Kontinuums unverträglich erscheinen. Schlimmer noch: Jeder Versuch, beide Theorien auf ontologischer Ebene zu vereinheitlichen, müßte vom Grundgedanken einer Quantelung der Gravitation auf kosmologischer Ebene Gebrauch machen; dies wiederum würde aber die Annahme einer Wellenfunktion für das ganze physische Universum voraussetzen, was aber nicht nur empirisch extrem abstrus ist, sondern geradezu begrifflich paradox – angesichts des Inbegriffs einer Wellenfunktion – erscheint. [8] Fazit: Angesichts der nicht nur nomologischen, sondern auch begrifflich-ontologischen Spannung zwischen allgemeiner Relativitätstheorie und elektroschwacher Theorie scheint es völlig fehl am Platz zu erwarten, daß die *OR*-Bedingung entweder in der einen oder anderen Richtung erfüllt werden kann.

Nun ist dieses problematische Theorien-Paar nicht irgendwo an einer provinziellen Ecke der Wissenschaften angesiedelt; vielmehr gibt es sehr gute Gründe, die beiden Theorien als ganz wesentlich für die Bestimmung dessen anzusehen, was es gibt – beide Theorien haben also eine eminente Bedeutung für die allgemeine Ontologie. Und so scheint das Programm des Aufbaus eines einheitlichen ontologischen Gesamtsystems durch diese widerspenstigen Theorien der Physik ins Schwanken zu kommen.

Was kann der Ontologe angesichts dieser mißlichen Lage tun? Ich glaube nicht, daß er resignieren muß. Er hat noch ein weites Betätigungsfeld vor sich. Es gibt noch mehrere ontologisch sehr bedeutsame Aufgaben, denen er sich widmen kann. Erstens sollte die ontologische Basis der allgemeinen Relativitätstheorie und der elektroschwachen Theorie genauer analysiert werden, denn die formale Rekonstruktion dieser Theorien ist bis jetzt noch sehr fragmentarisch geblieben. So wüßte man besser, worin die Wurzeln der Schwierigkeiten für eine potentielle ontologische Reduktion liegen. Zweitens sollte untersucht werden, ob das besprochene Theorien-Paar auch wirklich das einzige dieser problematischen Art auf fundamentaler Ebene ist. Denn es ist nicht ausgeschlossen, daß auch anderswo ähnlich böse Überraschungen auf den Einheits-Ontologen lauern – z.B. auf dem Gebiet der irreversiblen Prozesse. Schließlich, auch unter der Annahme, daß es zwei oder mehrere fundamentale empirische Theorien gibt, die sich endgültig nicht weiter im Sinne der *OR*-Bedingung vereinheitlichen lassen, heißt das nicht, daß der Versuch eines ontologischen Gesamtsystems schon deswegen unmöglich oder absurd wäre. Wir könnten ein System von ontologischen Kategorien in formal kohärenter Weise so entwickeln, daß es der Tatsache gerecht würde, daß die Welt sozusagen »etwas schizophren« ist – etwa zwischen dem Seienden auf der Makro- und dem Seienden auf der Mikroebene. So lange die Datenstrukturen, die die jeweiligen Modelle subsumieren, nicht als identisch zu betrachten sind, wäre

8 Vgl. dazu etwa C. Kiefer: »Probleme der Quantengravitation«. *Philosophia Naturalis*, 31/2 (1994), S. 324.

ein solches System von ontologisch heterogenen Kategorien zwar nicht sehr elegant, jedoch auch nicht als unbedingt inkohärent anzusehen.

Nun, das alles sind Aufgaben, deren Erfüllung offensichtlich nur in interdisziplinärer Arbeit und nach langen Anstrengungen geschehen kann. Aber das ist kein Grund zu verzweifeln. Wir Wissenschaftstheoretiker haben inzwischen gelernt, geduldig zu sein.

Ernst Pöppel

Komplexität und Reduktion im Nervensystem

In den folgenden Ausführungen soll eine knappe Erläuterung über die Funktionsweise des menschlichen Gehirns gegeben werden. Ausgangsthese der Überlegungen ist, dass psychische Funktionen durch evolutionäre Selektionsprozesse entstanden sind, und dass psychische Funktionen somit durch neuronale Programme im Gehirn bereitgestellt werden. Die Verfügbarkeit psychischer Funktionen ist also an die Integrität neuronaler Strukturen gebunden. Im erkenntnistheoretischen Sinne nehme ich im Hinblick auf das Leib-Seele-Problem somit eine monistische Position ein; die wesentliche Annahme des hier vertretenen pragmatischen Monismus oder empirischen Realismus ist, dass Psychisches außerhalb des Gehirns nicht vorfindbar ist; diese Annahme ist für die meisten Hirnforscher zwar eine Selbstverständlichkeit, doch wird sie in den Geisteswissenschaften nicht vorbehaltlos akzeptiert, da insbesondere die »Alltagspsychologie« einen Dualismus nahezulegen scheint. Pragmatisch ist dieser Monismus insofern, als sich zeigen lässt, dass alle psychischen Funktionen aufgrund von Störungen im Gehirn selektiv verloren gehen können. Durch solche selektiven Ausfälle, die mit interindividueller Konstanz auftreten können, liefert die Natur gleichsam einen Existenzbeweis dieser Funktionen, denn hiermit wird unmittelbar die Kopplung von Struktur und psychischer Funktion gezeigt.

Wie geht man traditionellerweise an die Rekonstruktion des Psychischen heran? Man nimmt an, dass bestimmte Reize aus der Umwelt auf die Sinnesorgane und das Gehirn wirken und dass nach Verarbeitungsprozessen im Gehirn eine Reaktion erfolgt – allgemein: dass eine Repräsentation der Welt im Bewusstsein über sinnliche Informationen entsteht. Reaktion auf Reize, Repräsentation der Welt in uns und Reflexion über die Welt werden als abhängige Ereignisse, die aus der Welt um uns und auch in uns aufgenommen werden, gedacht. Reize bestimmen eindeutig, was im Bewusstsein verfügbar sein kann.

Dieses »Aussen-Innen-Prinzip« der Rekonstruktion des Psychischen sei durch Beispiele aus dem Bereich der Seherfahrung erläutert. Wir stellen uns die Frage, wie die uns umgebende Welt im Gehirn abgebildet wird. Auf der Netzhaut der Augen findet in den Sinneszellen ein sogenannter Transduktionsprozeß statt, d. h. elektromagnetische Wellen in einem bestimmten Frequenz-Bereich des Spektrums (vom kurzwelligen «blau» bis zum langwelligen «rot») werden gleichsam in «Gehirnsprache» umgewandelt. Von den Sinneszellen in der Netzhaut wird die Information über verschiedene Umschaltstationen ins Gehirn weitergeleitet. Das Verblüffende bei dieser Fortleitung von der Peripherie der Informationsaufnahme ins Zentrum weiterer Verarbeitung und Bewertung ist, dass die topologischen Beziehungen von vorgefundenen Objekten in der Welt in der neuronalen Repräsentation des Gehirns in Hunderten von Millionen von Zellen erhalten bleiben.

Betrachte ich eine Landkarte, so entsprechen die einzelnen Zeichen in ihrer Lage zueinander den durch sie definierten Merkmalen in der Natur; in analoger Weise – die topologischen Beziehungen bewahrend – wird die Karte im Gehirn abgebildet. Erfasse ich mit einem Blick ein geschriebenes Wort, werden die einzelnen Elemente, also die Buchstaben, ortsgetreu repräsentiert. Wie diese topologisch korrekte Abbildung in den Nervenzellverbänden im einzelnen erreicht wird, ist allerdings eine noch offene Frage; sicher ist aber, dass beim Wachsen des Gehirns chemische Markierungen genutzt werden, um in einzelnen Strukturen des Gehirns die in der Welt vorgefundene Topologie zu erhalten. Die Abbildung optischer Information erfolgt im hinteren Bereich des Großhirns, im sogenannten Okzipitallappen: in einer dünnen Schicht von Nervenzellen mit etwa zwei bis drei Millimetern Durchmesser, dem visuellen Cortex, erfolgt ein wesentlicher erster Teil der Informationsverarbeitung, so dass auf der subjektiven Ebene schliesslich gegenständliches Sehen von Objekten in ortsgetreuer Weise möglich wird.

Wie viele Zellen benötigt das Gehirn für seine verschiedenen Aufgaben? Im menschlichen Gehirn gibt es nach traditionellen Schätzungen etwa zehn Milliarden, aufgrund neuerer Schätzungen aber sehr viel mehr Nervenzellen; es können sogar bis zu einer Billion sein. Wie wird Information in diesem umfangreichen Netzwerk verarbeitet? Zur Beantwortung dieser Grundfrage muss man zunächst auf die Verbindungsmöglichkeiten zwischen Nervenzellen, also auf die Architektur des Gehirns, hinweisen. Jede Nervenzelle hat Kontakt mit vielen anderen; man vermutet, dass mindestens 10 000 Nervenzellen mit jeder Nervenzelle in Kontakt stehen. Diese Kontaktaufnahme bedeutet, dass 10 000 Nervenzellen von einer Nervenzelle beeinflusst werden (Prinzip der Divergenz), und dass jede Nervenzelle von 10 000 Nervenzellen beeinflusst wird (Prinzip der Konvergenz). Diese Kontaktaufnahme kann erregend (Prinzip der Exzitation) oder hemmend (Prinzip der Inhibition) sein. Für Erregung und Hemmung sind unterschiedliche chemische Botenstoffe, sogenannte Transmitter, verantwortlich. Mit den strukturellen Prinzipien von Divergenz und Konvergenz und den funktionellen Prinzipien von Exzitation und Inhibition sind jene grundlegenden Mechanismen angesprochen, die für alle Gehirne, also nicht nur das menschliche, gelten.

Das ausgewogene Verhältnis von Exzitationen und Inhibitionen in einem umschriebenen Bereich des Gehirns, vermittelt durch die verschiedenen chemischen Botenstoffe, kennzeichnet den Normalzustand; kommt es auf dieser Ebene zu Störungen, wenn etwa zu wenig Inhibition an einer Stelle des Gehirns oder zu wenig Exzitation an anderen Stellen ausgeübt wird, dann können Erkrankungen wie die Epilepsie, Schizophrenie, die Depression oder die Parkinson'sche Erkrankung die Folge sein. Obwohl es sehr viele Nervenzellen im Gehirn gibt, sind die Mechanismen der Verarbeitung des Gehirns durch »das starke Gesetz der kleinen Zahl« gekennzeichnet, das sich in funktioneller Nähe von Nervenzellen äußert. Jede Nervenzelle ist nicht weiter als maximal vier Umschaltstationen von jeder anderen Nervenzelle im Gehirn entfernt. Diese strukturell bedingte funktionelle Nähe bedeutet in der Sprache der Datenverarbeitung, dass das Gehirn durch «massivste Parallelität» ausgezeichnet ist: Alles ist mit allem offenbar engstens verbunden.

Das Gehirn ist somit prinzipiell anders aufgebaut als jeder Computer, und auch die Verarbeitungsprinzipien sind grundsätzlich von Algorithmen und deren Implementierung als Programme in Computern verschieden. Eine Simulation oder explizite Modellierung von menschlichem Denken, Wahrnehmen, Fühlen, Entscheiden, Erinnern oder Handeln ist in weiter Ferne, sollte es überhaupt je erreicht werden. Allein aus der Architektur des Gehirns leitet sich die Feststellung ab, dass ein Wahrnehmen ohne ein gleichzeitiges Erinnern und gefühlsmäßiges Bewerten, oder ein Erinnern ohne ein gefühlsmäßiges Bewerten und Wahrnehmen, oder ein Gefühl ohne einen Erinnerungsbezug und eine wahrnehmungsmäßige Repräsentation, nicht möglich ist. Erst in der retrospektiven Reflexion »entdecken« oder »erfinden« wir vermeintlich unabhängige phänomenale Bereiche, indem wir Begriffe einsetzen wie Wahrnehmung, Erinnerung oder Gefühl. Im gegenwärtigen Vollzug des Erlebens gibt es diese Trennung nicht.

Ein weiterer Befund der modernen Neurowissenschaften verdient besondere Aufmerksamkeit wegen seiner potentiellen Bedeutung für andere Bereiche. Bei Geburt sind wir mit einem Überangebot möglicher Verbindungen von Nervenzellen ausgestattet. Diese genetisch vorgegebene Potentialität wird aber erst lebenswirksam, wenn in den frühen Phasen der Biographie, also in den ersten Lebensjahren, die zahlreichen Verbände von Nervenzellen und ihre genetisch angebotenen Verknüpfungen auch tatsächlich genutzt werden. Erst durch Gebrauch in der lokalen Informationsverarbeitung wird die genetische Potentialität zur Faktizität, und damit langfristig verhaltenswirksam und lebensbestimmend. Durch die funktionelle Bestätigung der Verbindungen wird die detaillierte Struktur des Gehirns überhaupt erst festgelegt. Was nicht genutzt wird, das wird endgültig abgeschaltet, d.h. potentielle Verbindungen zwischen Nervenzellen bleiben nicht das ganze Leben erhalten. Anstrengungsloses Lernen – z.B. das Lernen von mehreren Sprachen in der frühen Kindheit – ist später nicht mehr möglich, da die Lernprozesse dann in bereits festgelegten Hirnstrukturen ablaufen. Beim anstrengungslosen Lernen in frühen Phasen des Lebens wird die Struktur des Gehirns durch das Lernen festgelegt. Diese strukturelle Festlegung des Gehirns gilt für das gesamte Repertoire des Psychischen, also etwa für unsere Wahrnehmungen oder unsere Gefühle. In unseren Gefühlen spiegeln sich unmittelbare Bewertungen wieder, sodass man auf der Grundlage dieser Befunde der Neurowissenschaften so weit gehen kann zu sagen, dass auch die Kultur die Struktur des Gehirns bestimmt, da Wertesysteme einen kulturellen Hintergrund haben. Diese Überlegungen machen deutlich, dass ein Wissen über neuronale Prozesse sinnvoll ist für den interkulturellen Diskurs oder auch für pädagogische Maßnahmen.

Wenn wir das Modell der Informationsverarbeitung, das als »Aussen-Innen-Prinzip« bezeichnet wurde, zugrunde legen, dann heißt dies, dass Informationen aus den verschiedenen Sinneswelten – also etwa aus der visuellen, auditiven oder taktilen – jeweils von entsprechenden Sinneszellen umgewandelt, gleichsam als «Hirnsprache» verfügbar gemacht werden, und dass uns auf dieser Grundlage ein Bild der Welt vermittelt wird. In einem solchen Modell der Welterfahrung sind wir der Welt als passive Rezipienten ausgeliefert. Die Wirklichkeit unseres Erlebens ist jedoch alles andere als nur passive Rezeption: Wir konstruieren – besser re-konstruieren – die Welt. Das Gehirn mit seinen informationsverarbeitenden Systemen ist nicht ein passiver «Filter» für Reize, die von aussen aufgenommen werden, sondern das Gehirn hat gestaltende Kraft.

Ein einfacher Beleg für diese Behauptung leitet sich aus Experimenten mit doppeldeutigen Figuren ab, bei denen man je nach Einstellung verschiedene Dinge sehen kann, etwa zwei Gesichter, die sich anschauen, oder eine Vase; man kann nie beides gleichzeitig sehen, aber willentlich zwischen den beiden Sehweisen hin und her wechseln und sich das jeweils Alternative sichtbar machen. Der Wahrnehmungsgegenstand ist nicht eindeutig durch gegebene Reizkonfigurationen determiniert, und dies gilt für alle Sinnessysteme, nicht nur für das Sehen. Was jeweils gesehen, gehört oder empfunden wird, ist wesentlich mitbestimmt durch vorangehende Aktivitäten, wobei emotionale Wertungen eine wichtige Rolle spielen.

Aus zahlreichen Experimenten dieser Art über Wahrnehmungs- und Denkprozesse lässt sich als allgemeines Gesetz festhalten: Das Wahrgenommene oder das Gedachte, die Entscheidung oder das Urteil ist jeweils eine Bestätigung oder Zurückweisung einer Hypothese (eines «Vor-Urteils») innerhalb eines mentalen Bezugssystems, das in einem gegebenen Augenblick besteht. Solche Hypothesen, die unser Wahrnehmen und unser Denken bestimmen, bestehen in jedem Augenblick. Hier liegt eine Automatik von Hirnprozessen vor, der sich keiner entziehen kann, von der wir nicht absehen können. Mentale Hypothesen gehören zu uns wie das Atmen. Es ist nur wichtig, dass wir wissen, dass wir stets mit solchen Bezugssystemen – also Vorurteilen – leben.

In diesem Mechanismus, dem »Innen-Aussen-Prinzip«, drückt sich das Ökonomieprinzip menschlichen Wahrnehmens und Denkens aus. Normalerweise ist es nicht notwendig, in jedem Augenblick die wahrgenommene Welt neu zu konstituieren, denn aufgrund von Hystereseeffekten kann man von einer gegebenen Kontinuität und Homogenität von Weltzuständen ausgehen. An diese Kontinuität und Homogenität hat sich das Gehirn in der Evolution angepaßt, ist dann aber in seiner Informationsverarbeitung häufig überfordert, wenn Unerwartetes auftritt oder ein Urteil in einem nicht etablierten Bezugssystem zu fällen ist. Für den Menschen gilt, dass die Inhalte dieser Bezugssysteme durch individuelle Erfahrung geprägt sind, wobei solche Bewertungen nicht notwendigerweise bewusst sein müssen, sondern sich implizit auswirken können, retrospektiv aber bewusst gemacht werden können.

Ausgehend von der Beobachtung, dass unser Erleben in einem Nervensystem implementiert ist, das durch hochgradige Vernetzung der Nervenzellen gekennzeichnet ist, so sind wir dennoch auf einer höheren Abstraktionsebene herausgefordert, die verschiedenen phänomenalen Bereiche zu kategorisieren und begrifflich zu fassen. Auf dieser Ebene lässt sich das Repertoire des Psychischen durch vier Funktionsbereiche beschreiben, nämlich die Funktionen der Wahrnehmungen (der Reizaufnahme), des Lernens und Gedächtnisses (der Reizbearbeitung), der Gefühle (der Reizbewertung) sowie der Handlungen, Aktionen oder Reaktionen, die spontan oder auf Reize hin auftreten. Als wesentlicher Befund der

Hirnforschung lässt sich festhalten, dass elementare Funktionen im Gehirn lokal repräsentiert sind. Die Verfügbarkeit bestimmter neuronaler Programme, die üblicherweise an einem bestimmten Ort im Gehirn repräsentiert sind, ist Voraussetzung für das psychische Repertoire. Dies soll nicht bedeuten, dass ein Ort im Gehirn nicht auch mehrere Funktionen repräsentieren kann. Aufgrund unterschiedlicher chemischer Botenstoffe, die die Interaktion von Nervenzellen bestimmen, können überlappend an einem Ort auch mehrere Funktionen repräsentiert sein.

Das Prinzip der lokalen oder auch modulären Funktionsrepräsentation sei durch einige Beispiele erläutert. Reize der Umwelt werden in verschiedenen Systemen des Gehirns (z.B. dem visuellen, auditiven oder taktilen) aufgenommen und interpretiert. Elementarfunktionen sind in umschriebenen Bereichen repräsentiert. Ein solcher Funktionsmodul mag etwa verantwortlich dafür sein, dass wir Bewegungen von Gegenständen im Raum erkennen können. Dies lässt sich daraus erschließen, dass es Patienten gibt, die nach einem bestimmten Hirnschaden zwar alles noch normal erkennen, nur keine Bewegungen von Objekten im Raum mehr erleben können. Andere Patienten, die Verletzung an einer anderen Stelle im Gehirn haben, können beispielsweise keine Farben mehr erkennen; eine Störung an einer wieder anderen Stelle führt dazu, nicht mehr in der Lage zu sein, Gesichter anderer Menschen unterscheiden zu können. Ein solcher Patient weiß zwar noch, dass es sich um ein Gesicht handelt, das er sieht – doch sind alle Gesichter für ihn gleich. Er kann nicht einmal mehr sein eigenes Gesicht im Spiegel erkennen. Derartige Verletzungen sind instruktiv, weil sie zeigen, dass elementare Partialfunktionen modulär im Gehirn repräsentiert sind, wobei jeweils ein umschriebener Bereich für eine (gegebenenfalls mehrere) Funktion zuständig ist.

Die moduläre Informationsverarbeitung gilt für alle Bereiche, so auch für jene der Reizbearbeitung. Wenn wir Informationen aufnehmen und längerfristig im Gehirn mit Hilfe von Gedächtnismechanismen speichern, dann ist die Einspeicherung neuen Wissens abhängig von der Verfügbarkeit bestimmter neuronaler Programme. Seit längerer Zeit ist bekannt, dass bei der Einspeicherung neuen Wissens die Innenseiten der Schläfenlappen wichtig sind. Wenn diese abgetragen werden, dann stellt man fest, dass ein solcher Patient keine neue Information mehr aufnehmen kann. Er hat sein Gedächtnis verloren. Ein berühmter Fall, der in der neurowissenschaftlichen Literatur eine wesentliche Rolle spielt, ist der Patient Henry M., an dem eine solche Operation durchgeführt wurde, um eine sonst nicht kontrollierbare Epilepsie einzudämmen. Mit dem Patienten kann man ein Gespräch führen, und nach einer Stunde kann er sich an nichts mehr erinnern, nicht an die Person, mit der er gesprochen hat, oder die Inhalte, die man erörterte. Der Patient ist zeitlich und auch räumlich wie fixiert; die Orientierung in neuen Umgebungen kann er nicht mehr erwerben, und auch zeitlich ist er auf einen bestimmten Punkt festgelegt.

Aus solchen Fällen lernen wir in der Hirnforschung, dass in der Tat einzelne Bereiche des Gehirns für selektive Gedächtnisfunktionen verantwortlich sind. Diese moduläre Repräsentation von Funktionen gilt in gleicher Weise für die verschiedenen Formen des Lernens. Wenn wir uns etwa eine bestimmte Handlungsabfolge einprägen, so werden ganz andere Mechanismen des Gehirns beansprucht, als wenn ein «bedingter Reflex» ausgebildet wird, der uns z.B. mit Ängstlichkeit reagieren lässt, wenn ein Arzt erscheint, der bei uns Blut abnehmen will, da dies üblicherweise mit etwas Schmerz verbunden ist.

Auch unsere Gefühle sind modulär im Gehirn repräsentiert. Wenn wir Neues aufgenommen und gespeichert haben, dann wurde das Neue automatisch auch emotional bewertet. Gefühle laufen nicht unabhängig von Wahrnehmungen und Erinnerungen ab. Ohne dass wir es verhindern könnten, werden ununterbrochen emotionale Bewertungen vorgenommen, wobei diese Bewertungen nicht unbedingt bewusst werden müssen; meist erfolgt emotionale Bewertung implizit. Dass die emotionalen Bewertungsinstanzen ebenfalls durch spezielle Module im Gehirn repräsentiert sind, wissen wir auch aus der Pathologie, aber auch aus tierexperimentellen Beobachtungen. Wenn jemand qualvoll an Ess-Gier leidet, dann bedeutet dieses, dass bestimmte neuronale Programme, die Hunger und Sättigung regulieren, nicht mehr richtig funktionieren. Wenn wir Schmerzen erleiden, ist eine wiederum andere spezifische Konstellation modulärer Aktivität gegeben.

Der vierte Funktionsbereich, der bei der Beschreibung des psychischen Repertoires herangezogen werden muss, ist der des Handelns bzw. des Agierens oder Reagierens. Hier sind jene Module des Gehirns angesprochen, die für unsere sprachliche Fähigkeit, für Gestik, Mimik, Bewegungen im allgemeinen verantwortlich sind; hierher gehören aber auch jene neuronalen Mechanismen, die die inneren Organe steuern.

Zur Veranschaulichung sei ein Blick auf die Sprache geworfen. Es zeigt sich, dass Sprechenkönnen gebunden ist an die Integrität verschiedener, sehr spezifischer neuronaler Programme. Mindestens fünf linguistische Kompetenzen sind zu unterscheiden, um sprechen zu können, nämlich lexikalische, syntaktische, semantische, phonetische und prosodische Kompetenz.

Wir benötigen zunächst einmal ein Lexikon, also einen Wortvorrat, der für das Sprechenkönnen unverzichtbar ist. Wir verfügen außerdem über syntaktische Kompetenz, können also (normalerweise) beim Sprechen grammatikalisch wohlgeordnete Sätze produzieren. Die syntaktische Kompetenz erlaubt überdies, gehörte Sätze zu dekodieren, also dem Verständnis zu erschliessen. Dann kennzeichnet Sprechenkönnen semantische Kompetenz, d. h. im Sprechen wird Bedeutung vermittelt, beim Hören der Sprache wird nach dem Sinn des Gesagten gesucht. Die syntaktische und die semantische Kompetenz werden von verschiedenen Funktionsbereichen des Gehirns vermittelt, was bedeutet, dass sie auch unabhängig voneinander verloren gehen können. Ein Patient mit dem Verlust der semantischen Kompetenz kann zwar noch flüssig sprechen, doch mangelt es der Sprache an Bedeutung, obwohl die grammatikalischen Regeln des Sprechens eingehalten werden; ein Patient mit Verlust der syntaktischen Kompetenz kann zwar Sprache noch verstehen, und seine telegrammstilartigen Äußerungen sind verständlich, doch kann er keine wohlgeordneten Sätze mehr bauen. Hinzu kommt die prosodische Kompetenz, die uns ermöglicht, mit Hilfe der Intonation z.B.

Gefühle zum Ausdruck zu bringen. Ein Patient mit einer Verletzung der rechten Gehirnhälfte hat Schwierigkeiten, seine prosodische Kompetenz der Sprache zu benutzen, d. h. die Sprachmelodik einzusetzen oder über die Sprachmelodik das Gemeinte in einer sprachlichen Mitteilung zu entschlüsseln.

Schließlich gehört zu den linguistischen Kompetenzen die phonetische Kompetenz, d. h. die verschiedenen Sprachen sind durch bestimmte Sprachlaute gekennzeichnet. Alle Sprachen der Welt haben insgesamt offenbar nicht mehr als etwa hundert unterschiedliche Sprachlaute, obwohl es vermutlich zur Zeit ca. 5000 Sprachen auf der Welt gibt. Jede einzelne Sprache ist phonetisch eine Teilmenge aus diesem Repertoire von Sprachlauten. Die einzelnen Sprachlaute sind genetisch vorgegeben, und im Sprechenlernen werden die angelegten Sprachlaute durch die jeweilige Sprachumgebung, in der wir aufwachsen, bestätigt. Die eigene Muttersprache zu lernen ist also etwas ganz anderes als das Lernen einer Fremdsprache nach der Pubertät.

Alle genannten Partialkompetenzen sind für die Sprache und das Sprechen notwendig, und sie sind durch verschiedene Module des Gehirns neuronal repräsentiert. Diese These lässt sich ableiten aus Störungen, die dazu führen können, dass jeweils einzelne der Funktionen verloren gehen.

Die vier bezeichneten Funktionsbereiche, deren Partialfunktionen modulär im Gehirn repräsentiert sind, kennzeichnen das Repertoire des Psychischen. Wahrgenommenes, Erinnertes, Gefühltes, Geplantes und Getanes kennzeichnen die Inhalte unseres Erlebens. Damit Inhalte subjektiv verfügbar sein können, wir also bewusst erleben können, bedarf es aber weiterer Funktionen, die man als logistische Funktionen bezeichnen kann.

Bei den logistischen Funktionen sind im Prinzip drei Bereiche zu unterscheiden: Einmal bedarf es einer Aktivation (gleichsam einer «Stromversorgung»), damit Psychisches verfügbar wird, dann steuern Prozesse der Aufmerksamkeit, was jeweils im Zentrum des Bewusstseins steht, und schließlich ist zeitliche Koordination der räumlich verteilten Funktionen im Gehirn erforderlich. Bei unzureichender Aktivation können wir nicht wahrnehmen, denken oder handeln. Das Phänomen der notwendigen Aktivation ist jedem bekannt, denn Aktivation unterliegt der tagesperiodischen Kontrolle. Wenn wir schlafen, wird die Aktivation reduziert, im Wachzustand nach oben reguliert. Auch die logistische Funktion der Aufmerksamkeit ist aus unmittelbarer Anschauung bekannt; wir können unsere Aufmerksamkeit fokussieren, also auf einen bestimmten Sachverhalt konzentrieren, und wir können mit verteilter Aufmerksamkeit gleichsam alle Kanäle möglicher Erfahrung öffnen. Sowohl für die Aktivation wie auch für die Funktionen der Aufmerksamkeit werden jeweils unterschiedliche neuronale Mechanismen genutzt.

Um jenen logistischen Bereich verständlich zu machen, der ebenfalls für das Funktionieren des Gehirns verantwortlich ist, nämlich die zeitliche Koordination der Funktionen, muss ein weiterer Sachverhalt über die Arbeitsweise des Gehirns verdeutlicht werden. Jeder psychische Zustand – wenn wir also Information verarbeiten, nachdenken, handeln, sprechen – ist dadurch gekennzeichnet, dass gleichzeitig an verschiedenen Stellen des Gehirns Nervenzellen stärker aktiv sind. Wenn wir beispielsweise lesen, ist die lokale Hirndurchblutung, über die man auf die Tätigkeit von Nervenzellen schließen kann, im Schläfenlappen, wo die semantische Kompetenz der Sprache anzunehmen ist, und im Frontalbereich, wo die syntaktische Kompetenz repräsentiert ist, deutlich erhöht; zusätzlich findet man Aktivitätserhöhungen dort, wo die Sprechbewegungen repräsentiert sind, und in einem Bereich, den man als supplementärmotorisches Areal bezeichnet. Hinzu kommt Aktivität im visuellen Verarbeitungsgebiet, von wo aus die Information über eine Umschaltstelle in die Sprachzentren weitergeleitet wird. Wesentlich bei diesen Beobachtungen ist, dass gleichzeitig an verschiedenen Stellen Aktivitätserhöhung zu beobachten ist. Solche gleichzeitige und räumlich verteilte Aktivität gilt für alle psychischen Funktionen.

Die gleichzeitige Aktivität an verschiedenen Orten wirft ein Problem der Verarbeitung auf, wie es nämlich aufgrund verteilter Aktivität von Nervenzellen zu einem einheitlichen Erlebnis kommen kann, denn jeder psychische Akt ist ja durch seine Geschlossenheit, seine Ganzheit gekennzeichnet. Welches sind die Mechanismen des Verbindens, die räumlich verteilte Aktivitäten zusammenbringen, um das subjektive Phänomen des einheitlichen mentalen Aktes zu ermöglichen?

Einem neuen Konzept zufolge gibt es einen zeitlichen Organisationsmechanismus, gleichsam eine Uhr, der wie ein Dirigent den Takt vorgibt und der dadurch eine zeitliche Koordination zwischen den verteilten Aktivitäten ermöglicht. Kern dieser Hypothese ist, dass die zeitliche Koordination durch oszillatorische Prozesse in Neuronenpopulationen, durch neuronale Schwingungen also, ermöglicht wird. Die Periode dieser Oszillationen liegt bei etwa 30 Tausendstel Sekunden. Die Bedeutung solcher Oszillationen soll an einem Beispiel aus der Anästhesie-Forschung gezeigt werden. Wird einem Patienten über Kopfhörer eine Serie von Tonreizen geboten – regelmäßig etwa jede Zehntel Sekunde hört der Patient einen Klickreiz von einer Tausendstel Sekunde Dauer – und werden bezogen auf diese Tonreize die elektrischen Antworten des Gehirns aufgezeichnet, dann stellt man eine oszillatorische Aktivität fest. Diese Oszillationen mit einer Periode von etwa 30 Tausendstel Sekunden verschwinden, wenn der Patient narkotisiert wird. Man beobachtet dann, dass die akustische Information zwar noch in den Sinneszellen des Ohres verarbeitet und in den sogenannten Hirnstamm weitergeleitet wird, dass aber eine zeitlich geordnete Aktivität in den neuronalen Verbänden des Gehirns, die sich durch die Oszillationen zeigt, nicht mehr möglich ist. Das Narkosemittel nimmt gleichsam einen funktionellen «Klebstoff» weg, der im Wachzustand zwischen den Nervenzellen eine Verbindung herstellt und der einen Gleichklang der Erregung und damit eine organisierte Informationsverarbeitung ermöglicht.

Ein bedeutsames Phänomen bei Patienten in Narkose ist, dass für sie gleichsam keine Zeit vergeht; ein Patient, der aus der Narkose erwacht, fragt häufig, wann denn die Operation beginne. Dieser Zeitverlust in der Narkose steht im Gegensatz zum normalen Schlafzustand: Wenn man aufwacht, ist man üblicherweise davon überzeugt, geschlafen zu haben; dass während des Schlafes auch eine bestimmte Zeit vergangen ist, wird unmittelbar empfunden.

Aus den Beobachtungen der Narkose und vielen anderen kann die Hypothese abgeleitet werden, dass die oszillatorischen Prozesse mit einer Periode von etwa 30 Tausendstel Sekunden Systemzustände bereitstellen, innerhalb derer vom Gehirn Elementarereignisse definiert werden können. Fehlen diese oszillatorischen Prozesse, wie z.B. in der Narkose, sind damit auch nicht mehr die Voraussetzungen für eine Ereignisdefinition vorhanden, und es kommt dadurch zu einem subjektiven Zeitverlust für die Phase dieses außergewöhnlichen Gehirnzustandes.

Möglicherweise lässt sich das Erlebnis des »déjà-vu«, also das Gefühl, schon einmal dasselbe erlebt zu haben, auf der Grundlage von Störungen in der zeitlichen Verarbeitung erklären. Bei der komplexen Aufgabe, verschiedene Areale des Gehirns miteinander zu synchronisieren, damit Einheit des Erlebens entsteht, kann es auch gelegentlich zu Störungen kommen. Eine solche Störung kann so aussehen, dass dasselbe äußere Geschehen zweimal repräsentiert wird, beispielsweise in der linken und der rechten Hemisphäre des Gehirns, dass diese Repräsentation aber mit einer zeitlichen Verzögerung erfolgt. Diese doppelte Repräsentation desselben Geschehens muss natürlich befremdlich wirken, und sie wird beim Erlebenden dann so gedeutet, dass alles schon einmal vorgekommen sei. Es handelt sich bei dieser Deutung also nicht um die Wiederholung eines Erlebnisses aus einer anderen Zeit, sondern um das Erleben desselben Geschehens mit kurzem zeitlichen Abstand.

Wie ist es nun auf der Grundlage isoliert definierter Ereignisse möglich, dass in unserem Erleben so etwas wie erlebte Kontinuität entsteht? Es stellt sich also die Frage nach der zeitlichen Integration aufeinanderfolgender Ereignisse. Im Prinzip gibt es zwei Möglichkeiten, wie eine Integration nacheinander definierter Ereignisse ablaufen könnte. Eine Möglichkeit wäre, dass die Integration von Ereignissen inhaltlich bestimmt ist. Semantische Integration setzt ein intern repräsentiertes Schema voraus, mit dem die jeweils aufgenommene Information verglichen wird. Bestätigt die Information das interne Schema, ist damit der Prozess der zeitlichen Integration abgeschlossen. Neben einer inhaltlichen oder semantischen Integration ohne Zeitbegrenzungen ist jedoch auch eine präsemantische Integration denkbar, die unabhängig von einem internen Schema und vorgegebenen Reizen, die am Schema überprüft werden, abläuft. Eine solche automatische Integration wird durch zahlreiche Beobachtungen tatsächlich nahe gelegt.

Einzelne mentale Ereignisse werden bis zu wenigen Sekunden automatisch aneinandergekettet, ohne dass wir es offenbar verhindern können. Eine Vielzahl von Experimenten hat ergeben, dass zeitliche Integration von Ereignissen bis zu etwa drei Sekunden erfolgt. Ein einfaches und anschauliches Beispiel für diesen Integrationsprozess ergibt sich aus auditiven und visuellen Kippfiguren. Betrachtet man eine visuelle Kippfigur, bei der man zwei Interpretationen mit gleicher Wahrscheinlichkeit sehen kann, erfolgt nach einigen Sekunden ein automatischer Umkipp-Vorgang, sodass die jeweils andere Perspektive in den Vordergrund des Bewusstseins geschoben wird. Grundlage dieses Wechsels ist ein automatischer Segmentierungsprozess des Gehirns, der gegebene Information nicht länger als bis zu etwa drei Sekunden festhalten kann.

Gestützt wird diese These einer zeitlich begrenzten und automatischen Integration aufeinanderfolgender Ereignisse bis zu etwa drei Sekunden durch weitere Beobachtungen aus den verschiedensten Bereichen. Ein klassisches Beispiel ist der sogenannte Zeitfolgefehler: Wenn man zwei Reize hinsichtlich ihrer Intensitäten miteinander vergleichen will – beispielsweise ob ein Reiz schwerer oder leichter, heller oder dunkler, lauter oder leiser als ein anderer ist –, dann müssen diese beiden Reize innerhalb von etwa drei Sekunden gegeben werden, um zu einem sachgerechten Vergleichsurteil zu kommen. Eine längere Pause zwischen den beiden Reizen führt dazu, dass die neuronale Repräsentation des jeweils ersten verblasst und somit der zweite Reiz überschätzt wird.

Eine ähnliche zeitliche Segmentierung beobachtet man bei intentionalen Handlungen, wenn also eine geplante Bewegung ausgeführt wird. Wenn etwa jemand die Hand reicht, einem zuwinkt oder betastend etwas untersucht, beobachtet man, dass diese Handlungsweisen eingebettet sind in ein etwa drei Sekunden dauerndes Zeitfenster. Wir haben es hier mit einem universellen Prinzip zu tun, das bei sich entsprechenden Verhaltensweisen in verschiedensten Kulturen festgestellt wurde. Die zeitlichen Segmentierungen der Informationsaufnahme führen zu voneinander getrennten funktionellen Zeitfenstern, innerhalb derer ein Akt der Wahrnehmung, des Denkens oder des Handelns repräsentiert ist. Diese zeitliche Segmentierung wird durch einen automatischen, präsemantischen Integrationsprozess bewirkt. Diese zeitlichen Fenster von etwa 3 Sekunden Dauer sind subjektiv durch den Eindruck von Gegenwart gekennzeichnet, und man kann deshalb sagen, dass die subjektive Gegenwart etwa 3 Sekunden dauert.

Wie kommt nun jene Kontinuität des Erlebens zustande, die über die etwa drei Sekunden dauernden Zeitfenster hinausgeht? Ich möchte die These vertreten, dass das Erleben der Kontinuität auf einer Illusion beruht. Kontinuität entsteht durch die Vernetzung der Inhalte, die jeweils in einem drei Sekunden dauernden Zeitfenster repräsentiert sind. Wir rekonstruieren die zeitliche Kontinuität aufgrund dessen, was in den einzelnen Bewusstseinsinseln repräsentiert ist.

Die inhaltliche Verknüpfung des jeweils diskret Repräsentierten wird neuronal vermutlich durch die relativ langen Zeitkonstanten jener Module ermöglicht, die für die Bewertung zuständig sind. Es wurde bereits festgestellt, dass aufgrund der engen Vermaschung aller neuronalen Vorgänge im Gehirn Denk- und Wahrnehmungsvorgänge nicht unabhängig von emotionalen Bewertungen ablaufen können. Was jeweils in einem drei Sekunden dauernden Zeitfenster repräsentiert ist, hat also auch ein emotionales «Etikett» (wobei dieses nicht bewusst sein muss). Auch wenn sich in der Wahrnehmungswelt neue Konstellationen von Reizen ergeben oder wenn Denkprozesse abgehoben vom Realitätsbezug zwischen verschiedenen Trajektorien hin und her zu springen versuchen, so erzwingen die längerfristig wirkenden Bewertungen eine Kontinuität der Bewusstseinstätigkeit. Dass diese Kontinuität gestört werden kann, sieht man bei der formalen Denkstörung der Schizophrenie oder im Alkoholrausch, wenn die inhaltliche Verbindung von Bewusstseinsakten zusammenbricht, und häufig nicht begründbare Gedankensprünge auftreten. Dass es zu derartigen pathologischen Veränderungen kommen kann, belegt, dass im Normalzustand ein neuronaler Prozess aktiv für die inhaltliche Verbindung jener psychischen Inhalte sorgt, die in den etwa drei Sekunden dauernden Zeitfenstern repräsentiert sind.

In der Dichtkunst findet man gute Beispiele sowohl für die zeitliche Segmentierung von Sprache in Intervallen von etwa drei Sekunden als auch für den Aufbau subjektiver Kontinuität. In allen bisher untersuchten Sprachen wurde festgestellt, dass eine gesprochene Verszeile bis zu etwa drei Sekunden dauert; bei längeren Verszeilen verwendet der Sprecher eine Zäsur. Der Reim dient gleichsam der formalen Verknüpfung aufeinander folgender Spracheinheiten und ist somit konstitutiv für die erlebte Kontinuität.

Die Tatsache, dass wir in der Dichtkunst ein Phänomen wiederfinden, das sich aus zeitlichen Integrationsmechanismen des Gehirns ableitet, spricht für die Stabilität des Mechanismus. Wenn unabhängig von der Sprache Dichter stets den gleichen zeitlichen Segmentierungsprozess im Gedicht benutzen, bedeutet dies, dass unterschiedliche kulturelle Traditionen oder verschiedene syntaktische Regeln einer Sprache ein Urphänomen des Gehirns nicht antasten können. Offenbar müssen wir Randbedingungen akzeptieren, die sich aus der Funktionsweise unseres Gehirns ergeben und die auch das Künstlerische im Menschen mitbestimmen. Dies soll nicht heißen, dass sich Kunst auf einfache neuronale Prozesse reduzieren lässt; es soll aber heißen, dass wir die Künste auch unter dem Blickwinkel unserer natürlichen Beschaffenheit sehen müssen.

Wilfried Brauer

Kein Lernen mehr in der Internet-Gesellschaft?

»Non scholae, sed vitae discimus.« Mit diesem Spruch versuchte man Schülerinnen, Schülern und Studierenden das Lernen schmackhaft zu machen. Aber diese fragten natürlich: Was heißt »fürs Leben lernen« – geht es denn nicht ohne, kann man nicht *beim* Leben lernen? Bisher war die Antwort darauf, dass es (für fast alle Menschen) nötig sei, als junger Mensch zu lernen und zu üben, um Kenntnisse und Fertigkeiten für manuelles oder geistiges Arbeiten zu erlangen, mit denen man als Erwachsener das Leben meistern, den Lebensunterhalt sichern kann. Auf diese Art des Lernens von Kenntnissen und des Übens ihrer Anwendung auf konkrete Aufgaben möchte ich mich im folgenden beschränken. Dieses Lernen macht Mühe. Zur Verringerung dieser Mühe gibt es zwei Wege: Auf dem ersten Weg werden Methoden und Hilfsmittel entwickelt, die das Lernen erleichtern. Auf dem zweiten Weg sucht man eine radikale Lösung: Die Arbeit wird reduziert oder ganz vermieden und damit auch das Lernen dafür.

Für beide Wege hatte man schöne utopische Vorstellungen: Für den ersten z.B. den Nürnberger Trichter, für den zweiten z.B. die Kölner Heinzelmännchen:

> »Wie war zu Köln es doch vordem
> Mit Heinzelmännchen so bequem !
> Denn, war man faul ... man legte sich
> Hin auf die Bank und pflegte sich;
> Da kamen bei Nacht,
> Eh' man's gedacht,
> Die Männlein und schwärmten
> Und klappten und lärmten
> Und rupften
> Und zupften
> Und hüpften und trabten
> Und putzten und schabten
> Und eh' ein Faulpelz noch erwacht,
> war all sein Tagwerk schon gemacht !«

(Erste Strophe des Gedichts »Die Heinzelmännchen« von August Kopisch, Mitte des 19. Jahrhunderts)

Hier wird offenbar der Wunsch ausgedrückt, dass über die damals schon vorhandenen Geräte und Maschinen hinaus selbständig Arbeit verrichtende Wesen – wir sprechen heute von autonomen Service-Robotern – den Handwerkern zur Verfügung stehen sollten (die sich anders als die Reichen und Adligen keine Bediensteten leisten konnten). Allerdings hatten diese Heinzelmännchen den Nachteil, dass sie die Arbeit nach ihrem Gutdünken verrichteten – sie bei der Arbeit beobachten oder ihnen gar Vorschriften machen, durfte man nicht.

Die Griechen hatten schon zu Zeiten Homers weiter gehende Phantasie; ich zitiere auszugsweise aus Homers Ilias (aus dem 18. Gesang) in der Übersetzung von Johann Heinrich Voss von 1793:

> »Aber Hephaistos' Palast erreichte die Herrscherin Thetis,
> Sternenhell, unvergänglich, in strahlender Pracht vor den Göttern,
> Welchen aus Erz er selbst sich gebaut, der hinkende Künstler.
> Ihn dort fand sie voll Schweiss um die Blasebälge beschäftigt,
> Eiferig: denn Dreifüsse bereitet' er, zwanzig in allem,
> Rings zu stehn an der Wand der wohlgegründeten Wohnung,
> Goldene Räder befestigt' er jeglichem unter dem Boden,
> Dass sie von selbst annahten zur Schar der unsterblichen Götter,
> Dann zu ihrem Gemach heimkehreten, Wunder dem Anblick.
> ...
> Hinkte sodann aus der Tür; und Jungfraun stützten den Herrscher,
> Goldene, lebenden gleich, mit jugendlich reizender Bildung:
> Diese haben Verstand in der Brust und redende Stimme,
> Haben Kraft und lernten auch Kunstarbeit von den Göttern.
> Schräge vor ihrem Herrn hineilten sie; er, nachwankend,
> ...
> Dieses gesagt, verliess er sie dort und ging in die Esse,
> Wandt in das Feuer die Bälg' und hiess sie mit Macht arbeiten.
> Zwanzig bliesen zugleich der Blasebälg' in die Öfen,
> Allerlei Hauch aussendend des glutanfachenden Windes,
> Bald des Eilenden Werk zu beschleunigen, bald sich erholend,
> Je nachdem es Hephaistos befahl zur Vollendung der Arbeit.«
> [Zitat Ende]

Hier wurden (schon vor zweidreiviertel Jahrtausenden) nützliche Produkte der modernen Informatik imaginiert, die Hephaistos und seinen Gästen Dienste leisteten:

1. die rollenden Dreifüße, die, wie man sich etwa vorstellen kann, selbständig Getränke bringen (also autonome mobile Service-Roboter),
2. die intelligenten, sprachmächtigen, geschickten und kräftigen goldenen Jungfrauen (d.h. persönliche Assistenzsysteme),
3. und die aufs Wort hörenden Blasebälge (d.h. sprachgesteuerte Industrieroboter).

Interessant ist hier insbesondere, dass man schon daran dachte, Geräte und Roboter durch Sprache zu steuern, so dass sie auf Wünsche des Benutzers reagieren konnten. Aber damals schienen solche Informatik-Produkte nur den Göttern vorbehalten zu sein – und sie waren nur von einem Gott und nur einem einzigen – Hephaistos – konstruierbar.

Die tatsächliche Entwicklung ging nur langsam, in kleinen Schritten voran. Zur Erleichterung einfacher Arbeiten wurden Werkzeuge und Hilfsgeräte entwickelt, und man delegierte einfache Arbeiten an Dienstboten, Hilfsarbeiter und Maschinen.

Aber brachte diese Reduktion der Arbeit auch eine Reduktion des Lernens mit sich? Ganz im Gegenteil! Die Reduktion der Arbeit führte zu einer Erhöhung der

Komplexität der verbleibenden Arbeit, auch deshalb, weil die Geräte und Maschinen entwickelt, gebaut und gewartet werden mussten und weil die Nutzung vieler Geräte sowie die Bedienung der Maschinen immer mehr Fertigkeiten und Kenntnisse erforderte. Damit ergab sich eine Vergrößerung des Bedarfs an Kenntnissen und Fertigkeiten; Lernen und Üben wurden mithin umfangreicher und anspruchsvoller. Die Schnelligkeit der wissenschaftlichen und technischen Entwicklung führt neuerdings sogar dazu, dass sich das für die Arbeit nötige Wissen so schnell ändert, dass das einmalige Lernen in frühen Lebensjahren nicht ausreicht, sondern dass lebenslang immer wieder Neues gelernt und geübt werden muss. Das betrifft nicht nur das Handwerk, die Industrie, die Landwirtschaft, das Gesundheitswesen sowie Handel und Verwaltung, d.h. alle Bereiche beruflicher Arbeit, sondern auch die Tätigkeiten in der Freizeit.

Da also dieser zweite Weg zur Reduktion des Lernens bisher nicht zum Erfolg geführt hat, denken wir nun über den ersten nach. Eine wesentliche Erleichterung des Lernens besteht darin, dass praktisch alles Schulwissen in Lehrbüchern und Nachschlagewerken steht und im Prinzip jederzeit nachgelesen werden kann. Weshalb muss man es trotzdem lernen? Die bisherige Antwort lautet: Um das Buchwissen für die Arbeit nutzen zu können, muss man es in den eigenen Wissenszusammenhang integrieren, damit man es direkt verfügbar hat; und seine praktische Anwendung muss man zunächst einüben.

Seit es Computer, Informations- und Kommunikationstechnik und Informatik gibt, nutzt man diese auch für die Ausbildung, in der Erwartung, so zur Erleichterung des Lernens und Übens beitragen zu können: Man entwickelt Software und Methoden zum computergestützten Lehren, Lernen und Üben, zum »Lernen im Netz«, zum multimedialen Unterricht, zur virtuellen Hochschule, usw. – bisher allerdings ohne sehr großen Erfolg.

Es scheint also so zu sein, daß man das Lernen nicht reduzieren kann, ja dass es immer komplexer wird – jedenfalls solange die Arbeit nicht weniger und einfacher wird.

Eine Hoffnung bieten die neueren Ergebnisse der Informatik und Kommunikationstechnik, insbesondere die folgenden drei Entwicklungen:

1. Die fortschreitende Vereinfachung beim Umgang mit Computern

Computer können in zunehmendem Maße gesprochene natürliche Sprache verstehen und in andere Sprachen übersetzen, wie das große deutsche Forschungsprojekt Verbmobil gezeigt hat, dessen Leiter (Prof. Wahlster, Saarbrücken) dafür jetzt, im November 2001, den Zukunftpreis des Bundespräsidenten erhalten hat. Computer können aber nicht nur hören und sprechen, sondern auch sehen; sie werden also auch immer besser Mimik und Gesten interpretieren können. Und Computer können entsprechend antworten, nicht nur durch akustische, sondern auch durch bildliche Ausgaben. Diese Fähigkeiten werden insbesondere im Verbmobil-Nachfolge-Projekt SmartKom weiterentwickelt. In naher Zukunft wird also jedermann mit Computern fast so frei und selbstverständlich wie mit menschlichen Partnern kommunizieren können.

Zu dieser Entwicklung der Software kommt noch eine Veränderung der Hardware. Bloße Computer, wie wir sie heute benutzen, wird man bald kaum noch vor sich haben, sondern Computer werden eingebaut sein (man sagt meist »eingebettet«) in die verschiedensten Objekte (z.B. auch Kleidungsstücke), Geräte, Maschinen, Service-Roboter, Fahrzeuge, Arbeits-, Wohn- und Freizeitumgebungen (wie es bei Uhren, Waschmaschinen, Autos usw. schon jetzt der Fall ist). Durch die eingebetteten Computer haben diese Dinge dann Computerleistung zur Verfügung, die ihnen vielfältige Reaktions- und Einwirkungsmöglichkeiten auf ihre Umwelt erlaubt. Wenn diese computerbestückten Dinge und Umgebungen dann auch noch mit intelligenten Benutzerschnittstellen versehen sind, kann man mit ihnen frei sprechen und kommunizieren – wie das, in Homers Utopie, Hephaistos mit seinen Blasebälgen und goldenen Jungfrauen tat.

Und mehr noch, diese computergestützten Dinge und Umgebungen können von selbst auf vermutete Bedürfnisse und Wünsche der Nutzer eingehen, weil intelligente Software aus Daten, die von den verschiedenartigsten Sensoren geliefert wird, und aus dem bisherigen Verhalten der Nutzer auf ähnliche Weise Schlüsse ziehen kann, wie es ein menschlicher Partner täte. Dazu verwendet die Software Kenntnisse über ihre Nutzer, die sie im Laufe der Zeit selbst sammelt und die sie mit dem ursprünglich einprogrammierten allgemeinen Wissen kombiniert.

Anfänge des praktischen Einsatzes dieser Entwicklungen sieht man in modernen Autos, in denen eine Vielzahl von Computerchips arbeitet – teils zur Überwachung und Steuerung, teils zum Schutz oder zur Unterstützung des Fahrers (etwa durch einen Fahrerassistenten, mit dem in natürlicher Sprache kommuniziert werden kann).

2. Die fortschreitende Übernahme geistiger Tätigkeiten durch den Computer

Computer können nicht nur rechnen, lesen und schreiben, hören und sprechen, sehen und Bilder erzeugen, um für ihre Benutzer zu arbeiten und mit ihnen zu kommunizieren, sondern sie können auch mit allerlei Sensoren ihre Umwelt sehr detailliert beobachten, und dann das, was sie wahrnehmen, interpretieren und darauf reagieren, indem sie mit Hilfe von Ausgabegeräten und Aktuatoren aktiv auf ihre Umgebung einwirken. Anfänge dessen sieht man wiederum beim Auto und bei den verschiedensten Robotern in der Industrie – aber auch bei Spielzeugrobotern und z.B. den Fußballrobotern, die weltweit an verschiedenen Universitäten entwickelt werden und mit denen mittlerweile schon richtige Mannschaftsweltmeisterschaften durchgeführt werden.

Um solche komplexen Dinge leisten zu können, müssen die Computer so programmiert werden, dass sie logisch denken, unterscheiden, klassifizieren, bewerten, planen und entscheiden können. Dass Computer dazu schon gut in der Lage sind, sieht man etwa daran, dass Computer heutzutage sehr gut Schach spielen.

Für die technischen Anwendungen müssen Computer aber neben den »normalen« geistigen Fähigkeiten auch bereits jetzt schon über ein umfangreiches »Hochschulwissen« verfügen: Sie können höhere Mathematik (und sind hier bereits in Teilgebieten studierten Mathematikern überlegen). Sie nutzen umfangreiche Kenntnisse in Physik, Betriebswirtschaft, Finanzwesen, Verwaltung, Medizin usw., also in allen Gebieten, in denen Computer heute schon eingesetzt werden; und sie können diese Kenntnisse anwenden. Wichtig dabei ist, dass diese Kenntnisse nicht nur in den im Computer installierten Programmen fest eingebaut sind, sondern dass intelligente Software auch in der Lage ist, Wissen, das in Form von Regeln, Vorschriften, Formeln, naturwissenschaftlichen Gesetzen usw. eingegeben wird, zu interpretieren und auf Daten, die der Computer erhält, anzuwenden. Das wird dadurch erreicht, dass man versucht, die Software so zu gestalten, dass sie das nachmacht, was der Mensch tut, wenn er neu erworbene Kenntnisse nach den Regeln der Logik und unter Verwendung schon vorhandener Kenntnisse anwendet. Dadurch werden Computer in die Lage versetzt, ohne Änderung ihrer Software, nur durch zusätzliche Eingaben, ihre Kenntnisse und Fähigkeiten zu erweitern, d.h. zu lernen.

3. Die fortschreitende Vernetzung von Computern, Datenbanken, Dokumentationssystemen, digitalen Bibliotheken

Bereits heute sind die weitaus meisten Computer – zumindest zeitweise – mit anderen vernetzt: Global meist durch das Internet, lokal durch sehr viele verschiedene Kommunikationsnetze. An das Internet sind weit über 100 Millionen Computer angeschlossen. Aus Kostengründen werden heute noch viele Computer nur kurzzeitig an ein Netz angeschlossen; das wird sich sicher bald ändern. Immer mehr Gebäude der Wirtschaft, Verwaltung, des Bildungs- und des Gesundheitswesens, aber auch viele Privathäuser werden mit Netzinfrastruktur (insbesondere Glasfaser- und Funknetzen) versehen werden und die Gebäudenetze werden mit dem Internet verbunden sein.

Von jedem Computer aus, der ans Internet angeschlossen ist, kann mit jedem anderen angeschlossenen Computer Kontakt aufgenommen werden, z.B. um von ihm Daten zu bekommen oder um ihm ein Computerprogramm zu schicken, damit dieser es ausführen kann. Insbesondere können auf diese Weise auch all die mit eingebetteten Computern versehenen Objekte, Geräte, Maschinen, Service-Roboter, Fahrzeuge und Arbeits-, Wohn- oder Freizeitumgebungen miteinander und mit anderen ans Netz angeschlossenen Computern kommunizieren.

Bedenkt man, dass immer größere Teile des bereits schriftlich vorhandenen sowie praktisch alles neu hinzukommende Wissen und alle neuen Informationen und Daten heute digital gespeichert werden und dass der Zugang zu Datenbanken, Dokumentationssystemen und digitalen Bibliotheken über Computer geschieht, die i. Allg. ans Internet angeschlossen sind, so ist klar, dass dieses gesamte digitale Wissen und alle gespeicherten Daten, im Prinzip, über das Internet von jedem Computer aus zu jeder Zeit und ohne große Zeitverzögerung verfügbar sind – jedenfalls dann, wenn man weiß, an welcher Stelle im Internet sich das Gewünschte befindet. Die Suchmaschinen, mit denen man heute im World Wide Web (WWW) Daten und Informationen sucht, sind ein erster Schritt, mit Hilfe von Software anhand von Stichwörtern auch dann etwas zu finden, wenn man nicht weiß, wo es sich befinden könnte.

Man kann aber bekanntlich schon jetzt viel mehr im Internet tun, z.B. Bankgeschäfte abwickeln, einkaufen, verkaufen und was sonst alles mit dem Stichwort E-Business gemeint ist. Im Prinzip geht es dabei um das Versenden und Empfangen von Daten und deren Verarbeitung, das man als Nutzer aber jeweils Schritt für Schritt anstoßen muss.

Eigentlich möchte man als Nutzer noch mehr. Wenn man eine größere Aufgabe erledigen will, möchte man nur noch dem Computer die Aufgabe beschreiben – den Rest sollte die Software selbst erledigen. Z. B. sollte der Fahrerassistent im Auto die gesprochene Bitte des Fahrers verstehen, der im Stop-and-Go-Verkehr auf der Autobahn nicht vorankommt und wegen schlechten Wetters nun lieber nicht mehr in der Nacht nach Hause fahren will: Er hätte gern ein Hotelzimmer im nächsten Ort, seine Frau sollte darüber informiert werden, und er möchte zum Hotel geführt werden. Dazu müssen im Computer des Fahrerassistenten Programme vorhanden sein, die selbständig und möglichst schnell alle Teilaufgaben erledigen: feststellen, wo das Auto sich befindet, im WWW Hotels in der Nähe suchen, unter diesen eines aussuchen, das dem Fahrer zusagt (dazu muß der Assistent Wissen über den Fahrer haben), dort ein passendes Zimmer bestellen usw. Alle Teilaufgaben sind nicht sehr schwer, Programme dafür gibt es im Prinzip. Die Programme müssen miteinander und mit anderen Programmen, die sie per Telefon oder Funk und übers Internet erreichen, kommunizieren und ihre Aktivitäten koordinieren. Solche Programme könnte man als elektronische Bedienstete oder virtuelle Roboter bezeichnen, die für ihren Besitzer in Computern und Computernetzen arbeiten – ähnlich wie Service-Roboter in der realen Welt. Meist werden sie Software-Agenten genannt.

Diese drei skizzierten Entwicklungen führen zu neuen Vorstellungen und Visionen über Arbeit und Lernen in der Internet-Gesellschaft, die zwar weit über die Utopien der Kölner Heinzelmännchen und der goldenen Jungfrauen des Hephaistos hinausgehen, die aber gar nicht so utopisch sind; ein solches Szenario ist z. B. das folgende:

Nachmittags beim Tee in unserer intelligenten Wohnung diskutiere ich mit meiner Frau über Inhalt und Ziele eines geplanten Fachvortrags. Die Software-Agenten, die in den überall in der Wohnung und der Kleidung vorhandenen vernetzten Computern arbeiten, verstehen unsere Sprache, interpretieren unsere Mimik und Gestik, erkennen sogar unsere Intensionen. Sie aktivieren selbständig diverse Software-Agenten im Internet, die alles für das Vortragsthema relevante Wissen zusammentragen. Selbst chinesisch-sprachige Veröffentlichungen, die ich nicht lesen könnte, werten sie aus. Weitere Software-Agenten sichten den Stoff, ordnen ihn, entdecken Widersprüche, fertigen Zusammenfassungen oder Statistiken an, ziehen Schlußfolgerungen, erarbeiten Empfehlungen. Am nächsten Morgen, beim

Frühstück etwa, lassen wir uns die Vorschläge für den Vortrag präsentieren – sprachlich und bildlich an der intelligenten Wand. Wir treffen nur noch ein paar Entscheidungen: Auswahl von Beispielen, Zitaten, Kernaussagen. Die endgültige Formulierung, die Herstellung der animierten Computerpräsentation etc. übernehmen wieder elektronische Helfer – ich brauche nur noch vorzutragen. Betonungen, Mimik, Gestik, und damit auch die Emotionen, die ich beim Vortrag zum Ausdruck bringe, sind aber meine Sache. Und vor allem liegt die Verantwortung für den Inhalt, für Text, Bild und Ton, ausschliesslich bei mir.

Um nun zu überlegen, welche Konsequenzen für das Lernen der Einsatz der Software-Agenten-Technologie haben könnte, fragen wir uns zunächst: Was charakterisiert die Software-Agenten? Eine Antwort lässt sich mit fünf Schlagworten skizzieren: Individualität, Autonomie, Kooperation, Lernen, Robustheit.

Individualität: Ein Software-Agent ist ein Computerprogramm, das spezialisiert ist auf Aufgaben einer bestimmten Art und das diese nach vorgegebenen Methoden bearbeitet; er hat ein bestimmtes Repertoire an Verhaltens- und Kommunikationsmöglichkeiten. Er muss stets offenlegen können, was er getan hat. Darüber hinaus wird oft gefordert, dass er seine Entscheidungen und sein Verhalten gegenüber seinem Auftraggeber erklären und begründen können muss; sogenannte »Erklärungskomponenten« gibt es bei Expertensystemen schon seit einiger Zeit.

Autonomie: Ein Software-Agent muß nicht vom Auftraggeber jedesmal neu gestartet werden: Er ist ständig in Bereitschaft, merkt selbst, wann er benötigt wird, trifft selbstständig Entscheidungen an Hand von Informationen, die er gesammelt und ausgewertet hat. Der Spielraum für seine Autonomie ist durch Rechte und Pflichten festgelegt.

Kooperation: Bei der Durchführung einer größeren, komplexeren Aufgabe erfolgt i. Allg. eine Aufteilung der Arbeit: Mehrere Software-Agenten übernehmen Teilaufgaben und kommunizieren miteinander, mit weiteren Agenten im Internet, die ihnen helfen könnten, und mit den Menschen, für die sie arbeiten, um Zwischenergebnisse, Fragen, Aufträge, Meldungen etc. mitzuteilen. (Man denke etwa an Kommunikation zwischen dem Fahrer, dem Fahrerassistenten im Auto und dem Staumeldeprogramm des ADAC.) Die Gesamtheit der an einer Aufgabe beteiligten Software-Agenten kann eine eigene Sozialstruktur (z.B. Anbieter-Kunden-Beziehungen oder Vorgesetzter-Mitarbeiter-Beziehungen) bilden, auch Konkurrenz- und Konflikt-Strukturen können auftreten. Mit der Untersuchung solcher Sozialstrukturen bei großen Ansammlungen von Software-Agenten befasst sich das Gebiet der Sozionik, zu dem es zur Zeit ein Schwerpunktprogramm der Deutschen Forschungsgemeinschaft gibt.

Lernen bedeutet für Roboter wie Software-Agenten zweierlei:

1. Anpassen des Verhaltens an die Umgebung in der Initialisierungsphase (beim Ersteinsatz) und wenn sich die Umgebung verändert (z.B. Anpassung einer Spracherkennungssoftware an die benutzende Person, ihren Dialekt, ihren Sprachschatz etc., wie das beim Verbmobil-Sprachsystem schon der Fall ist).

2. Gedächtnisaufbau/Wissensbildung: Ansammlung, Strukturierung, Bewertung, Zusammenfassung von Informationen im Hinblick auf bestimmte Zwecke.

Robustheit: Ein Software-Agent muss mit kleinen Fehlern, kurzfristigen Mangelsituationen, momentanen technischen Problemen, die in seiner jeweiligen Arbeitsumgebung auftreten, möglichst selbständig fertig werden. Und er muß sich möglichst weit vorausschauend auf Änderungen der Umwelt rechtzeitig einstellen.

Nun ist zu fragen: Was können Software-Agenten alles tun? Die Einsatzfelder scheinen unbegrenzt zu sein: Über die Vortragsvorbereitung hinaus der gesamte Bereich des wissenschaftlichen Arbeitens (vom Schreiben von Veröffentlichungen über die Durchführung von Untersuchungen und Experimenten bis zur Entwicklung von Modellen und Theorien), der private Bereich mit Reisen, Einkaufen, Bankgeschäften, Freizeitbeschäftigung, aber auch die industrielle Produktion mit Fabrikmanagement und Prozesssteuerung, alle betriebswirtschaftlichen Bereiche, die Verwaltung, das Rechts- und das Gesundheitswesen usw. Es scheint also, als könnten wir Menschen uns zurücklehnen, auf das Lernen verzichten und alle Arbeit den Software-Agenten und Robotern überlassen.

Zweifellos brauchen wir in dieser »schönen neuen Welt« viele uns vertraute Kulturtechniken nicht mehr zu beherrschen: schreiben, lesen, rechnen. Die Merkfähigkeit etwa für Termine, Adressen, oder für Orte, an denen sich etwas für mich Brauchbares befindet, ist überflüssig, ebenso spezielles Faktenwissen, denn das alles können wir von unseren Software-Agenten erfahren.

Und wie nötig sind spezielle Fachkenntnisse und Fertigkeiten? Braucht ein Ingenieur noch Mathematik? (Wenn er Maple, Matlab und andere mathematische Softwarepakete einsetzen kann, die das für die normalen Anwendungen nötige mathematische Können besitzen.) Braucht ein Mediziner noch Detailkenntnisse in Anatomie, Physiologie, Pharmakologie? (Wenn das alles nicht nur textlich, sondern auch bildlich und mit allerlei nützlichen Zusatzinformationen versehen, im Netz sofort verfügbar ist.) Brauche ich zum Autofahren noch das gesamte Führerscheinwissen und -können? (Wenn der Fahrassistent, unterstützt von Abstandsmessungs-, Verkehrszeichenerkennungs-, Verkehrsregel- und weiteren Software-Agenten, mir die Arbeit abnimmt.) Auch Fremdsprachenkenntnisse sind nicht mehr nötig. (Weil es ja Übersetzungsagenten gibt, die ebenso gut wie menschliche Dolmetscher sind. Verbmobil bietet sie schon heute an, allerdings nur für bestimmte Themenbereiche.) Diese Liste lässt sich beliebig fortsetzen.

Entscheidend bei diesen Überlegungen ist jedoch, dass wir sehen, dass nicht nur Spezialwissen obsolet wird, sondern grosse Teile dessen, was wir bisher zum unverzichtbaren Grundwissen gezählt haben. Es ist also zu fragen: Was von dem, was wir bisher zum Grundwissen rechneten, ist nicht verzichtbar? Und zusätzlich ergibt sich die Frage, ob wir noch anderes Wissen künftig als Grundwissen benötigen. Dass es offensichtlich noch Fertigkeiten, Kenntnisse, Wissen gibt, das wir weiterhin brauchen, zeigt unser obiges Szenario. Schließlich müssen meine Frau und ich bei unserem Nachmittagsgespräch z.B. in der Lage sein, Probleme

zu diskutieren, und in größere Zusammenhänge einzuordnen; wir selbst müssen festlegen, was in dem Vortrag ausgesagt werden soll.
Diese Überlegungen führen zu folgenden Fragen:

1. Welche Vorstellung haben wir von der Rolle, die die Software-Agenten in unserem Leben spielen sollen ?
2. Welche Vorstellung haben wir von der Rolle des Menschen als Nutzer der Software-Agenten-Technologie ?

Die Antwort auf die zweite Frage sollte ganz klar sein, denn die Grundvoraussetzung ist, dass es für uns Menschen essenziell ist, dass wir selbst die Entscheidungen treffen können, dass wir die Führungsrolle übernehmen können, wenn wir Technik nutzen, dass wir selbst die Verantwortung haben. Aber, was alles muss ein Mensch wissen bzw. lernen, um dazu in der Lage zu sein ? Insbesondere fragt sich: Wenn wir die Detailarbeit und viele Einzelentscheidungen den Software-Agenten überlassen, müssen wir dann alle etwas von Informatik verstehen, um die Software-Agenten überwachen und ihre Arbeit beurteilen zu können?

Grundsätzlich ist zu fragen: Kann man als einzelner Mensch in einer leitenden Position mit seinem begrenzten Wissen überhaupt stets den Durchblick haben, d.h. alle nötigen Informationen verarbeiten, alle Details verstehen, um auf Grund des eigenen Verstehens verantwortungsbewusst eine Entscheidung zu treffen? Wie werden eigentlich leitende Manager, Juristen und Politiker mit diesem Problem fertig?

Das ist ein altbekanntes grundsätzliches Problem jeder höheren Zivilisation. Und die übliche Lösung lässt sich kurz so skizzieren: Wenn man keinen Durchblick haben kann, muss man Vertrauen haben können – wenigstens in die wesentlichen Komponenten der Unterstützungsumgebung (d.h. der Menschen und Systeme, mit denen man zu tun hat).

Schon immer galt für den Einsatz von Menschen (Hilfskräften, Spezialisten, Beratern, Gutachtern) oder auch von Technik, dass er auf Vertrauen beruht – Vertrauen in das Funktionieren der Technik, in die Zuverlässigkeit der beteiligten Personen.

Damit sind wir bei der ersten Frage, der nach der Rolle der Software-Agenten in unserem Leben. Auch hier ist die Antwort ganz klar: Die Software-Agenten haben nur dienende Funktion. Es ist also unabdingbar, dass die Software-Agenten-Technologie so entwickelt wird, dass im Rahmen unserer zivilisatorischen Maßstäbe Vertrauen in sie möglich ist.

Doch das bringt für die Entwickler der Software-Agenten-Technologie neue Probleme, denn die üblichen Vorgehensweisen für die Entwicklung zuverlässiger traditioneller computergestützter Systeme reichen jetzt nicht mehr aus. Es sind nämlich folgende drei Eigenschaften der Software-Agenten zu berücksichtigen:

- Software-Agenten sind unsichtbar und ungreifbar; traditionelle Software kann man noch auf einem Computer lokalisieren und dort ablaufen lassen oder vernichten. Software-Agenten sind irgendwo im Netz, die Computer sind unsichtbar, wir bemerken nur noch die Ergebnisse der Software-Agenten-Aktivitäten.

Deshalb sollten Software-Agenten so konstruiert werden, dass sie vom Benutzer jederzeit aufgerufen werden können und dass sie in der Lage sind, jederzeit ihre Vorgehensweise offenzulegen.

- Software-Agenten lernen, d.h. sie verhalten sich im Laufe der Zeit anders als bei ihrer Fertigstellung und eventuell auch anders als kurze Zeit zuvor.

Deshalb sollten Software-Agenten so konstruiert werden, dass für jeden einzelnen Software-Agenten der Rahmen abgesteckt werden kann, innerhalb dessen er lernen und sich weiterentwickeln darf.

- Software-Agenten sind fähig zur Selbstorganisation, weil sie miteinander kommunizieren und lernen können. Es werden sich also Gruppen, Hierarchien und komplexe Sozialstrukturen bilden.

Deshalb sollten Software-Agenten so konstruiert werden, dass die Strukturbildung vom Benutzer kontrolliert und beeinflusst werden kann.

In der Forschung zur Software-Agenten-Technologie werden diese Forderungen, die sich aus den drei genannten Eigenschaften der Software-Agenten ergeben, bereits berücksichtigt.

Was bleibt nun für uns Menschen von dem »sed vitae discimus«, unter der Voraussetzung, dass die hier skizzierte Entwicklung eintritt und die Software-Agenten Technologie perfekt und umfassend wird, d.h. wenn wir tatsächlich in der Internet-Gesellschaft leben?

Die Gesellschaft der Menschen ist dann frei von Wissensballast, rationales Wissen ist ausgelagert in die Software-Agenten-Welt. Für den einzelnen Menschen sind dann also unnötig: Kenntnisse von Fakten, Regeln, Gesetzen, Fähigkeiten des rationalen Schließens und Denkens, handwerklich-technische Fertigkeiten, zusammen mit der dafür nötigen Körperkraft, Geschicklichkeit.

Das bedeutet: In unserer jetzigen Zivilisation wichtige Maßstäbe für die Leistung eines Menschen werden obsolet. Was bleibt uns Menschen vorbehalten? Zweifellos vor allem: Emotionen, Neugier, Phantasie, Kreativität, Ehrgeiz, gesunder Menschenverstand etc. Reicht das aus, um noch den grundlegenden Ansprüchen gerecht werden zu können, nämlich zu entscheiden, zu führen, zu verantworten? Braucht man dazu vielleicht gar kein rationales, sondern nur ein prozesshaft und emotionales Weltverständnis? Und wie ist das zu vermitteln, zu lernen? Wichtiger als die Untersuchung darüber, wie und mit welchen Hilfsmitteln man leicht lernen und lehren kann, scheint mir deshalb ein Nachdenken über das Was, über den Inhalt des künftig zu Lernenden.

Joachim Treusch

Visionen eines Naturwissenschaftlers für das 21. Jahrhundert

Meine Ausführungen möchte ich mit einer **historischen Vorbemerkung** beginnen. Es scheint typisch für Jahrhundertwenden – jedenfalls da, wo es sie gibt, im christlich geprägten Teil unseres Globus – dass man sie zunächst selbstkritisch, rückwärts gewandt angeht, um erst dann, von den Nullen hinter der Jahreszahl inspiriert, den Neuanfang zu proben. Drei Beispiele dazu, drei deutsche Jahrhundertwenden: Gottfried Wilhelm Leibniz schrieb vor über dreihundert Jahren – der dreissigjährige Krieg war noch in Erinnerung:

> *»Es ist uns Teutschen gar nicht rühmlich, daß, da wir in Erfindung grossentheils mechanischer, natürlicher und anderer Künste und Wissenschaften die Ersten gewesen, nun in deren Vermehr- und Besserung die Letzten seyn. Gleich als wenn unser Alt-Väter Ruhm gnug were, den unsrigen zu behaupten.*
> *Aber leyder es gehet mit uns in Manufacturen, Commercien, Mitteln und Regierungsform mehr und mehr bergab, da dan kein Wunder, daß auch Wissenschafften und Künste zu Boden gehen, daß die besten Ingenia entweder ruinieret werden, oder sich zu andern Potentaten begeben, die wohl wissen, was an diesem Gewinst gelegen.«*

Pünktlich zur Jahrhundertwende, im Jahr 1700, gründet er die Churfürstliche Akademie in Berlin und schreibt ihr in die Gründungsbulle:

> *»Solche Churfürstl. Societät müste nicht auf bloße Curiosität oder Wissensbegierde und unfruchtbare Experimenta gerichtet seyn, oder bey der bloßen Erfindung nützlicher Dinge ohne Application und Anbringung beruhen, wie etwa zu Paris, London und Florenz geschehen, sondern man müste gleich Anfangs das Werck samt der Wissenschaft auf den Nuzen richten, und auf solche Specimina dencken, davon der hohe Urheber Ehre und das gemeine Wesen ein Mehrers zu erwarten Ursach habe.*
> *Wäre demnach der Zweck theoriam cum praxi zu vereinigen.*
> *Derowegen wäre anitzo dahin zu sehen, wie nicht nur Curiosa, sondern auch Utilia ins Werk zu richten. Denn Reale ministri werden unützer Curiositäten bald überdrüßig.«*

Kaum hundert Jahre später – die nächste Jahrhundertwende steht ins Haus – schreibt König Friedrich Wilhelm III am 9. April 1798 enttäuscht:

> *»Die Akademie schien mir immer zu wenig auf den öffentlichen Nutzen gerichet. Man hat sich der Diskussion abstrakter Dinge zugewandt, und sich nicht bemüßigt, unsere Kenntnisse der wirklich nützlichen Dinge auszuweiten.«*

Und dies alles nach den Grosstaten von Leibniz selbst, von Euler und Lagrange, um nur drei Namen zu nennen, deren Beiträge zu höchst nützlichen Dingen nicht erst heute unbestritten sind. Aber wohlgemut wird 1802 ein Kabinettsentwurf zur Reorganisation der Akademien vorgelegt:

> *»Mitglied der Akademie der Wissenschaften kann nur derjenige seyn, der sich in einem bestimmten Fache der physischen oder moralischen Wissenschaften, so wie sie gegenwärtig vorhanden sind, zu seinem Vortheil ausgezeichnet hat. Ausgeschlossen sind alle Redner und*

> *Dichter, weil die Gesellschaft, d.h. der Staat, sie entbehren kann. Ausgeschlossen sind ferner alle Metaphysiker, d.h. alle Philosophen von Profession, alle Theologen und alle Juristen.*
> *Ausgeschlossen sind endlich alle Politiker, weil die Politik keine Wissenschaft genannt werden kann.«*

Die Brüder Humboldt entfalten ihre doppelte Wirkung. Zitat Wilhelm von Humboldt (1809):

> *»Der Staat muß seine Universitäten weder als Gymnasien noch als Specialschulen behandeln, und sich seiner Akademie nicht als einer technischen oder wissenschaftlichen Deputation bedienen«.*

Es geht bergauf mit der Wissenschaft. Bergauf bis zur Selbstzufriedenheit, die ja eine andere Form des Pessimismus ist. Philipp von Jolly rät 1875 seinem Schüler Max Planck vom Studium der Physik ab: *»In der Physik gibt es Neues nicht zu entdecken«*. Er wird sekundiert von Albert Michelson, der 1894 schreibt: *»Die meisten grundlegenden Prinzipien sind fest verankert. Weitere Fortschritte sind nur noch bei den Anwendungen zu erwarten«*.

Wie irren beide! Max Planck begründet 1900 die Quantentheorie, Albert Einstein revolutioniert mit seinen berühmten Veröffentlichungen von 1905 zum Photoeffekt, zur Brown'schen Bewegung und zur Relativitätstheorie (letzere mitinspiriert von Michelson's Versuchen) unser Verständnis der Welt.

Drei Jahrhundertwenden also, die uns Bescheidenheit lehren bei Prognosen über die Zukunft. Ist »unsere« Jahrhundertwende, die auch Jahrtausendwende ist, anders? Nun, der amerikanische Wissenschaftsjournalist John Horgan schreibt 1997 vom *»Ende der Wissenschaft«*. Sein Vertrag beim Scientific American wird nicht verlängert. John Maddox, langjähriger Herausgeber von Nature kontert 1998 mit seinem Buch *»What remains to be discovered«*. Auf dem Internet läuft eine Abfrage *»Was war die wichtigste Erfindung der letzten 2000 Jahre«*, der Brockhaus-Verlag macht eine Umfrage und veröffentlicht unter dem Titel »Visionen 2000« *»Einhundert persönliche Zukunftsentwürfe«*.

Was schält sich heraus? Nicht überraschend gewinnt der Buchdruck die Internet-Umfrage. Überraschender schon der zweite Platz für die Wissenschaft selbst als Prinzip der methodischen Wahrheitsfindung. Mit deutlichem Abstand folgen so praktische Erfindungen wie der Dynamo, die Telegrafie, der Computer und die Antibaby-Pille.

Deutlich wird immer wieder, dass es Neugier getriebene Entdeckungen sind, welche die Nutzen gesteuerten Erfindungen erst ermöglichen. Ohne Einstein kein Laser, ohne die Quantenmechanik kein Transistor, kein Computer, kein Internet, ohne Watson und Crick keine Gentechnik – die Herrschaft über die Weltmärkte des beginnenden 21. Jahrhunderts gehört den Nobelpreisträgern des 20. Jahrhunderts. Sie haben an den Schlüsseln gefeilt, die uns die Türen in die Räume der vor uns liegenden Zukunft geöffnet haben. Meist taten sie es, ohne zu wissen, zu welcher Tür ihr Schlüssel passen, welchen Raum er öffnen würde. Dennoch ist die Frage legitim: Brauchen wir mehr Räume, weitere Schlüssel, sie zu öffnen? Sollten wir vielleicht etwas zielgerichteter auf Schlüsselsuche gehen, bestimmte Schlüsseltechnologien fördern?

Was sind denn die **Grundbedürfnisse** einer Menschheit, die sich in ihrem technologisch entwickelten Teil von der Industriegesellschaft zur Wissenschaftsgesellschaft transformiert, während die weniger entwickelten Teile Mühe haben, der Falle zu entkommen, die ihnen die Explosion ihrer Bevölkerungszahlen stellt?

Die UNO definiert kurz und pragmatisch:

> Nahrung, Kleidung, Unterkunft, ein Radio, ein Fahrrad und eine Kücheneinrichtung sind Mindestanforderungen zum Glücklichsein auf Erden.

Etwas umfassender und in der Terminologie von Forschungsbereichen formuliert: Der Mensch braucht Energie, er ist auf nachhaltige Materialversorgung angewiesen, als soziales Wesen braucht er Information und Kommunikation, er möchte gesund leben und wenn ihm all dies vergönnt ist, nutzt er Teile seiner Freizeit zur Befriedigung seiner angeborenen Neugier.

Meine Themen sind also
1. Energie
2. Materie und Umwelt
3. Information und Kommunikation
4. Leben und Gesundheit
5. Horizonte der Erkenntnis.

1. Dabei ist das erste Thema, nämlich die **Energieversorgung** der Menschheit, stärker noch als die anderen Themen politisch geprägt, und auch die Visionen zu diesem Thema haben neben der Innovationskomponente immer auch eine politische Dimension. Zum Beispiel diese: Das »energetische Verhältnis« zwischen einem Menschen in Nordamerika und einem in China liegt am Beginn des 21. Jahrhunderts bei rund 10:1 – ein Nordamerikaner verbraucht pro Jahr die zehnfache Menge an Primärenergie im Vergleich zu einem Chinesen. Dieses Verhältnis im Energieverbrauch pro Kopf steigt gar für das Vergleichspaar Nordamerika/Afrika auf 20:1 oder für Nordamerika/Südasien auf 30:1. Auf unserem Planeten ist der Energieverbrauch höchst ungleich verteilt: Die derzeit hochindustrialisierten Länder, in denen ein Viertel der Weltbevölkerung lebt, verbrauchen zwei Drittel der weltweit verfügbaren Energie, d.h. 8 von 12 Milliarden Kilowattjahren pro Jahr.

Der Energiebedarf der Menschheit wird in den kommenden Jahrzehnten synchron zum Bevölkerungswachstum und zur steigenden Industrialisierung in den jetzt noch armen Ländern mitwachsen. Einige Prognosen sehen bereits im Jahr 2030 – bei den dann vielleicht 8 oder 9 Milliarden Menschen – einen globalen Bedarf von rund 24 Milliarden Kilowatt Jahren, also eine Verdopplung gegenüber dem Momentanwert. Diese Zahl ist nicht nur beängstigend groß. Sie wirft auch beängstigend große Probleme auf: Denn es geht nicht nur darum, eine solch gigantische Energiemenge überhaupt zur Verfügung zu stellen, sondern darüber hinaus auch darum, dies so zu tun, dass die Umwelt und wir in ihr es überleben.

Den Löwenanteil am gegenwärtigen Energieverbrauch tragen die fossilen Energieträger Kohle, Erdöl und Erdgas. Sie decken mehr als 80 % des weltweiten

Energiebedarfs. Aller Voraussicht nach werden sie den Energiemix auch noch in den kommenden Jahrzehnten dominieren. Doch den »eigentlichen Preis« für diese Energie zahlt (zunächst) nicht der Verbraucher, sondern die Umwelt, Stichwort: anthropogener Treibhauseffekt. Knapp 6 Gigatonnen (Milliarden Tonnen) Kohlenstoff, freigesetzt als CO_2, gelangen durch den Menschen pro Jahr in die Atmosphäre. Ein steigender CO_2-Gehalt greift dabei massiv in den globalen Wärmehaushalt ein, indem er die von der Erde abgestrahlte Wärme einfängt und sie nahe der Oberfläche festhält. Die globale Erwärmung könnte das Erdklima weit aus seiner natürlichen Schwankungsbreite hinaustreiben und die Lebensbedingungen auf dem Planeten dramatisch verändern.

Solche Schreckensszenarien zwingen zum energetischen Umdenken. Aber auch wenn das Glück auf unserer Seite sein sollte und sich diese Szenarien nicht einlösen, was wir allerdings erst im nachhinein wissen werden (!), sind Kohle, Öl und Erdgas keine Zukunftsenergien – die Ressourcen sind endlich.

Wir stehen an einer energetischen Wendemarke. Das globale Muster der künftigen Energieversorgung, das wir wählen können oder »wählen müssen«, ist unbekannt. Das einfachste der Zukunftsszenarien: »Weiter wie bisher«, hätte – so es sich einlöst – gute Chancen, das letzte Weltszenario überhaupt zu werden. Also müssen Alternativ-Szenarien entworfen und verfolgt werden, auch wenn sie gegen die »Trägheitsgesetze« der gegenwärtigen Energietechnik, eines reinen Ökonomismus oder der politischen und gesellschaftlichen Akzeptanz ankämpfen müssen. Die heutige Suche nach der Energiezukunft von morgen muß mehrgleisig fahren. Zuviele Unbekannte sind im »Spiel«, als daß eine eindeutige Strategie auszumachen ist:

Wir müssen lernen, Energie zu sparen: Autos sind zu konstruieren, die mit weit weniger Benzin als heute auskommen; Wohnhäuser und Büros sind so intelligent zu bauen, daß sie die Sonnenstrahlung als kostenlose Heizung nutzen; elektrische Geräte sind zu optimieren, so daß sie ein Minimum an elektrischer Leistung verbrauchen; die Wirkungsgrade von Kraftwerken und allen industriellen Prozessen müssen an die theoretischen Grenzen getrieben werden. Das Verbindende zwischen den Elementen dieser längst nicht vollständigen Liste ist der Imperativ »Steigere die Effizienz!«. Das kann den Energiehunger zwar verringern, stillen aber kann es ihn nicht.

Wir müssen also in Energiequellen für das post-fossile Zeitalter investieren.

Drei dieser Quellen, nämlich Biomasse, Wasserkraft und Wind tragen mit etwa 10 % zur weltweiten Primärenergie bei. Ihre Zuwachsraten sind aber aus natürlichen Gründen begrenzt.

Anders die Kernenergie, die mit 6 % zur Primärenergie, aber mit bemerkenswerten 18 % zur weltweiten Stromerzeugung beiträgt. Ihre Zuwachsraten sind politisch begrenzt.

Die höchste Zuwachsrate, nämlich über 15 % jährlich, hat zweifellos die Photovoltaik, aber sie wächst auf einem noch extrem niedrigen Promille-Niveau, weil Probleme der Verfügbarkeit und des Preises sie gegenwärtig nur für Sondersituationen attraktiv erscheinen lassen.

Die physikalisch-technische Attraktion eines Kreislaufes, bei dem Solarstrom aus Wasser Wasserstoff abtrennt, dieser gespeichert wird, um anschliessend in Hochtemperatur-Brennstoffzellen Strom und das sympathische Abfallprodukt Wasser zu erzeugen, diese Attraktion ist unbestreitbar gross.

Die letzte erkennbare Option, die Energiegewinnung aus der Verschmelzung von Wasserstoff zu Helium, die Fusion, trägt viele Hoffnungen, hat aber noch einen guten Weg bis zur technischen Realisierung vor sich. Wer jedoch diese Option voreilig verschenken wollte, würde gefährlich handeln. Denn wenn die physikalischen und technischen Probleme lösbar sind, dann wird die Fusion die mächtigste der irdischen Energiequellen sein.

Meine persönliche Energie-Vision für 2020 – 2030:

Fossile Kraftwerke erreichen einen Wirkungsgrad von 65 %, und dies möglichst weltweit.

Der inhärent sichere Hochtemperaturreaktor setzt sich international durch.

Photovoltaik liefert 2 – 5 % der Nutzenergie.

Brennstoffzellen haben den Markt erobert.

Und wenn wir mutig noch zwanzig Jahre weiterschauen, dann haben sich die Zuwachsraten von Energieverbrauch und Wohlstand weltweit entkoppelt, die Fusion beginnt Energie zu liefern, Photovoltaik, Wasserstoff und Brennstoffzelle liefern 20 – 30 % der weltweiten Nutzenergie und die Entsorgung der Hochtemperaturreaktoren ist gesichert.

2. Geht dies alles ohne **Materialentwicklung**?

Natürlich nicht! Aber ich will jetzt nicht die technischen Feinheiten der Oberflächenbeschichtung von Brennelementen und Reaktorwänden, die raffinierten Methoden zur Erhöhung des Wirkungsgrades von Solarzellen, oder den komplizierten Membranaufbau der Brennstoffzelle ausführen. Meine Botschaft zum Thema Materialentwicklung ist zugleich einfacher und grossartiger:

Die frühen Zeitalter der Menschheitsgeschichte werden im groben Raster nach den Materialien benannt, die die jeweilige Technik bestimmten: Steinzeit, Bronzezeit, Eisenzeit. Mit der industriellen Revolution begann die Zeit des Stahls, die einen demonstrativen Höhepunkt in der Konstruktion des Eiffelturms am Ende des 19. Jahrhunderts fand. 200 Arbeiter haben zwei Jahre lang gearbeitet, um für 25 Millionen Mark 5000 Tonnen Stahl mit 2.5 Millionen Nieten zu dem zu machen, was wir heute noch bewundern oder besteigen. Kilopreis Eiffelturm 5 Mark! Genau hundert Jahre später haben 200 Ingenieure und Techniker zwei Jahre am ersten Megabit-Chip gearbeitet. Etwa 1 Milliarde Entwicklungskosten haben sich in einem Kilopreis von 1 Million Mark niedergeschlagen. Drastischer kann man den Übergang von Strukturmaterial zum Funktionsmaterial nicht vorführen. Und das ist nicht das Ende! Heute haben wir den Gigabit-Chip – eine Milliarde binäre Speicher auf einem Quadratzentimeter, und noch geht es weiter.

Die Minimierung von Stoffströmen wird durch Intelligenz ermöglicht, sie ist unerlässliche Voraussetzung für einen nachhaltigen Umgang mit unserer Umwelt.

Aber bei allem Respekt vor den Errungenschaften des sogenannten Siliziumzeitalters sollte man die Augen nicht verschliessen vor dem, was neben dem Silizium geschah: Leichtbauwerkstoffe; Hochtemperaturkeramiken; Halbleiterschichtstrukturen; magnetische Materialien; Polymere; metallische und keramische Supraleiter; optisch aktive Materialien; Glasfasern, die eine Milliarde mal durchsichtiger sind als Fensterglas – kurz ein ganzes Füllhorn voll mit dem Handwerkzeug zum Nachbau der Natur:

Von der Mikroelektronik über die Mikromechanik zur Mikro- und Nanosystemtechnologie der Zukunft! Kombination der verschiedensten Materialeigenschaften, atomar sauber zusammengefügt, liefert Sensoren für alles, was wir fühlen, sehen, hören oder riechen wollen, Aktuatoren für alles, was wir bewegen, elektrisieren, magnetisieren oder beleuchten wollen und Prozessoren, die dies alles in nano- und pico-Sekunden-Geschwindigkeit ablaufen lassen, registrieren und logisch verknüpfen.

Verbesserung der Analyse mit Neutronenstreuung, Synchrotronstrahlung, Elektronenmikroskopie – Verbesserung der Synthese und Verbesserung der Theorie und der Modellierung führen zum quantitativen »Materials and Systems Tailoring«.

Meine Vision:

In der Kohlenstoff-Chemie hat die Evolution Bücher geschrieben.

Der Mensch ist dabei, sie zu entschlüsseln.

Die Quantentheorie liefert ihm dazu Syntax und Grammatik.

In unserem Jahrhundert werden wir die Bücher der Anorganischen Chemie zu schreiben beginnen.

3. Geht das alles ohne **Informationstechnik**?

Nein, wir stecken schon mitten darin! Ende der 40er Jahre prognostizierten Wissenschaftler der Harvard University im amerikanischen Cambridge, Massachusetts, den zukünftigen Bedarf der Vereinigten Staaten an elektronischen Digitalrechnern: Sechs Stück, so die Aussage, würden vollauf genügen. Die Experten lagen – aus heutiger Sicht – falsch, aber durchaus auf der Höhe des Zeitwissens. Computer damals – das waren auf einige wenige Aufgaben spezialisierte Ungetüme, die aus Abertausenden von Vakuumröhren bestanden (von denen täglich einige durchbrannten), mehrere zehn Tonnen wogen und weit über 100 Kilowatt Strom verbrauchten.

Dagegen Computer heute: Sie sagen als Höchstleistungsrechner das Wetter voraus, sie berechnen die Zustände und Bewegungen von Molekülen, Atomen und Elementarteilchen, sie werten in Echtzeit medizinische Daten während einer Operation aus, sie regeln als Schaltzentralen den weltweiten Telefonverkehr, sie steuern den maschinellen Ablauf in der industriellen Produktion und deren schiefes Abbild an der Börse, sie verarbeiten als Personalcomputer Texte und Grafiken auf nahezu jedem Büroschreibtisch, und sie dienen in immer mehr privaten Haushalten als Multimediamaschinen. Computer sind das Sinnbild unserer Informationsgesellschaft.

Die Geschichte der Rechenmaschinen ist eine Geschichte permanenter Leistungssteigerung. Jede neue Computergeneration schlägt ihre Vorfahren um

Längen. Dass jedoch irgendein Rechner der Zukunft alle anfallenden wissenschaftlich-technischen Probleme in überschaubarer Zeit wird lösen können, steht nicht zu hoffen (oder zu befürchten). Denn: Mit jeder, egal welcher Rechengeschwindigkeit lassen sich nur Ausschnitte dessen simulieren, was in der Natur geschieht, sei es, weil die »natürlichen« Verhältnisse viel zu kompliziert sind, um sie realistisch in ein mathematisches Modell umzuformen, sei es, weil die Zahl der beteiligten Teilchen – etwa in den Aufgaben der Vielteilchenphysik – jede nur denkbare Rechnerkapazität sprengt.

Dies mag zunächst ein Trost sein, für all die, die sich vor der Überwältigung der menschlichen Intelligenz durch die künstliche fürchten, und die KI-Forscher haben in der Tat ihre Versprechungen der 60er, 70er Jahre (noch) nicht einlösen können. Die Künstliche Intelligenz (KI) ist allerdings nicht der einzige Bereich der Computerwissenschaft, der unser Verständnis von und unser Verhältnis zu Computern (und möglicherweise von und zu uns selbst) revolutionieren könnte. Während die KI in der Marschrichtung top-down versucht, in ihren Maschinen das menschliche Denken nachzubilden, indem sie entsprechende Lernprogramme für ihre Rechner kreiert, könnte eine solche Revolution auch aus ganz anderer Richtung kommen: von unten.

In manchen Computerlabors und in abgezirkelten Bereichen der Datennetze finden Evolutionen statt: »Künstliches Leben« (KL) soll hier geschaffen werden. Kein Leben aus Fleisch und Blut, auf Kohlenstoffbasis, so wie wir es einzig kennen, sondern ein »Leben« aus nichts als Information, geschrieben im Silizium der Computerchips. Die »Individuen« können kleine Programme oder einzelne Felder auf einer Speicherplatte sein. Mitgegeben zum »Start ins Leben« werden ihnen nur einige wenige grundlegende Regeln, die an Selektion, Mutation und Reproduktion erinnern, also an die bestimmenden Kräfte des biologischen Lebens. Evolutionäre Algorithmen arbeiten mit Populationen von möglichen Lösungen, wobei sich die optimale durch eben diesen Selektionsdruck im Laufe von Generationen von selber einstellt. Konzepte des »künstlichen Lebens« finden sich zum Beispiel in einer Spielart moderner Heinzelmännchen wieder, den sogenannten Softwareagenten, im Slang »Cookies« genannt, welche die »Informationsbedürfnisse« ihres »Users« kennen und stellvertretend für ihn den Dschungel der Datennetze durchforsten.

Noch vor kurzem mutete es eher als belangloses Geplauder an, wenn auf den Tagungen der KL-Forscher bereits Vorträge zu einer Ethik und den philosophischen Implikationen oder den gesellschaftlichen und juristischen Auswirkungen des künstlichen Lebens zu hören waren. Doch heutzutage weiss niemand mehr sicher, welcher moderne Golem aus den Computernetzen entspringen mag. So könnte es sich als weitsichtig erweisen, dem künstlichen Leben von morgen bereits heute visionäre Grenzen zu ziehen, um vor bösen Überraschungen gefeit zu sein.

4. Zunächst statt des künstlichen Lebens ein Blick auf das wirkliche **Leben**:

Weniger als zwei Prozent Unterschied haben wir es zu verdanken, dass wir uns nicht von Ast zu Ast schwingen, weder Blätter noch Bananen in Mengen verzehren und uns nicht gegenseitig das Fell säubern. Diese scheinbar kleine Differenz im genetischen Code zwischen dem Schimpansen und dem Menschen (ausgezählt an Hämoglobinsequenzen) sorgt vielmehr dafür, dass wir nicht ausschließlich im Hier und Jetzt leben, sondern die Vergangenheit im Kopf mit uns herumtragen und uns um die Zukunft sorgen. Die Gegenwart wird uns zur Schaltzentrale, in der die Weichen für das Kommende gestellt werden sollen. Und mittlerweile haben wir einen der mächtigsten Hebel in dieser Schaltzentrale nicht nur entdeckt, sondern können ihn auch bewegen: die Gene.

Erst seit kurzem, seit den Arbeiten von Oswald Theodore Avery aus dem Jahr 1944, wissen wir um die Bedeutung der DNA, der »desoxyribonucleic acid«, des materiellen Trägers der Erbsubstanz. Erst seit kurzem, seit 1953, kennen wir dank James Watson und Francis Crick die DNA-Struktur als Doppelhelix und wissen seit 1967 definitiv, dass und wie der DNA-Code den Bauplan für alle Proteine und mithin für das Leben enthält.

In der kurzen Zeitspanne bis heute haben wir dieses Wissen »technisiert« und damit das Gen-Zeitalter eingeläutet. Mit dem Schalthebel Gentechnik können wir dabei weit in die Vergangenheit greifen – denn die evolutionär gewachsenen Gene allen Lebens, vom Bakterium über Pflanzen und Tiere bis hin zum Menschen, werden zum »genetischen Material«, mit dem sich »arbeiten«, das sich verändern läßt. Mit diesem Griff in die »Schatzkiste« aller natürlichen Erbinformationen werden wir gleichzeitig unsere Zukunft, wie bisher mit keiner anderen Technik, nachhaltig beeinflussen können.

Die Verbindung der Gen- und Biotechnologie mit der Medizin ist äußerst innig, etwa auf dem pharmazeutischen Sektor der Medikamente und Impfstoffe. Hier kann die Gentechnik Arzneimittel und Therapien verbessern helfen; Impfstoffe lassen sich produzieren, die keinerlei Ansteckungsgefahr mehr beinhalten, da sie ohne den eigentlichen Krankheitserreger auskommen und nur noch dessen äußere Hülle dem menschlichen Immunsystem präsentieren. Für die Pharmazie erscheint die Gentechnik derart als nützlicher Helfer, als Qualitätsverbesserer. Doch ihr revolutionäres Potential zeigt die Gentechnik erst in anderen Bereichen: in der Gentherapie, in der Gendiagnostik und bei den Klonierungstechniken. Hier bahnt sich in den Augen vieler Mediziner – nach der Verbesserung der öffentlichen Hygiene, der Erfindung der Anästhesie und der Einführung von Impfstoffen und Antibiotika – eine vierte medizinische Revolution an. Sie birgt, wie die meisten Revolutionen, Chancen und Risiken.

Ich versage mir eine ausführliche Chancen- und Risikobewertung der roten und der grünen Gentechnik. Sicher ist, wir werden beide brauchen – die eine zur Erhaltung und Verbesserung unserer Gesundheit, die andere zur Gesunderhaltung und Verbesserung der Nahrungsbasis für eine weiter wachsende Erdbevölkerung. Für eine Diskussion aller damit zusammenhängenden Fragen der Sicherheit und der Ethik ist hier nicht Raum noch Zeit. Ich möchte jedoch eine eher grundsätzliche Anmerkung zu HUGO machen, dem Human Genome Project, der Kartierung des menschlichen Genoms (dessen drei Milliarden Buchstaben, sprich

Basenpaare, im übrigen eine tausendbändige Bibliothek füllen, aber ebensogut auf drei Gigabit-Chips gespeichert werden könnten):

Noch vor zwei Jahren hiess es, HUGO solle in internationaler wissenschaftlicher Kooperation etwa 2005 abgeschlossen sein. Vor etwa einem Jahr erregte der Amerikaner Craig Venter Aufsehen mit der Meldung, er habe über 90 % der Arbeit im Alleingang geschafft. Hat er mehr gemacht als Tycho Brahe, der am Ende des 16. Jahrhunderts den Himmel vermass (vermutlich genauer als Venter das Genom), aber einen Kepler, einen Newton und einen Einstein brauchte, bis sein Werk eine gültige Erklärung fand?

Die Frage mag nach der Arroganz des Physikers klingen, sie soll ganz im Gegenteil Bescheidenheit angesichts **neuer Horizonte unserer Erkenntnis** anmahnen.

5. Nachdem es den Physikern in überwiegend cartesianischer, reduktionistischer Methodik gelungen ist, den grossen Bogen vom Innersten des Atoms, den Quarks und Gluonen zur Entstehung des Universums im Urknall zu schlagen, stehen sie nun gemeinsam mit den Biologen vor der überwältigenden Komplexität des Lebens, einer **Komplexität**, der sie bei den nichtlinear gekoppelten Vielteilchensystemen der Physik schon einmal begegnet sind. Vieles haben sie dort schon gelernt, noch mehr ist sicher offen, vieles wird der Dialog mit den Lebenswissenschaften weiterbewegen. Ich selbst erlebe in Jülich die Begeisterung in der Zusammenarbeit von Physikern, Biologen und Medizinern bei der Hirnforschung.

Man nennt das 20. Jahrhundert mit einigem Recht das Jahrhundert der Quantenmechanik. Das 21. Jahrhundert wird ganz stark geprägt sein vom Paradigma der Komplexität lebender Systeme.

Wenn es dabei gelänge, den Bogen zu schlagen von der atomaren und molekularen Ebene des Genoms zur systemischen Ebene des menschlichen Gehirns, dann hätte dieses Jahrhundert einen würdigen Platz in der historischen Entwicklung moderner Wissenschaft gefunden. Aber täuschen wir uns nicht – der Weg ist weit!

Dieser Vortrag beruht in einigen Teilen auf dem für den Band *Technologien für das 21. Jahrhundert* der Reihe *Mensch – Natur – Technik* (Erscheinungstermin Mai 2000) verfassten Einleitungsessay *Was sind Schlüsseltechnologien?*, veröffentlicht vom Verlag Bibliographisches Institut & F.A. Brockhaus AG, Mannheim.

Hubert Markl

Wahrheit, Vermutung, Irrtum und Betrug: Vom Ethos der Wissenschaften

Wahrheit und Lüge hängen enger zusammen als uns lieb sein kann. Nicht etwa, weil Unwahrheit die logische Negation der Wahrheit ist, das wäre eher trivial, sondern weil sich die Fähigkeit zur Erkenntnis der Wahrheit genau derselben geistigen Leistungen bedient wie die Fähigkeit zum Betrug. Dies möchte ich im Folgenden verdeutlichen: warum es so ist und welche Konsequenzen dies vor allem für das Ethos der Wissenschaften hat. Man könnte es auch drastischer ausdrücken: Warum sind wir Menschen so verlogen wie wir sind, selbst Wissenschaftler, die doch geradezu die professionellen Wahrheitssucher sind – warum belügen auch sie mitunter ihre Mitmenschen und nur allzu häufig auch sich selbst?

Dass es sich dabei nicht nur um bloße Gedankenspiele handelt, sondern dass Betrug in der Wissenschaft in geradezu erschreckend wissenschafts- und forschungsgefährdender Weise zum Alltag der Wissenschaft gehört, zwar glücklicherweise nicht allzu häufig, aber doch gerade heutzutage häufig genug, um uns ernsthaft zu besorgen, das hat gerade der Massenfälschungsfall in der deutschen Krebsforschung gezeigt, der unter den Namen Herrmann und Brach in den letzten Jahren traurige Berühmtheit erlangt hat. Nicht nur, dass hochangesehene Forscher während einer langen Karriere, die sie durch eine Reihe ebenfalls renommierter Wissenschaftsinstitutionen geführt hat, dutzendweise wissenschaftliche Arbeiten gefälscht haben, hat uns schockiert. Fast mehr noch, dass der Begutachtungsprozess bei der Zuteilung von Forschungsmitteln und bei der Bewertung von Manuskripten, die bei anspruchsvollen internationalen Fachzeitschriften eingereicht wurden, dies über viele Jahre hinweg nicht aufdecken konnte, bis einem jungen Mitarbeiter die getürkten Daten auffielen und er Gottseidank dazu nicht schwieg. Und es war schon auch bedrückend zu sehen, dass es selbst dann noch vieler hartnäckiger Anstrengungen bedurfte, um mit Sanktionen gegen die Betrüger vorzugehen. Es geht bei diesem Thema also um keine Lappalien am Rande der Wissenschaft, nicht um lässliche Sünden unbedeutender Figuren, sondern um Zeichen des Versagens im Kern der Wissenschaft, der es doch immer um Wahrheit geht und für die Betrug daher ganz unerträglich, geradezu wider ihre wahre Natur sein muss.

Es geht also dabei wirklich um das Ethos der Wissenschaft, das im Folgenden gleichsam vom Negativen her, vom Verfehlen und Versagen her erläutert wird, weil auch hier – nach Wilhelm Busch – gilt: Das Gute, dieser Satz steht fest, ist stets das Böse, das man lässt. Dass Wissenschaft nach Wahrheit strebt, wird meist nicht einmal von jenen bestritten, die es für grundsätzlich unmöglich halten, den Beweis zu führen, was Wahrheit ist und ob wir sie überhaupt jemals erkennen können, oder die wahre Aussagen immer nur als Wahrheit in Bezug auf ein selbst nicht als wahr beweisbares, sondern allenfalls gläubig hinzunehmendes, sozial vorgegebenes menschliches Bezugssystem anerkennen. Wirklich wahr, so die Meinung anderer, könnten ohnehin nur tautologische, analytisch wahre Aussagen sein; denn alle Feststellungen, die sich auf eine außerhalb des denkenden Geistes befindliche Wirklichkeit bezögen, also synthetische Wahrheit beanspruchten, müssten dazu von Annahmen über diese Wirklichkeit ausgehen, die selbst nur hypothetisch und keinesfalls zwingend als wahr beweisbar anzusehen seien. Deshalb gebe es zwar lupenreine logische Wahrheiten in den selbstbezüglichen geistigen Meisterdenkspielen der reinen Mathematik. Kaum werde aber der Versuch gemacht, solche Perlen mathematisch-logischer Wahrheit vor die Säue physischer Wirklichkeit zu werfen, so würden sie unvermeidlich durch die gleichen Probleme beschmutzt, die allen vorgeblich wahren Behauptungen über vermeintliche Wirklichkeiten unvermeidlich anhaften.

Mehr als vorläufig unwiderlegte oder unwiderlegbare *Vermutungen* seien davon nicht zu erwarten, selbst wenn auf deren Grundlage Flugzeuge flögen, Sonnenaufgänge oder gar Sonnenfinsternisse einträten, Mondlandungen gelängen, Krankheitserbgänge aufgeklärt würden oder elektronische Wegfahrsperren funktionierten – es könne ja keiner beweisen, dass dies alles morgen noch genauso sei (obwohl uns praktische Lebenserfahrung belehrt, dass selbst die, die solches theoretisch bezweifeln, nichtsdestoweniger mit dem Rechtsanspruch auf Schadenersatz aufbrausen, wenn es denn einmal nicht so sein sollte, denn Wahrheit hin oder her, auf Zuverlässigkeit der Grundlagen unserer wissenschaftlich-technischen Verfügungswelt möchte keiner verzichten).

Denn der Gegensatz zu vorgeblichem, vorgelogenem und betrügerisch vorgespiegeltem Wissen ist eben nicht die Unwissenheit, sondern die Wahrheit, deren Anspruch die absichtlich dafür ausgegebene Unwahrheit gröblich verletzt. Und selbst wenn wir den absoluten Wahrheitsanspruch beiseite ließen und uns damit zufrieden gäben, dass Wissenschaft nach für jeden Menschen vertrauenswürdiger Zuverlässigkeit ihrer Aussagen strebt, so endeten wir doch rasch damit, dass Lüge und Betrug in der Wissenschaft zu Behauptungen führen, auf die man sich nicht verlassen kann, die eben unzuverlässig sind, weil sie nämlich erstunken und erlogen, mit anderen Worten mit voller Absicht wahrheitswidrig sind.

Deshalb brauchen wir zumindest eine Leitvorstellung vom Wahrheitsbezug jeder Wissenschaft und von der Pflicht zur Wahrhaftigkeit jedes Wissenschaftlers, wenn wir überhaupt über das Ethos in der Wissenschaft sprechen wollen. Eine Wissenschaft ohne Wahrheitsanspruch, oder sagen wir besser: ohne Bemühung um Wahrheit, könnte sich nämlich gar nicht über Lüge und Betrug aufregen, so wenig wie man von einem verlogenen Eistanz oder einer betrügerischen Sonate sprechen kann – allenfalls mit der Ausnahme, dass durch Plagiat eine eigene originelle Leistung von Urhebern betrügerisch vorgespiegelt wird. Plagiate sind ja sowieso ein Sonderfall akademischen Fehlverhaltens: Sie können sich durchaus auf ganz und gar wahre wissenschaftliche Aussagen beziehen – betrügerisch an ihnen ist nur der Autorenanspruch kreativer eigener Leistung. Sie müssen daher – obwohl klare Fälle von Betrug – der Wissenschaft als Erkenntnis-System keinen großen Schaden tun; für die Wissenschaft als soziales System sind sie freilich schädlich genug und eine Schande, die wir nicht dulden dürfen, genauso wenig wie Ehrenautorenschaft und ähnliche akademische Eigentumsdelikte.

Deshalb erfordert das Ethos der Wissenschaft, dass zu jeder Aussage mit wissenschaftlichem Anspruch die Reflektion über die Methoden ihrer Überprüfbarkeit nach Wahrheitskriterien gehört. Je vertrackter allerdings Erkenntnistheoretiker den Wahrheitsbegriff machen, umso schwieriger kann das werden, wovon uns die vielfältigen Facetten der sogenannten »Sokal-Affäre« (siehe dazu Alan Sokal & Jean Bricmont: Intellectual Impostures, London 1998; Eleganter Unsinn, München 1999), ganz abgesehen von ihrem intellektuellen Preiscatching-Unterhaltungswert, schönes Anschauungs- und Nachdenkmaterial geliefert haben. Kurzum: Wer keinen verbindlichen Wahrheitsbegriff hat – wenigstens als methodischen Ausweis rationaler Argumentation –, kann bald auch keinen Begriff von Lüge und Betrug mehr haben. Denn Lug und Trug in der Wissenschaft ist gleichsam die deutlichste Anerkennung des Wahrheitsgehaltes von wirklicher Wissenschaft, geradezu eine Hommage an die Wahrheit: Geben sie sich doch dafür aus!

Deshalb soll hier – sozusagen lebenspraktisch – von dem »naiven« Wahrheitsbegriff der Arbeitspraxis empirisch-experimenteller Naturwissenschaften und ihrem wiederum »naiven« hypothetisch-realistischen Wirklichkeitsbegriff ausgegangen werden; zudem von der erneut »naiven« Annahme, dass alle Menschen gesunden Verstandes, die man nicht sorgfältig anders indoktriniert hat, durch die Befunde und Argumente dieser empirischen Wissenschaften (zu denen selbstverständlich auch der größte Teil aller Geistes- und Sozialwissenschaften zu rechnen ist) zu denselben Schlußfolgerungen über die allen Menschen zugängliche Wirklichkeit gelangen können; und auch noch von der gewiss ebenso »naiven« *Hoffnung*, dass diese Wirklichkeit durch eine einzige, in sich widerspruchsfreie und über alle realen physischen Seinsbereiche hin zusammenhängend gültige Erklärung wissenschaftlich umfassend – wenngleich vielleicht niemals vollständig – verständlich gemacht werden kann; durch ein Gebäude aus Sätzen und deren logischen Verknüpfungen, deren Gesamtheit wir dann als das wissenschaftlich begründete Wissen der Menschheit über die Wirklichkeit, in der sie entstanden ist und in der sie existiert, bezeichnen können. Zwar sind Naturwissenschaftler dank der beständigen Bezweiflungshilfen ihrer philosophischen Brüder und Schwestern im Geiste vielleicht nicht mehr allesamt ganz so »naiv« wie dies alles klingt, aber an dieser Vorstellung wahrheitssuchender und wahrhaftigkeitsverpflichteter Wissenschaft ist dennoch festzuhalten, wenn im Folgenden über das Ethos der Wissenschaft und seine Verfehlung zu sprechen ist, weil an dieser Reihe zugegebenermaßen »naiver« Annahmen über Wissenschaft erstens deren Zuverlässigkeit für lebenspraktische Anwendungen und deshalb zweitens zugleich das Vertrauen der forschungsfinanzierenden Öffentlichkeit in die Vertrauenswürdigkeit solcher forschenden Wissenschaft hängt. Und darauf kommt es sehr an, denn Wissenschaft ist kein Freizeithobby verspielt-versponnener Gelehrter, sondern ein überaus lebensnotwendiger Dienst der Wissenschaftler an der menschlichen Gesellschaft, die sie dafür teuer genug bezahlt. Auch die Erfüllung dieser sozialen

Verantwortung gehört daher untrennbar zum Ethos der Wissenschaft: für zuverlässiges, vertrauenswürdiges Wissen zu sorgen!

Wenn dies aber so ist, warum wird dann buchstäblich die Axt an die Wurzel solchen Vertrauens und das Messer an die Kehle der heiligen Kuh der Förderungswürdigkeit von Wissenschaft und Forschung gelegt, indem davon gesprochen wird, dass der Betrug leider genauso untrennbar zur Wissenschaft gehört wie die Wahrheit, nach der sie strebt? Weil tatsächlich zu belegen ist, dass Wissenschaft leider auch die Fähigkeit zu Lüge und Betrug benötigt, weil es ohne sie gar keine Wissenschaft gäbe, weshalb sie auch die beachtlichen Kosten an Verunsicherung und Vertrauensverlust in der Öffentlichkeit dafür zu tragen hat, die unter anderem gerade darin bestehen, dass sie unaufhörlich gegen Lüge und Betrug ankämpfen muss, um dieses Vertrauen stets erneut zu erlangen, allerdings ohne jede Aussicht, dabei jemals ganz obsiegen zu können.

Dass Wissenschaft ohne Lüge und Betrug nicht existieren kann und auch trotz aller Gegenwehr niemals existieren wird, ist allerdings gar nicht so schlimm, weil Wissenschaft als wahrheitsanstrebendes System dadurch niemals nachhaltig zerstört werden kann, weil sie nämlich nicht nur *inhärent betrugsanfällig* ist, sondern ebenso *inhärent selbständig betrugsaufklärend* wirkt. Allerdings können Lüge und Betrug der Akzeptanz von Wissenschaft in der Gesellschaft, die sie trägt, schweren Schaden zufügen, doch dürfte auch der jeweils nur vorübergehend sein, weil die ab Oktober 1999 Sechs-Plus-Milliarden-Menschheit von Wissenschaft und von ihr geleiteter Anwendungspraxis auf Gedeih und Verderb, also buchstäblich überlebensnotwendig abhängig ist, so dass sie, selbst wenn sie ihr misstraut, gar nicht mehr auf sie verzichten kann, es sei denn, sie wollte sich dadurch einen noch viel größeren Schaden zufügen, als sie schlimmstenfalls von den Folgen der Wissenschaft befürchten kann. Die – biologische und kulturelle – Evolution der Wissens- und damit auch der Wissenschaftsfähigkeit hat nämlich sozusagen mit der biologischen Evolution der sexuellen Fortpflanzung gemeinsam, dass wer leichtfertig – z.B. wegen der damit zweifellos verbundenen Ungelegenheiten – auf sie verzichtet, mit einiger Wahrscheinlichkeit ausstirbt.

Es ist daher zunächst zu betrachten, warum die Fähigkeit zu Lug und Trug geradezu Voraussetzung, jedenfalls aber Preis des Wissens und damit auch der Wissenschaft als sozialer Manifestation menschlicher Kulturen sind. Dazu braucht man nur die neurobiologischen Voraussetzungen der Wissensfähigkeit von Lebewesen ins Auge zu fassen. Voraussetzung für Wissen über die Umwelt sind sicher die Fähigkeit, Umweltgegebenheiten mit Sinnesorganen zu erkennen, Unterschiede darin wahrzunehmen und beides zusammen mit eintretenden Folgen so in einem Gedächtnis bewahren zu können, dass diese Wahrnehmungen mit Handlungen verknüpfbar, also verhaltenswirksam werden. All dies findet man bei den allermeisten Tieren, wenngleich unterschiedlich differenziert ausgebildet. Zu Wissen – als einem nach Zuverlässigkeitsstandards überprüftem Erkenntnisstand – können solche Wahrnehmungen allerdings erst dann werden, wenn sie nicht nur gleichsam abbildhafte – obgleich auch als Abbild bereits aktiv konstruierte – Repräsentationen einer mutmaßlichen Wirklichkeit sind, sondern wenn diese

Repräsentationen einer reflektierenden Bewertung auf ihren Zuverlässigkeits- oder Wahrheitsgehalt hin unterworfen werden können. Solches – notwendig bewusst-einsichtige – Denken über Repräsentationen meinen Verhaltensforscher allenfalls den höchstentwickelten Primaten, außer dem Menschen also vor allem den Menschenaffen, zuschreiben zu können, wobei die Beobachtungen und Ergebnisse von Verhaltensexperimenten durchaus Spielraum für unterschiedliche Interpretationen lassen, was hier aber nicht zu beschäftigen braucht.

Denn zu Wissenschaft – also sozial gemeinsam verfügbarem Wissen – können die wissensförmigen Resultate solcher kognitiven Evaluation von Repräsentationen nämlich nur durch sprachliche Mitteilung, also der erneuten Repräsentation solchen Wissens in einem neuen Medium werden, wozu keine uns bekannten Tiere fähig sind. Die futterplatzweisenden Bienentänze scheinen auf den ersten Blick Ähnliches zu leisten, doch enthalten sie »Wissen« über Entfernung und Richtung wohl nur für den menschlichen Beobachter; für die Empfängerbiene der Botschaft handelt es sich eher um etwas wie eine Verhaltensanregung, für deren Wirkung wir noch nicht einmal Spuren bewussten Denkens zu unterstellen brauchen. Offenbar hat allein die menschliche Spezies ihr Zentralnervensystem zu jener Perfektion entwickelt, die ihm nicht nur das wissenserzeugende Denken über aktuelle oder erinnerte sensorische Repräsentationen gestattet, sondern die deren sprachliche Weitergabe an Mitmenschen ermöglicht und damit gemeinsames Wissen, die Urform von Wissenschaft, herstellt. Tiere mögen gelegentlich täuschen und damit andere irreführen, aber lügen können sie wohl – vielleicht mit Ausnahme der Menschenaffen und weniger anderer höchstentwickelter Warmblüter – nicht, denn dazu müssten sie wissen, dass sie nicht wissen und dennoch zu wissen vorgeben, oder dass sie anderes wissen als sie mitteilen, mit anderen Worten: Sie bräuchten eine Vorstellung von Wahrheit. Es gibt keine Befunde, die so etwas für Tiere wahrscheinlich machen. Erst die Verbindung von Reflexion über Repräsentationen und deren sprachlichem Ausdruck macht unsere Spezies somit wissenschaftsfähig und notabene zugleich im vollen Sinne menschlich.

Nun belehren uns Theorie wie Empirie evolutionärer Verhaltensforschung, dass ein Gehirn, das solches leistet, nicht eine Selbstzweckerkenntnismaschine ist – sozusagen zur eigenen Unterhaltung in einem Bewusstseinstheater – und auch nicht dazu entstanden, um Philosophen ihre berufliche Grundausstattung zu geben. Die Intelligenz, die sich in solcher Wissens- und Wissenschaftsfähigkeit äußert, dürfte sich vielmehr vor allem – übrigens genauso wie der Verständigungstanz der Honigbienen! – zu nur einem Zweck mit der biologischen Evolution unseres überdimensionierten Gehirns entwickelt haben: um nämlich so wirkungsvoll wie nur möglich Artgenossen in ihrem Verhalten beeinflussen und dabei zugleich deren Verhaltensmöglichkeiten möglichst zutreffend einschätzen zu können. Spieltheoretisch inspirierte Psychologen können aus einer solchen Betrachtungsweise, wie man gesagt hat: einer »macchiavellischen« Art von Intelligenz des Menschen manche scheinbar »irrationalen« Eigentümlichkeiten menschlicher Rationalität – Reinhard Selten nennt dies: eingeschränkter Rationalität – erklären, denn eine solche »Denkmaschine« entwickelt sich in durchaus erklärbarer Weise anders, wenn sie als ein Wissen um seiner selbst willen suchendes, epistemisches Organ oder als ein soziales, man könnte auch sagen als ein politisches Organ, also als ein Mittel zur Durchsetzung eigener Interessen in den Gewinnmaximierungsspielen sozialer Auseinandersetzungen und Kooperationen entstanden ist. Die in unserem Zusammenhang wichtigste Eigenschaft eines solchen Wissens zur Durchsetzung eigener und gemeinsamer Interessen einsetzenden intelligenten Gehirns ist zweifellos die damit verbundene Fähigkeit, andere nicht nur durch eigenes Wissen, sondern auch durch dessen absichtsvolle Vorspiegelung – also durch Lug und Betrug – zu beeinflussen. Dafür gibt es wiederum schon bei Tierprimaten höchst spannende Hinweise, für Menschen ist diese Fähigkeit jedoch geradezu der kennzeichnendste Ausdruck eines zur Selbstreflexion fähigen bewusst einsichtigen Denkens geworden: »Ich denke, dass er denkt, dass ich denke, dass er denkt ...«, wie solche selbst- und fremdbezüglichen Ketten der Rationalität und Intentionalität zunehmend höherer Ordnung sich formulieren lassen. Selbstbewusst reflektiertes Wissen als Mittel sozialer Verhaltensmanipulation von Artgenossen benötigt also eine Leistungsform von zentralnervös koordinierter Intelligenz, die zugleich untrennbar mit der Befähigung zur Täuschung von Artgenossen, zur Verbergung oder Vorspiegelung von Tatsachen, zu Lüge und Betrug befähigt: ohne Wissensfähigkeit keine Täuschungsfähigkeit; aber auch: ohne Täuschungsfähigkeit keine Wissensfähigkeit; beide sind die zwei Seiten der gleichen Medaille, die uns als die höchstintelligenten und zugleich höchstsozialen Lebewesen auszeichnet.

Was dabei zusätzlich entscheidend ist – vom Alltagsleben bis zur hochentwickelten wissenschaftlichen Forschung – betrifft den Prozess der Wissensgewinnung: selten ist uns nämlich reine wahre Einsicht oder unbestreitbar evidente Erkenntnis gegönnt. Meist müssen wir uns – über Mitmenschen wie über jede andere Wirklichkeit, in der wir leben – der Wahrheit mühsam nähern, zumeist ohne jemals sicher zu sein, ob und wann wir sie erreicht haben. Das beginnt mit mehr oder weniger plausiblen Annahmen und Vermutungen, die wir in der Wissenschaft Hypothesen nennen, und die – sonst wären es ja keine Vermutungen, sondern bereits Gewissheiten – durchaus irrtumsgefährdet sind. Deshalb gehört der *Irrtum*, das in gutem Glauben Fehler machen, unvermeidbar zur Wahrheitssuche. Gerade dies öffnet jedoch für alle, die sich betrügerischer Mittel bedienen, zugleich die beliebteste Ausrede bei einer Entdeckung, wie es sie aber auch der ständigen Gefahr der Entdeckung durch misstrauische Beobachter aussetzt: Da der Mensch, um Wissen zu erlangen, notwendig irrtumsanfällig vorgeht – was jeder weiß! –, wird oft gerade dem am wenigsten geglaubt, der betrügerisch volle Gewissheit vorgibt. Das ist Teil der Dialektik von Wahrheit und Betrug.

Wir sollten uns dieser Herkunft unserer stupenden Intelligenz – und notabene genauso unserer sprachlichen Eloquenz – aus den Wurzeln sozialer, durchaus eigensüchtig interessengeleitet motivierter Verhaltensspiele mit manipulativen Zwecken immer bewusst bleiben, selbst wenn selbstverständlich damit nicht behauptet werden soll, unsere wissens- und wissenschaftsfähige Intelligenz sei in biologischen Zwängen solcher Herkunft gefangen geblieben. Es ist ja das Schöne an so vielen biologisch-evolutionären Innovationen, dass man mit ihnen oftmals weit mehr bekommt als man bestellt hat. Dieselbe Permeabilität kontrollierende Haut, die Fischen das Leben im Süßwasser ermöglichte, eröffnete ihnen auch die Möglichkeit der Landeroberung; dasselbe Federkleid, das den Körper von manchen Dinosauriern nachts warm hielt, ließ sich auch dazu verwenden, um damit auf Vogelflügeln den Luftraum zu erschließen; und ein sozial-manipulativ perfektioniertes Wissen-, Täusch- und Sprachproduktionsgehirn humaner Primaten bescherte uns am Ende auch die »Kritik der reinen Vernunft« und die »Duineser Elegien« (allerdings auch »Mein Kampf« und »Telekom, die machen das«). Aber so richtig es ist, dass dieses Gehirn der Wissenschaft das Tor zur Wahrheitsfähigkeit oder wenigstens zum ernsthaften Bemühen darum geöffnet hat, so richtig bleibt auch, dass jeder einzelne Wissenschaftler, so rein auch sein Wahrheitsstreben sich darzustellen versteht, *ab unguibus usque ad verticem summum* immer noch auch ein biogenes Wesen bleibt, vor allem aber in seinem Gehirn, das nicht nur ein Denkorgan, sondern auch ein Wunsch- und Willensorgan ist und bleibt, von Interessen motiviert, von vielerlei Begierden und Befürchtungen angetrieben und daher auch allen menschlichen Versuchungen ausgesetzt, seine – hoffentlich zumeist besonders ausgeprägte – Intelligenz nicht nur im Dienste der Wahrheit, sondern auch zu profaneren Zwecken einzusetzen und sich dabei gelegentlich nicht nur redlicher Mittel zu bedienen. Die Fähigkeit zu Lug und Trug ist sozusagen die Konsequenz unserer für jede menschliche Kultur konstitutiven Fähigkeit zur Einsicht und Einfühlung in das Denken, Fühlen, Wünschen und Wissen von Mitmenschen – zu eigenen Gunsten. Sie ist keine Fehlentwicklung des Menschen, schon gar nicht eine Verfallserscheinung, sondern sozusagen Grundbestand unseres Wesens als eine besonders geschickte neue Option zur Optimierung eigenen Nutzens zu Lasten anderer, also zu sozialschmarotzerisch erlangbaren Vorteilen, denn darum handelt es sich ja bei Lug und Trug. Daher bedarf sie der begleitenden Gegenwirkung durch moralische Erziehung und soziale Kontrolle, nicht weil der Mensch von Grund auf schlecht ist, sondern weil er nicht zwanghaft gut ist (was sowieso eine *contradictio in adiecto* wäre!). Wer meint, dass er niemals täuscht, täuscht wohl damit nur sich selbst, er stempelt sich geradezu zum Un-Menschen, weil er einen wesentlichen Teil dessen negiert, was ihn als Menschen ausmacht. Allerdings ist diese Fähigkeit zur Selbsttäuschung in der Form der Selbstüberschätzung wohl bei Wissenschaftlern nicht wenig verbreitet, denn es bedarf ja schon besonderer Intelligenz, um in der Wissenschaft als Hochstapler erfolgreich zu sein, also andere zu täuschen. Wenn solch intelligente Menschen sich aber sogar selbst täuschen, müssen sie es offenkundig noch intelligenter anstellen. Hilft allerdings nichts: So gescheit täuscht keiner, dass neidische Kollegen es nicht doch über kurz oder lang bemerken!

Wissenschaft, richtig betrieben, mag oftmals unwissend sein oder irren, aber sie betrügt nicht (allenfalls zeitweise sich selbst). Aber *Wissenschaftler* können lügen und betrügen, denn dasselbe Gehirn, das sie zu Wissenschaft befähigt, liefert ihnen auch Versuchungen, Motive und Geschicklichkeit genug, um sie zu Lug und Trug fähig zu machen. Nicht weil Wissenschaftler gleichsam genetisch dazu programmiert wären, sondern weil ihnen genetisch die Freiheit zu solchem Handeln eröffnet worden ist! Wissenschaft ist selbstverständlich ein Produkt menschlicher Kulturtradition, also geradezu erstrangig kulturabhängig, weil sie vielleicht – neben der Religion – der vornehmste Ausdruck einer alle Menschen aller Kulturen umfassenden Kulturfähigkeit des Menschen ist. Ihre Leitwerte *Wahrheit*, d.h. innere analytische Konsistenz, plus *Wirksamkeit*, d.h. äußere synthetische Konsistenz oder zuverlässige Anwendbarkeit in der Lebenspraxis, und in der Folge von beidem ihre prädiktiv zielführende und retrodiktiv erklärende Kraft sind nicht gleichsam naturwüchsig mit ihr verbunden, sondern sind eine hochentwickelte sozial aufrechterhaltene Organisationsleistung menschlicher Gemeinschaft; naturwüchsig ist allenfalls die untrennbare Verknüpfung mit der Befähigung zu mitunter höchst lohnendem Lügen und Betrügen, die zu ihr gehört wie der Schlagschatten zu dem Aufklärungslicht, das sie zu verbreiten vermag. Wissenschaftliches Forschen und Lehren sind eben immer auch Formen sozialen Handelns zu Zwecken, die außer auf Erkenntnisziele durchaus auch auf manch anderes abzielen können: Ruhm und Rang, Ansehen, Einkommen und Fortkommen, Erfolg und Gewinn und manchmal vielleicht auch die Selbstbefriedigung charismatischer Wirkung auf ein Publikum aus Kollegen und Adepten, Jüngern und mitunter auch Jüngerinnen, besonders wenn diese zugleich auch noch jünger sind.

Und deshalb benötigt *Wissenschaft als soziales System*, das Wahrheit und Zuverlässigkeit und Vertrauen in beides zu höchsten Leitwerten hat, immer auch strenger *sozialer Kontrolle* – wie andere soziale Institutionen mit hehren Zielen auch. So wenig es den Rechtsstaat in Frage stellt, wenn gelegentlich Richter klauen und Anwälte morden; so wenig es ein religiös begründetes Sittensystem widerlegt, wenn ein Pfarrer die Hände nicht von jungen Mädchen oder gar ein Kardinal dieselben nicht von kleinen Buben lassen kann; so wenig stellt es Wissenschaft als wahrheitsfähiges und wahrheitsgeleitetes soziales System in Frage, wenn hin und wieder ein Wissenschaftler oder eine Wissenschaftlerin das Risiko des erfolgreich scheinenden Betrugs der Mühsal selbst erarbeiteter Entdeckungen vorzieht. Dies liegt in der Wissenschaft leider sogar besonders nahe: Während ein Richter kraft Ausbildung keinesfalls ein besonders geschickter Taschendieb zu sein braucht und ein Pfarrer in der Regel nicht auf Don Juan-Qualitäten getrimmt wird, sind Wissenschaftler geradezu auf intellektuelle Spitzenleistung hin ausgewählt (sie sollten es jedenfalls so sein!) und verfügen daher auf Gebieten, in denen sie selbst sich am besten auskennen, auch noch über die besten Voraussetzungen zu Lug und Trug.

Da die Belohnung für erfolgreiche Täuschung in Zeiten gesteigerten Wettbewerbs und wachsender Unübersichtlichkeit gleichzeitig forschenden Handelns von Millionen Wissenschaftlern auf immer mehr und immer schwerer überschaubaren Gebieten der Forschung gleichsam überproportional wächst, zumal wenn mit möglichst vielen Publikationen auch noch Karriere und Geld zu gewinnen sind, sollte es uns gar nicht verwundern, wenn die Gefahr von akademischen Missetaten gegenüber vergangenen Zeiten wächst – in denen es diese allerdings auch schon gab (s. z.B. W. Broad & N. Wade: Betrug und Fälschung in der Wissenschaft, Basel 1984; F. Di Trocchio: Der große Schwindel, Frankfurt 1994; M. Finetti & A. Himmelrath: Der Sündenfall, Bonn 1999, O. Hochadel & U. Kocher: Lügen und Betrügen. Das Falsche in der Geschichte von der Antike bis zur Moderne, Köln 2000). Wo *publish or perish* oder neuerdings wohl noch öfter: *apply or die* gilt, wächst auch die Versuchung zum *corriger la fortune* (oder wohl noch zutreffender: *la misfortune*) und deshalb muss auch die Ernsthaftigkeit der sozialen Selbstkontrolle im Wissenschaftssystem wachsen.

Das sollte nicht die Stunde entrüstet-zerknirschten oder höhnisch-schadenfrohen Händeringens und Augenrollens sein – am allerwenigsten vielleicht von Seiten von Journalisten, die in ihrer eigenen Stallung knietief im Mist waten können –, sondern die Herausforderung, schlampige Prozeduren von Aufsicht und Auswahlentscheidungen streng qualitätsbewusst und rücksichtslos wahrheitsfördernd zu reformieren, Lug und Trug begünstigende Strukturen, Gewohnheiten und Privilegien des Wissenschaftsbetriebs so zu verändern, dass ehrliche wissenschaftliche Arbeit allein deshalb mehr lohnt als betrügerische Vorteilserschleichung. Weil letztere nicht geduldet und so vorbehaltlos ohne Ansehen der Person bestraft wird, dass der Preis von Lug und Trug eben wesentlich höher als jener der Redlichkeit in der Wissenschaft ist (obwohl diese immer ihren Preis an die menschliche Schwäche für Unredlichkeit zu entrichten haben wird).

Wir haben alle von einigen Fällen mehr oder weniger massiven akademischen Fehlverhaltens, vulgo Lug und Trug, von zum Teil sehr angesehenen Wissenschaftlern in Deutschland gehört und gelesen, die daher hier auch nicht noch einmal auszubreiten sind. Deutsche Forschungsgemeinschaft, Max-Planck-Gesellschaft, Universitäten und andere Forschungsorganisationen haben inzwischen Verfahrensregeln festgelegt, wie mit solchen Fällen vorbehaltlos, zügig und rechtsstaatlich einwandfrei umzugehen ist, denn sie werden uns, wie gesagt, auch künftig plagen. Wichtiger noch ist eine breite Sensibilisierung für die Gefährdung des sozialen Systems Wissenschaft durch solche Vorkommnisse, die sich weltweit vor allem im biologisch-medizinischen Wissenschaftsbetrieb häufen, und noch mehr dafür, dass es besser ist, das Kind nicht am Brunnen spielen zu lassen, als nach dem Hineinsturz darüber zu lamentieren. Die größten Einwirkungsmöglichkeiten liegen dabei in richtig verstandener Kollegialität, vor allem im korrekten und fairen Umgang mit jungen Wissenschaftlern, und in der sozialen Kontrolle, die von Kollegen ausgehen muss, die es nicht hinnehmen, dass in ihrer Institution mit akademischen Rechten und Pflichten Schindluder getrieben wird: sei es durch Ausbeuten der Abhängigkeit von Doktoranden und anderen Nachwuchskräften, sei es durch unverdiente Ehrenautorenschaften, die eigentlich Unehrenautorenschaften heißen sollten, sei es durch Hinwegsehen über andere unakzeptable Praktiken der Selbstbegünstigung von Inhabern von Positionen akademischer Macht. Dekane, Direktoren, Rektoren und Präsidenten wissenschaftlicher Einrichtungen sind hier als autorisierte Repräsentanten nicht nur akademischer Autonomie, sondern auch eines akademischen Ethos gefordert, ohne dessen Einhaltung und Durchsetzung die Autonomie nichts als unberechtigte Usurpation von Macht wäre.

Unglücklicherweise ist allerdings akademische Kollegialität, von der die Selbstkontrolle der Wissenschaft als soziales System so sehr abhängt, zugleich auch die größte Gefahr für sie: Denn falsche »kollegiale« Rücksichtnahme, die zum Wegsehen von und Hinwegsehen über Missstände führt, ist hier genauso schlimm wie bei jedem Corpsgeist, der Übeltaten aus Rücksichtnahme decken zu müssen meint. Wobei die größte Gefahr darin liegt, dass geduldete Missstände auch noch zur Nachahmung durch die Dulder anreizen. Wer über die verschiedenen Formen der Pflichten zur institutionellen Selbstkontrolle der Wissenschaft unter Orientierung an den Wahrheitsleitzielen in Lehre und Forschung sowie des Vorgehens gegen Missetäter Genaueres nachlesen will, dem ist das Buch *Academic Duty* von Donald Kennedy (Cambridge, MA 1997) zu empfehlen, in dem die acht Grundpflichten eines Hochschullehrers sehr klar expliziert sind: *To Teach, To Mentor, To Serve the University, To Discover, To Publish, To Tell the Truth, To Reach beyond the Walls, To Change.*

Sieht man allerdings vom empörenden oder auch nur beschämenden oder schlicht ärgerlichen Einzelfall ab, der der Wissenschaft durch Vertrauensverlust in der Öffentlichkeit allerdings viel Schaden zufügen kann, so ist der Schaden solcher Vorkommnisse für die *Wissenschaft als Ganzer, als Wissenssystem der Menschheit*, aus einigen zum Wesen der Wissenschaft selbst gehörigen Gründen wohl in der Regel eher vorübergehend und meist eher gering. Das liegt vor allem daran, dass dort, wo das Interesse der gesamten Gesellschaft an den Leistungen der Wissenschaft besonders berührt ist, die gleichsam automatischen Kontrollmechanismen wirklicher Wissenschaft, vor allem des »organisierten Skeptizismus« im Sinne Robert Mertons besonders wirkungsvoll greifen.

Je wichtiger, bedeutender, weitreichender und damit aufmerksamkeitsträchtiger (und somit potentiell lohnender) eine vorgeblich neue wissenschaftliche Entdeckung oder Behauptung ist, umso rascher und erbarmungsloser macht sich meist der vom nimmermüden Kollegenneid angetriebene Zahn kritischer Nachprüfung darüber her. Allerdings nur, das sei noch einmal betont, in Wissenschaften mit methodisch sauber definierten Wahrheitskriterien. Wenn Wissenschaft zur literarischen Fiktion wird: Wie könnte man sie denn dann noch der Lüge und des Betrugs überführen? Allenfalls doch der Verführung der Jugend! Dass Wissenschaften am schärfsten durch sich selbst überwacht werden, hat zur Folge, dass fast alle Betrügereien in der Wissenschaft durch andere Wissenschaftler aufgedeckt werden. Allerdings in der Regel leider eher durch jüngere Nachwuchskräfte, die ein Ergebnis nicht zu reproduzieren vermögen, als durch die eigentlich eher berufenen, angeblich so kritisch gutachtenden *Peers* – womit nochmals auf das oben zu falscher Kollegialität Gesagte hinzuweisen ist, freilich oftmals verbunden mit Schlamperei aus chronischer Überlastung von multifunktionär infizierten akademischen Allroundunternehmern. Die Einzelheiten sind dabei oft unerfreulich und häufig ganz und gar kein Ruhmesblatt für das akademische System. Aber dennoch bleibt es richtig, dass anscheinend besonders bedeutende Ergebnisse betrügerischer Wissenschaft in frei organisierten Gesellschaften keine sehr guten Lebenschancen haben. Dass dies in Diktaturen ganz anders sein kann – man denke zum Beispiel an den Fall Lyssenko –, sollten wir freilich auch nicht übersehen.

Kommt zur wissenschaftlichen Bedeutung einer vorgeblichen Entdeckung allerdings dann noch der verschärfte Härtetest behaupteter praktischer Anwendbarkeit des Ergebnisses – in der medizinischen Therapie, in Technik oder Landwirtschaft oder wo auch immer –, so nehmen die Entdeckungswahrscheinlichkeit für Lug und Trug weiter zu und deren längerfristige Gewinnchancen weiter ab, denn es liegt in der Natur der Sache: *the proof of the pudding is in the eating,* an ihren Früchten sollt ihr sie erkennen.

Dies hat nun allerdings auch eine eher missliche Folge: Wer besonders unwichtige und für praktische Anwendung bedeutungslose pseudowissenschaftliche Ergebnisse in großer Zahl zu veröffentlichen vermag, z.B. weil das Begutachtungssystem für veröffentlichungswürdige Leistungen versagt, der hat keine geringe Chance, sein Akademikerdasein unbehelligt zum beerdigenden Abschluss zu bringen, jedenfalls solange die Privilegien der Unkündbarkeit und mangelnder institutioneller Leistungskontrolle ihn dabei schützend umhegen. Die Wissenschaft als System geht allerdings mit ihm und seinen mangelhaften Produktionen durchaus wiederum in angemessener Weise um, er und sie werden in klassisch-kakanischer Methode nämlich »noch nicht einmal ignoriert« (was freilich die Gefahr in sich birgt, in solchen Spreuhaufen gelegentlich auch einmal einen veritablen Diamanten wissenschaftlicher Originalität zu übersehen; was allerdings, aus höherer Warte betrachtet, in der Regel auch nur ein begrenztes Unglück ist, weil in der Wissenschaft wirklich wichtige Befunde ohnehin immer aufs Neue erhoben werden!). Ganz unwichtige Täuschungen sind eben genau dies: unwichtig, so wie ganz nichtssagende Informationen ganz und gar datensicher sind, aus dem gleichen Grund, warum jemand, der nichts weiß, auch nicht ausspioniert werden kann.

Es verlockt natürlich, in diesem Zusammenhang das komplette Bestiarium akademischen Fehlverhaltens aufmarschieren zu lassen, jeweils mit den konkreten neueren oder historischen Belegexemplaren, die die Wissenschaftssoziologen, -historiker und -detektive in ihren Sammelwerken zum Zwecke der Belustigung einer gar nicht immer nur amüsierten Öffentlichkeit oder besser noch zur moralischen Aufrüstung in erschröcklicher Genauigkeit aufgespießt haben. Altbekannte Prachtstücke darunter wie Kammerer, Moewus, Abderhalden oder Sir Cyril Burt, bis zu immer neuen Varianten wissenschaftskrimineller Taxonomie: Denn der Geist ist ein Wühler und er hört auch beim Wühlen im Schmutz sicherlich niemals auf, jedenfalls solange gilt, dass *dirt pays* und dass noch niemand damit arm wurde, dass er die Dummheit der Mitmenschen überschätzt hat. Damit nicht immer alles an den Naturwissenschaftlern hängen bleibt, vergessen wir auch nicht den Hinweis auf die Konstantinische Schenkung und ähnliche Prachtexemplare historischer Fälschungen beflissen dienstbereiter Historiker. Die Versuchung dazu ist in all diesen dieselbe – allzu menschliche und daher immer zu erwartende – Gier: nach Erfolg, Ruhm, Prestige, Ansehen, Reichtum, sozialen Status oder wie solche Belohnungen immer heißen mögen.

Nachdem wir Unwissenheit als wissenschaftliche Unschuld und Irrtum als unvermeidliche lässliche Sünde hinter uns gelassen haben, wobei aus der Bereitschaft zu ihr für die Wissenschaft allein deshalb viel Gutes entspringt, weil nur, wer gar nichts behauptet, dem Irrtum sicher entgeht, die Wissenschaft aber nun einmal von kritisierbaren, überprüfbaren Behauptungen lebt, wäre dann also von Schlimmerem zu reden. Etwa von der beharrlichen Selbsttäuschung vermeintlichen Wissens wider mögliches besseres Wissen, der aktiven Irrtumspflege sozusagen, in den meisten Fällen nicht schwer erkennbar an der damit verbundenen manischen Repititis, als Altersform beharrlicher wissenschaftlicher Tätigkeit und als Ausdruck des Unvermögens, entweder zuzulernen oder beizeiten damit aufzuhören, allgemein wohlbekannt.

Von da ist es freilich mitunter kein großer Schritt zur echten Täuschung anderer, zur Lüge, der Vorgabe von Wissen trotz besserer Kenntnis zum Zweck der eigensüchtigen absichtlichen Irreführung anderer zum Schaden der Wissenschaft als Ganzer, Betrug genannt, wenn konkreten Anderen daraus Schaden entsteht. Gegen echten Betrug läßt sich dabei zivil-, disziplinar- oder strafrechtlich noch am ehesten mit Aussicht auf Erfolg vorgehen. Täuschung zum Schaden der Wissenschaft ist, wie sich zeigt, schon weit weniger leicht justitiabel, denn die Wissenschaft kann leichter darüber jammern als dagegen klagen. Datenfälschung, Datenfrisieren, Datenfabrikation bis hin zur luftigsten Form des Umgangs mit Daten: Der Inanspruchnahme oder Hinnahme der Autorenschaft auch durchaus wahrheitsgetreuer Daten, mit deren Gewinnung man allerdings ganz und gar nichts zu tun hatte – in dieser Schublade finden wir die reichhaltigste Käfersammlung wissenschaftlicher Monstrositäten.

Vielleicht im Wettbewerb mit den verschiedensten Arten wissenschaftlichen Diebstahls, also der Aneignung oder Anmaßung von Eigentumsrechten am geistigen Eigentum anderer. Dazu gehört eigentlich auch die unehrenhafte Ehrenautorenschaft ohne eigenen geistigen Leistungsbeitrag. Genauso zählt dazu die Nutzung der geistigen Leistung von wissenschaftlichen Mitarbeitern, insbesondere solchen in besonderem Abhängigkeitsverhältnis, für eigene Publikationen ohne umfassende Kennzeichnung und Würdigung des fremden Beitrags. Dazu zählt selbstverständlich auch das altehrwürdige Plagiat, aber nicht minder die Nutzung der Ideen und Forschungspläne anderer Wissenschaftler, die dem Dieb als Gutachter bei der vertraulich gewährten Einsicht in Forschungspläne oder zur Publikation eingereichter Schriften bekannt werden. Es gibt da also eine reiche Biodiversität zu bestaunen, die freilich keine naturschützende Sorge verdient.

Damit sind wir jedoch in der Betrachtung der akademischen Schreckenskammer noch gar nicht am Ende. Vergessen wir zum Beispiel nicht die gar nicht so seltene Praxis, die inspirierende Arbeit anderer an einem Problem zwar nicht zu plagiieren, sie aber anders herum auch nicht zu zitieren, sondern durch Verschweigen und Ignorieren in den Hintergrund zu verdrängen.

Oder erinnern wir uns an Praktiken der Entmutigung und Einschüchterung gegenüber – vor allem noch nicht etablierten – Kritikern oder Konkurrenten oder ganz einfach von Studenten, die auf neue Ideen kommen, die nicht selbst gehabt zu haben beschämt. Oder daran, dass Gutachter vorgelegte Arbeiten so lange unbearbeitet liegen lassen oder so oberflächlich-schludrig bewerten, dass den Autoren daraus schwerwiegende Nachteile entstehen. Eher Kleinigkeiten? Nun: Wie wäre es dann mit sachlich ungerechtfertigten Gefälligkeitsgutachten für

Freunde oder eigene Schüler und die damit verbundene schädigende Zurücksetzung anderer, würdigerer Wissenschaftler? Das Inhaltsverzeichnis akademischer Widerwärtigkeiten hat viele hässliche Einträge, scheinbar weniger bedeutende bis hin zu solchen strafrechtlicher Relevanz. Ich habe hier nur eine unsystematische, unvollständige Auswahl vorgeführt. Vergessen wir auch nicht die immer wieder berichtete Flucht junger Menschen aus der Wissenschaft, im schlimmsten Fall sogar in die Selbsttötung, weil sie sich massiv ungerechter diskriminierender Schikane ausgesetzt fanden. Alles Gottseidank weder hier noch anderenorts die Regel oder gar häufige Ausnahme, aber doch auch wieder nicht so selten, dass man nicht energisch dagegen vorgehen sollte, wenn einem an Sauberkeit und Wohlergehen des akademischen, wissenssichernden und wissensschaffenden Systems und am Vertrauen der Öffentlichkeit in die verantwortungsbewusste Ausübung der ihm gewährten Freiheit zur Selbstgestaltung gelegen ist. Keine neue Aufgabe, eine schwere Aufgabe, vor allem eine, die niemals zu Ende gebracht werden kann und die immer wieder die Bereitschaft zu unbeliebtem Eingreifen verantwortungsbewusster Mitglieder des akademischen Systems erfordert, mit Mut und Augenmaß zugleich: Gerade darin erweist sich aber die Wirksamkeit eines ernstgenommenen Ethos der Wissenschaft!

Es ist also schon ein beachtlicher Preis, den die Wissenschaft oder, genauer gesagt, den Menschen in der Wissenschaft dafür entrichten, dass sie im Laufe von Natur- und Kulturevolution nicht nur klug genug für Wissenschaft, sondern auch schlau genug für Lug und Trug in der Wissenschaft geworden sind. Und man meine auch nicht, das sei doch wohl immer noch eine Angelegenheit der Wissenschaft selbst, das Schmuddeln wie das Reinemachen. Sicherlich, aber keineswegs *nur* ihre Angelegenheit. Denn wenn unsere wie andere fortentwickelte Gesellschaften (ich zögere »hochentwickelte« zu sagen) sich tatsächlich immer mehr zu wissensabhängigen, wissensbestimmten Gesellschaften entwickeln – was freilich noch lange nicht bedeutet, dass sie wirklich Wissensgesellschaften geworden sind, wie manche meinen, denn dazu werden sie wohl auf absehbare Zeit immer noch allzusehr von Unwissen und Scheinwissen, ja von Lug und Trug durchdrungen, die sich dazu manchmal sogar noch das Mäntelchen der Wissenschaft umhängen –, wenn dies also so ist, dann werden sie zwangsläufig auch immer mehr zu politischen Wissens*regelungs*gesellschaften werden. Denn wo Macht ist, da muss auch Politik sein. Politik wird in solchen wissensgetriebenen Gesellschaften sicher zunehmend zu beeinflussen versuchen, was als nützliches, zulässiges Wissen gefördert wird und was nicht, wer Zugang dazu hat und wer nicht, welche Wissensbereiche prioritär vorangetrieben werden sollen und welche nicht, und was mit dem Wissen geschehen soll und was nicht; und sie wird dies nicht allein – im Wettstreit der Parteien – zu beeinflussen suchen, andere werden sich um solchen Einfluss nicht weniger bemühen: Wirtschaft, Medien, das Rechtssystem, die Religionen, NGOs usw. mit ihren jeweiligen nationalen und internationalen Lobbies und Hilfstruppen. Das ist in Demokratien ganz normal, wenn es um Dinge von Belang für Jedermann geht, und bei Wissen handelt es sich genau darum. Darum ist die Wissenschaft schon gut beraten, sich sehr aktiv darum zu kümmern, dass sie nicht auch noch die Definitionshoheit darüber verliert, was als wissenschaftlich *valides* Wissen gelten darf und wie wir zu ihm gelangen, unter anderem indem sie selbst gegen Lug und Trug und alle sonstigen Fehlentwicklungen in der Wissenschaft nicht nur wachsam bleibt, sondern auch energisch dagegen vorgeht. Wenn sie dann allerdings den Eindruck erweckt, selbst nicht daran zu glauben, dass sie wahr von falsch unterscheiden kann, dann braucht sie sich nicht darüber zu wundern, wenn das Vertrauen der Gesellschaft in ihre Wissensfähigkeit dadurch auch nicht wächst.

Dennoch dürfen wir bei aller Ernsthaftigkeit solchen Bemühens auch nicht den Fehler machen, aus lauter Eifer für die Selbstreinigung zu meinen, es gebe nicht auch ganz andere und vielleicht sogar größere Gefahren für die Wissenschaft, die wir nicht deshalb übersehen dürfen, weil wir ja nur allzu gerne an dem Baum hinaufbellen, an dem wir zuletzt ein Eichhörnchen gesehen haben. Ich will zwei solche Gefahren zum Schluß ganz kurz nennen, die für das Ethos der Wissenschaft nicht minder gefährdend sind als Lug und Trug.

Zum einen droht beim Bemühen, Wissenschaft unbefleckt sauber zu halten, immer das überspitzte Übermaß an Wahrheitsbesitzanspruch, selbst wo die Wissenschaft sich tatsächlich gar nicht so sicher sein kann. Wie jedes erfolgreiche gesellschaftliche System verfällt auch die Wissenschaft allzuleicht der Haltung, das für alle als wahr vorschreiben zu wollen, was sie gerade für wahr hält, was aber keineswegs immer als zweifelsfrei bewiesen gelten kann – wobei es beim »zweifelsfrei beweisen«, wie eingangs gesagt, ja sowieso nicht wenig hapert. Aber selbst wenn die Wissenschaft gute Gründe hat, eine Aussage oder eine Theorie für überaus plausibel und wohlfundiert zu halten, muss sie dennoch akzeptieren, dass der freie Bürger nicht gezwungen werden darf, diese wissenschaftlich begründete Feststellung nun auch widerspruchslos zu glauben. Sie kann ihm sehr wohl verweigern, seine beliebig gewählten Ansichten seinerseits als wissenschaftlich gleichwertig in öffentlich finanzierten Einrichtungen zu lehren – Creation Science statt Evolutionsbiologie zum Beispiel –, sie kann ihn widerlegen und sich dafür einsetzen, dass seine Minderheitsmeinung einflusslos bleibt; aber sie kann ihm in gar keiner Weise verbieten, selbst den größten Unsinn zu glauben. Nur wenn die Wissenschaft nicht einem Allmachtsanspruch der Welterklärung verfällt, bleibt sie in freien Gesellschaften mit all ihrer krakenhaft vielarmigen Wissensmacht überhaupt erträglich. Wissenschaft kann schon innerhalb der eigenen Mauern mit viel Widerspruch leben, wie viel mehr noch muss sie mit dem Widerspruch leben, der ihr von außen entgegengebracht wird. Eigentlich kann sie sich überhaupt erst einer vertrauensvollen Zustimmung zu ihren Wissensangeboten erfreuen, wenn diese so frei erfolgt wie eben erst daran erkennbar wird, dass Widerspruch gegen sie nicht weniger frei möglich ist. Das fordert zwar unaufhörliche lästige Überzeugungsarbeit, aber dafür gibt es ja genügend unter uns, die nichts lieber tun, als andere zu überzeugen. Dies scheint mir deshalb so wichtig, weil die Wissenschaft nur durch begründeten Widerspruch gegen etablierte, aber unzutreffende oder einfach nicht gründlich genug geprüfte Lehren weiterwachsen kann. Der Hang zur fundamentalistischen Orthodoxie schadet der Wissenschaft bei freidenkenden Menschen nicht weniger als in der Religion. Neben der Wachsamkeit gegen Lug und Trug muss also gleichrangig die Wachsamkeit gegen selbstzufriedene Wissensgewissheit treten, so paradox dies auch zunächst klingen mag.

Aber ein zweites scheint mir nicht weniger wichtig. Man muss sich nämlich immer wieder fragen, ob Lug und Trug in allen Spielarten wirklich die schlimmsten Formen wissenschaftlichen Fehlverhaltens sind. Es wird ja gerne in aufklärerischem Gestus behauptet, dass Wahrheit, insbesondere wissenschaftlich geprüfte Wahrheit, frei mache von Aberglauben und grundlosen Ängsten, von Irreführungen und Indoktrination. Schon richtig; dennoch ist das aber nicht alles, was dazu zu sagen ist. Denn Wissenschaft ist immer in Gefahr, mehr als wahr zu behaupten als sie begründen kann und daraus Folgerungen politischen Handelns zu fordern, die sich wissenschaftlich überhaupt nicht begründen lassen, da es sich dabei um normative Wertungen und nicht um Wissenstatbestände handelt. Wissenschaft, die sich solche Macht über Menschen anmaßt, von rassistischen Menschenzüchtungsprogrammen bis zu sozialen Menschenmassenversuchen durch Indoktrination auf der Grundlage angeblich geschichtswissenschaftlich unwiderlegbar zwingender Gesetze der Entwicklung von Wirtschaftssystemen, verfehlt sich an den davon betroffenen Menschen viel schlimmer als nur durch Lug und Trug, sondern gerade durch die hypertrophierende Überzeugung, nicht nur im Besitz wissenschaftlicher Wahrheit, sondern dadurch auch noch dazu ermächtigt zu sein, das Leben und oft genug auch Leiden und Sterben der Mitmenschen allmächtig zu bestimmen.

Wenn nicht alles täuscht, stehen wir derzeit wieder einmal vor einer ganz grundsätzlichen Debatte darüber, was der Mensch ist und wie er sein eigenes Dasein gestalten kann, soll und darf. Manches daran wirkt zwar wie ein Musterbeispiel, ja fast schon wie eine groteske Parodie einer feuilletonistischen Selbstentzündungsdiskussion der *philosophical chattering class* –, aber erstens kann auch Selbstentzündung zum Flächenbrand führen und zweitens wird dabei mit Ideen und Begriffen großer Sprengkraft hantiert. Denn es geht dabei um den Kern des Menschlichen. Die unserem Handeln zugrunde gelegten Vorstellungen über diese Fragen scheinen zunehmend brüchig und widerspruchsvoll. Wie könnte es sonst sein, dass wir einerseits immer mehr einer biologistisch-genfundamentalistischen Menschendefinition verfallen, in der sich strengstkatholische wie freigeistig linksliberale Morallehrer, heilig, unheilig oder scheinheilig vereint, darin zu übertreffen suchen, den Gensatz einer befruchteten menschlichen Eizelle für sakrosankt zu erklären? Als hätte es niemals eine aufklärende Debatte darüber gegeben, dass der Mensch eben gerade *kein* genetisch definierbares Wesen ist, dass er erst in seiner Entwicklung in Wechselwirkung mit seiner Umwelt zum Menschen heranwächst und dadurch zu etwas grundlegend Anderem als irgendeine beliebige andere Organismenart wird, die in der Tat durch einen Satz genetischer Informationen endgültig zu einer Fliege, einem Fisch oder einer Maus determiniert wird. Während sich ein Diskussionszirkus in den Medien monatelang kaum über die aus solchem Genfundamentalismus rührendem Schrecken darüber zu fassen weiß, dass Menschen klonbar werden könnten, weil ein Schaf geklont wurde (ungeachtet der Tatsache, dass allenthalben Millionen monozygoter Zwillinge völlig problemlos mit ihrem genetischen Ebenbildern als durchaus freie und unabhängige Individuen mit unverkürzter Menschenwürde zusammenleben), stört es viele der gleichen Kommentatoren anscheinend überhaupt nicht, wenn weltweit jährlich mehr als 50 Millionen voll funktionsfähige und bereits weit fortentwickelte Träger solcher unendlich kostbarer und von jeder genetischen Veränderung, und geschehe diese in bester therapeutischer Absicht, zu schützenden Genome durch Fruchtabtreibung hingemetzelt werden; während andererseits ihre erzkatholischen genfundamentalistischen Brüder im Geiste zwar ganz konsequent eben dagegen Sturm laufen, es aber gelassen, ja offenbar als Gottes Wille ergeben hinnehmen, wenn dank unzureichender Möglichkeiten der Empfängnisverhütung Abermillionen solcher bereits geborener Genomwertstücke im Massenelend darben und von Hunger und Seuchen wie irgendwelche wertlosen Fliegen dahingerafft werden. Da sich in beiden Fällen die selbsternannten Wächter über die Menschenwürde mit all ihrer Widersprüchlichkeit auf angeblich unwiderlegbare – diesmal biologische – wissenschaftliche Tatsachen berufen, muss sich die biologische Wissenschaft gegen solche missbräuchlichen naturalistischen Fehlschlüsse verwahren. Die Biologie kann *homo sapiens* zwar als Säugetierspezies definieren, ein normativem Handeln zugrunde zu legendes Bild vom Menschen oder gar von Menschenwürde und Menschenrechten kann sie gar nicht haben, geschweige denn begründen, weil ihr dafür alle Begriffe fehlen, da diese nämlich zu einer Bewertungssphäre gehören, in der der individuelle Mensch eben mehr ist als ein Angehöriger irgendeiner biologischen Spezies. Ganz offenkundig bedarf es für ein zu ethischer Wertung und normengeleitetem Handeln befähigendem Menschenbild eben mehr als einen Schnellkurs in molekularer Entwicklungsgenetik und politisch korrekte Pawlowsche Schreckreflexe über Begriffe wie »Klon« oder »Selektion« oder deren affirmativer Nutzung zur Provokation öffentlicher Aufmerksamkeit, wenn wir uns darüber klar werden wollen, was für uns ein jeder Mensch mit voller Würde und allen Rechten bedeuten soll. Ein solches Bild des Menschen kann niemals allein ein molekulargenetisch begründetes Naturprodukt sein, wenn wir nicht allesamt in krudestem Materialismus enden wollen, der dann aber absurderweise jede sexuell zufällig zusammengewürfelte molekulare Genansammlung wie eine Heiligenerscheinung behandelt sehen möchte.

Mit dem Wissen der Wissenschaft kann nämlich noch weit mehr Schindluder getrieben werden als nur eigensüchtige Täuschung. Es kann gerade im vollhalsig vorgebrachten Anspruch unbezweifelbarer wissenschaftlich begründeter Wahrheit weit mehr Missbrauch mit Wissenschaft getrieben werden als mit ihrer betrügerischen Verfälschung. Während wir letztere zu verhindern suchen, sollten wir dadurch gegen ersteren nicht weniger wachsam bleiben.

Das Ethos der Wissenschaft verpflichtet den Wissenschaftler zu nichts anderem als zur vollen Wahrhaftigkeit, zur Suche nach Wahrheit und zum öffentlichen Vertreten des als wahr Erkannten. Freilich ist jeder Wissenschaftler auch Bürger einer Gesellschaft und eines Staates, deshalb ist er genauso wie jeder Bürger auf die Verfassung seines Gemeinwesens verpflichtet und uneingeschränkt an alle geltenden

Rechtsvorschriften gebunden, die er auch in seinem Forschen immer zu beachten hat. Seine Rolle als Wissenschaftler gestattet ihm keinerlei Sonderbefugnisse, insbesondere bei Forschung an und über Menschen; auch keine Sonderrechte für die Anwendung wissenschaftlicher Erkenntnisse in der Lebenspraxis. Aber er hat die zusätzliche Verpflichtung, die Wirklichkeit wahrheitsgetreu für sich und andere verständlich zu machen. Dies ist das Ethos, auf das er als Wissenschaftler verpflichtet ist. Dabei gilt immer, wie auch sonst im Leben: »Das Gute, dieser Satz steht fest, ist stets das Böse, das man lässt.« Freilich gilt das auch umgekehrt.

(Veränderte Fassung eines Vortrags auf dem XVIII. Deutschen Kongress für Philosophie »Die Zukunft des Wissens«, Konstanz, 8. Oktober 1999.)

Julian Nida-Rümelin

Moral und Ethik. Komplexität und Reduktion*

Im folgenden werde ich unterschiedliche disziplinäre Perspektiven vorstellen, die sich dann vielleicht zu einer Bestandsaufnahme des zeitgenössischen wissenschaftlichen Weltbildes zusammenfügen. Ich möchte dabei an dem Grundgedanken festhalten, dass jede wissenschaftliche Disziplin zunächst mit einer verwirrenden Vielfalt und mit einem hohen Maß an Komplexität ihres Gegenstandsbereiches konfrontiert ist. Will sie theoretische Klärung erreichen, so muss sie diese Komplexität reduzieren. Die unterschiedlichen Bereiche der Sozialwissenschaften, Geisteswissenschaften und Naturwissenschaften gehen dabei in sehr unterschiedlicher Weise vor. Innerhalb der Philosophie tobt ein Methodenstreit um die Frage, ob man sich mit philosophischen Themen in der geisteswissenschaftlichen Form befassen sollte, oder ob das Modell der naturwissenschaftlichen Klärung auch in der Philosophie angemessen ist. Im folgenden konzentriere ich mich auf eine Subdisziplin der Philosophie, die Ethik. Den Terminus Ethik verwende ich dabei in etwas anderem Sinne als dies heute oft der Fall ist. Habermas etwa versteht unter Ethik die moralische Verfasstheit oder die moralische Prägung von Lebensformen. Dieser setzt er die Moralität gegenüber, die selbst Begründungslasten trägt. Dagegen verstehe ich Ethik zunächst traditionell als die Theorie der Moral. Zwar gibt es im angelsächsischen Bereich eine Tendenz, Theorie und moralisches Urteilen als ein Kontinuum aufzufassen, das wir nicht künstlich zweiteilen sollten. Wenn das richtig ist, kann es aber dennoch heuristisch sinnvoll sein, beide Bereiche zu unterscheiden. Mein Titel lautet »Moral und Ethik. Komplexität und Reduktion«. Damit meine ich, dass Moral zunächst einmal komplex ist, Ethik dagegen die Komplexität reduziert. Die dominierenden ethischen Theorien stecken schon seit Jahrzehnten in schweren Aporien. Im folgenden werde ich nicht einmal versuchsweise eine Skizze der zeitgenössischen Ethik geben, sondern eine systematische Klärung versuchen. Ich werde skizzieren, wie sich die Ethik zu ihrem Gegenstandsbereich, den moralischen Überzeugungen, Motiven und Intentionen, mit denen sie sich befasst, verhalten sollte. Dabei greife ich drei ethische Theorien heraus, die zwar nicht das gesamte Spektrum, aber doch einen wesentlichen Teil der heutigen Debatte abdecken.

1. Die Theorie des Utilitarismus

Der Utilitarismus geht im Kern von einem Menschenbild aus, das Jeremy Bentham sehr prägnant formuliert hat. Danach steht das gesamte Handeln des Menschen oder das menschliche Leben generell unter dem Diktat von Lustvermehrung

* Redigierte Tonbandabschrift des frei gehaltenen Vortrages.
Wer sich für die hier skizzierten ethischen Theorien und ihre Anwendung näher interessiert, sei auf die einschlägigen Kapitel aus *Angewandte Ethik*, vom Verf., Stuttgart 1996, verwiesen.

und Leidverminderung.[1] Die Ethik muss demzufolge diese zwei Parameter als Kriterium richtigen Handelns setzen. Dabei stellt sich die Frage, um wessen Lustvermehrung und Leidverminderung es geht. Das angenommene anthropologische Faktum bezieht sich zunächst auf die einzelne Person. Behauptet wird also, dass jeder einzelne Mensch sich entsprechend diesen beiden Kriterien verhalte.

Die ethische Theorie, die – unter anderen – Bentham und John Stuart Mill daraus entwickeln, postuliert eine Handlungsmaxime, die das Leid in der Welt minimiert und die Lust bzw. die Zufriedenheit und das Glück maximiert.[2] Die Orientierung an dem, was der einen Person Lustmehrung und Leidminderung verschafft, bedeutet nun für eine andere Person nicht unbedingt dasselbe. Dies ist zwar in guten Paarbeziehungen der Fall, aber im globalen Rahmen eine eher ungewöhnliche Ausnahme. Das Spannungsverhältnis innerhalb des Utilitarismus zwischen einem vermeintlich anthropologischen Faktum einerseits und einem ethischen Postulat andererseits durchzieht die Theoriebildung bis heute. Die Ethiker, wie etwa der Utilitarist John Harsanyi[3], arbeiten dabei zum Teil mit komplizierten technischen Argumenten.

---

1 Jeremy Bentham: *An Introduction to the Principles of Morals and Legislation* (1789), New York 1948. Dt. in: *Einführung in die utilitaristische Ethik*. Hg. von O. Höffe, Tübingen 1992, S. 55-83. In sozialreformerischer Absicht verfasste Bentham in diesem Werk die erste systematische Verteidigung des Nützlichkeitsprinzips. Vgl. »Theoretische und angewandte Ethik: Paradigmen, Begründungen, Bereiche«, in: *Angewandte Ethik. Die Bereichsethiken und ihre theoretische Fundierung*. Hg. von Julian Nida-Rümelin, Stuttgart 1996, S. 2-86, S. 7-20. Der Utilitarismus ist eine Position in der Ethik, nach der diejenigen Handlungen geboten sind, die jeweils den größtmöglichen Nutzen oder das größtmögliche Glück, die größtmögliche Lust für die größte Zahl der Betroffenen herbeizuführen verspricht. Der Utilitarismus ist damit eine teleologische, d.h. eine zielorientierte Form der Ethik; beurteilt werden dabei jedoch nicht die tatsächlichen Handlungen, sondern die absehbaren Folgen einer Handlung. Die Grundgedanken des Utilitarismus gehen bereits auf Francis Bacon zurück; systematisch ausgearbeitet wurden sie vor allem von Jeremy Bentham und John Stuart Mill. Mit seinem empirischen Ausgangspunkt (dem natürlichen Streben des Menschen nach Glück) und seinem pragmatischen Ansatz ist der Utilitarismus vor allem im angelsächsischen Raum verbreitet, hat aber auch außerhalb dieses Raumes viele Anhänger. Die zentralen Themen der philosophischen Diskussion um den Utilitarismus entspringen der u.a. Frage, wie die Formel vom »größtmöglichen Glück der größtmöglichen Zahl« jeweils zu konkretisieren ist: Wie lassen sich z.B. unterschiedliche Freuden, die auf verschiedenen Wegen erreichbar scheinen, so vergleichen, dass man einen Maßstab für eine rationale Wahl gewinnt? Wie ist mit unterschiedlichen Vorstellungen davon umzugehen, was unter Glück zu verstehen ist? Problematisch ist auch, dass der Utilitarismus in seiner klassischen Formulierung in bestimmten Konstellationen die Benachteiligung einzelner Gruppen zulässt oder gar fordert; in jüngster Zeit hat man deshalb versucht, die Grundannahmen des Utilitarismus durch Gerechtigkeitsprinzipien zu ergänzen und so einen »Gerechtigkeitsutilitarimus« zu entwickeln. (Vgl. R.W. Trapp: *Nichtklassischer Utilitarismus*, 1988). Im Laufe der Diskussion hat sich eine ganze Reihe verschiedener Varianten des Utilitarismus herausgebildet. Eine wichtige Unterscheidung ist die zwischen Handlungs- und Regelutilitarismus: Während für den Handlungsutilitarismus der Nutzen der einzelnen Handlung in einer konkreten Situation zählt, bewertet der Regelutilitarismus den Nutzen, den die Einhaltung einer festen Regel (wie z.B. »Man soll nicht lügen«) auf lange Sicht hat. Vgl. *Wörterbuch der philosophischen Begriffe*, Hamburg 1998, S. 694.

2 Mill, J.St.: *Utilitarianism* (1863), London 1910. Dt.: *Der Utilitarismus*, Stuttgart 1976.

3 Harsanyi J.C.: *Essays on Ethics, Social Behavior, and Scientific Explanation*, Dordrecht 1976. Ders.: Rule Utilitarianism and Decision Theory, in: *Erkenntnis* 11 (1977), S. 25-53. Ders.: Rule Utilitarianism, Rights, Obligations, and the Theory of Rational Behavior, in: *Theory and Decision 31* (1991), S. 141-158. Harsanyi ist ein wichtiger Vertreter des Präferenzutilitarismus, der in

Allen Varianten dieser Theorie, die im Laufe der Zeit entwickelt wurden, bleibt eines gemeinsam: eine auf den ersten Blick überzeugende Theorie vernünftigen Handelns, die zunächst das intrinsisch Wertvolle bestimmt. Nach Auffassung des Utilitarismus ist dies Zufriedenheit. Das Gegenteil gilt als das intrinsisch Schlechte. Man solle der Theorie zufolge dann so handeln, dass dasjenige, was man als das Gute, das intrinsisch Wertvolle, bestimmt hat, maximiert wird. Es hat sich zunehmend eingebürgert, hier von »Konsequentialismus« zu sprechen.[4] Unter Konsequentalismus verstehe ich eine generelle Theorie der Rationalität. Sie besagt, dass eine Handlung genau dann rational ist, wenn ihre Folgen optimal sind. Handlungen werden dabei lediglich nach ihren kausalen oder probabilistischen Folgen beurteilt. Eine Handlung wirkt auf den weiteren Weltverlauf ein, der möglichst günstig gestaltet werden sollte. Bevor ich zu den Problemen dieser scheinbar sehr plausiblen Theorie komme[5], möchte ich zunächst ihre Attraktivität in vier Punkten deutlich machen:

1. Die Theorie des Utilitarismus bettet sich in eine Auffassung ein, die man verkürzend das ökonomische Paradigma des Menschen oder das *Homo-Oeconomicus-Modell* nennen kann, und die auch in anderen Disziplinen der Gesellschaft eine wichtige Rolle spielt. Ein vernünftiger Mensch geht nach diesem Modell sparsam mit seinen Ressourcen um. Er schafft ein effizientes Mittel- und Zweckverhältnis, wird also sein Leben insgesamt rational in diesem ökonomischen Sinne gestalten. Der Utilitarismus passt sich in dieses Grundparadigma ein.
2. Die Theorie des Utilitarismus baut auf theoretischer Askese auf. Vorausgesetzt wird lediglich Wissen darüber, was das intrinsisch Gute im Sinne Benthams – also Zufriedenheit und Glück – ist. Man nimmt an, dass das jeweilige Zufriedenheitsniveau einer Person zum gegebenen Zeitpunkt exakt messbar ist und sich durch entsprechende Indikatoren naturwissenschaftlich darstellen lässt. Eine solche Form des Umgangs mit Komplexität ist rein deskriptiv, da nur Faktenwissen vorausgesetzt wird. Aus diesem Wissen lässt sich etwa errechnen, wie wahrscheinlich es ist, dass eine Handlung bestimmte Folgen hat, wie sich die Güter auf Personen nach einer Änderung des Steuersystems verteilen, welche Auswirkungen auf die Zufriedenheitsniveaus der Personen zu erwarten sind usw. Damit wird die gesamte Komplexität der Moral aus der Ethik heraus in

---

dieser Variante besser als ethischer Bayesianismus bezeichnet werden kann. Er ist einer der führenden Entscheidungs- und Spieltheoretiker der Gegenwart und hat in immer wieder neuen Anläufen eine Brücke zwischen Entscheidungstheorie und Ethik geschlagen. Zuletzt vertritt er eine Variante des Regelutilitarismus. Vgl. Nida-Rümelin (1996), op.cit., S. 75.

4 Ebd., S. 9: »Das dritte paragdimatische Element des Utilitarismus bildet das konsequentialistische Kriterium richtigen Handelns. Eine Handlung gilt als richtig, wenn ihre Folgen optimal sind. Individuelle Handlungen wirken auf die Gesellschaft bzw. die Welt ein, und utilitaristisch betrachtet ist diejenige Handlung richtig, deren Folgen optimal sind, d.h. die im Vergleich zu allen anderen offenstehenden Handlungen den relativ betrachtet besten gesellschaftlichen Zustand hervorbringt. Der beste gesellschaftliche Zustand ist wiederum derjenige, für den die Summe individuellen Wohlergehens am größten ist.«

5 Vgl. dazu J. Nida-Rümelin, *Kritik des Konsequentialismus*, München 1993.

die wissenschaftliche Analyse verschoben. Die Ethik verschafft sich dadurch ein Grundkriterium, das einfach, übersichtlich und ausgesprochen asketisch ist.

3. Die Theorie des Utilitarismus ermöglicht von ihrem Ansatz her ein interdisziplinäres Verständnis über weite Bereiche der Sozialwissenschaften hinweg. Dies hängt eng mit dem ökonomischen Paradigma zusammen.
4. Der utilitaristische Ansatz lässt sich von allen verfügbaren ethischen Theorien am besten in eine generelle Theorie der Rationalität einbetten, die heute vor allem als Entscheidungs- und Spieltheorie diskutiert wird. Diese Disziplin ist nach dem Zweiten Weltkrieg im Kontakt zwischen Mathematik, Ökonomie und Philosophie entstanden. Bahnbrechende Vorarbeiten haben v. Neumann und Morgenstern geleistet.[6] Die Entscheidungs- und Spieltheorie fügt sich allerdings nicht so recht in eine der etablierten wissenschaftlichen Disziplinen ein, obwohl sie breite Anwendung findet, hochinteressante Forschungsergebnisse hervorgebracht hat und unterdessen auch zunehmend in den Naturwissenschaften, insbesondere in der Biologie, eine zentrale Rolle spielt. Der Utilitarismus ist mit diesem Ansatz vollkommen kompatibel.

Der Konsequentialismus hätte also viele Vorzüge, die für seine Beibehaltung sprächen. Wir hätten in ihm eine einfache, asketische Theorie, die eng mit den Wissenschaften, den Naturwissenschaften und Sozialwissenschaften kooperieren kann. Das Komplexitätsproblem würde auf eine empirische Klärung verlagert, die zum großen Teil Aufgabe der Naturwissenschaften ist.

Gegen diese Theorie gibt es vier zentrale Einwände, die sich nicht durch eine Modifikation des Ansatzes abfangen lassen. Der erste Einwand lautet, dass die Theorie grundsätzlich nicht in der Lage ist, dem Phänomen der individuellen Rechte oder – umfassender formuliert – der Integrität des menschlichen Individuums einen angemessenen Stellenwert einzuräumen. Dies lässt sich an einem einfachen, klassischen Beispiel erläutern.

Angenommen, eine Gesellschaft ist dann glücklicher, wenn es weniger Morde gibt. Sheriff A ist in einem Ort dafür zuständig, Ordnung herzustellen. A ist rational und Utilitarist. A weiß, dass das Absenken der Mordrate zur Zufriedenheit der Bevölkerung beiträgt. Das Ärgerliche ist nur, dass er der verschiedenen Untäter nicht habhaft wird. Es gibt jedoch eine Person B, die in dieser Stadt äußerst unbeliebt ist, und die von vielen eines Mordes verdächtigt wird. A weiß, dass B den Mord nicht begangen haben kann, aber A könnte an B endlich ein Exempel statuieren. Nachdem so viele Morde unaufgedeckt geblieben sind, würde das Hängen von B beträchtliche Abschreckungswirkung entfalten. Als rationaler Utilitarist überlegt Sheriff A nun, wie viele Morde sich möglicherweise durch diesen einmaligen Akt, einen Unschuldigen zu hängen, vermeiden lassen. A kommt zu dem Ergebnis, dass der Erwartungswert positiv ausfällt, dass also zu erwarten ist, dass durch einen solchen Akt mehrere Personen am Leben bleiben, deren Tod

6 Vgl. J.v. Neumann, O. Morgenstern: *Theory of Games and Economic Behavior*, Princeton 1944; dt. *Spieltheorie und wirtschaftliches Verhalten*, Würzburg 1961, 1973.

andernfalls zu beklagen wäre. A schreitet also zur Tat und knüpft den Unschuldigen auf. Es gibt viele historische Situationen, die genau diese Struktur aufweisen. Durch die Verletzung der Integrität einer Person oder durch die Verletzung ihrer individuellen Rechte (in diesem Falle des Menschenrechts auf Leben) lässt sich eine positive Bilanz ziehen was die Verteilung von Lust und Leid in der Gesellschaft betrifft. Wir sind aber alle, einschließlich der utilitaristischen Theoretiker selbstverständlich davon überzeugt, dass eine solche Handlung nicht in Frage kommt.

Dies gilt selbst für die Debatten, die im deutschen Herbst, zur schlimmsten Zeit des RAF-Terrors 1977, geführt wurden. In dieser historischen Situation bestand eine gefährliche Annäherung an das Aufbrechen bestimmter rechtlicher Konsense, die bis dato gültig waren, etwa bezüglich der Rolle von Rechtsanwälten bis hin zu der Debatte, ob nicht in einigen Fällen auch Folter Sinn machen würde. Doch wurde sofort wieder Konsens darüber hergestellt, dass eine solche Reaktion aus grundsätzlichen Erwägungen nicht in Frage kommen kann. Dieses dramatische Beispiel zeigt, dass solche Situationen *de facto* vorkommen. Das Entscheidende ist aber, dass wir dennoch Menschenrechte nicht verletzt und die Geltung von Menschenrechten auch in solchen Situationen berücksichtigt haben. Philosophisch beruht eine solche Einstellung auf einer »deontologischen Ethik«. Diese behauptet, dass es gewisse Kriterien gibt, die sich aus der Geltung individueller Rechte ergeben, und die nicht zur Disposition eines abwägenden Kalküls stehen. Eine solche Ethik lässt immer noch offen, ob diese Kriterien unter allen Umständen gültig sind oder ob es Abschwächungen gibt. Das Wesentliche aber ist, dass bestimmte ethische Kriterien tief in unseren moralischen Überzeugungen verankert sind, die wir nicht gegen andere Güter abwägen dürfen, wie dies der Utilitarismus vorsieht.

Der zweite Einwand ist derjenige der Supererogation. Eine utilitaristische oder konsequentialistische Ethik verlangt von Menschen etwas, das sie in der Regel nicht erfüllen können. Das Problem ist das folgende: Wenn man tatsächlich die utilitaristische Ethik zur Richtschnur des eigenen Handelns macht, dann heißt das, dass die persönlichen Projekte, die persönlichen Bindungen, all das, was einem selbst wichtig ist, entweder völlig marginalisiert werden oder nur um den Preis der Unmoral eine zentrale Rolle in unserem Leben behalten. Denn in der Regel ist es so, dass die konsequente, kontinuierliche Verfolgung persönlicher Projekte, etwa eine Berufsausbildung oder ein privates Projekt, über die Zeit ein in sich kohärentes Handeln erforderlich macht. Dieses Erfordernis legt bestimmte Strukturen in mein Leben, denen ich folge. Sie erlauben es nicht, dass ich punktuell abwäge, mit welchem Ressourceneinsatz an Zeit, Energie oder Geld ich möglicherweise die Nutzensumme auf dieser Welt hätte erhöhen können. Das bedeutet nicht, dass nicht z.B. ein gewisser Anteil unserer finanziellen und zeitlichen Ressourcen in karitative Projekte oder in die Dritte Welt fließen sollte. Auch kann es durchaus moralisch geboten sein, dass Reichtum auf diese Weise, also genau entsprechend dem utilitaristischem Kriterium, umverteilt wird. Aber ein grundsätzliches Problem bleibt bestehen: Würde jede einzelne Handlung unter das unpersönliche Kriterium der Maximierung der Zufriedenheit in der Welt gestellt, dann wäre die einzelne Person nicht mehr erkennbar. Sie würde in gewissem Sinne zu einem Automaten, einem Instrument, oder einer Art Weltverbesserungsmaschinerie werden. Sie hätte keine sich durchhaltenden persönlichen Projekte mehr, keine Strukturen, die ihr Leben prägen. Eine solche, mit dem Utilitarismus verbundene Konsequenz ist gerade auf der Grundlage von moralischen Überzeugungen nicht akzeptabel.

Dies leitet über zum dritten Einwand. Konsequentialistische Rationalität verlangt, dass jede Handlung im Hinblick auf ihre Folgen abgewogen wird. Damit geht jedoch ein wesentlicher Aspekt verloren, der im deutschem Sprachraum vor allem mit dem Philosophen Immanuel Kant verknüpft ist.[7] Wer überlegt, was richtig und was falsch ist, muss überlegen, ob diese jeweilige Einzelhandlung sinnvoller Teil einer Handlungsweise, der Struktur des individuellen Lebens oder der Struktur der gesellschaftlichen Interaktion sein kann. Dieser Aspekt der Rationalitätsprüfung meiner persönlichen Handlungen hat im konsequentialistischen Kalkül keinen Platz. Der Utilitarismus ist in gewissem Sinne strukturblind.

Der vierte und letzte Einwand ist genau besehen nur eine spezifische Form dieser Strukturblindheit. Er bezieht sich auf das Problem der Kooperation. Damit Menschen miteinander kooperieren ist es erforderlich, dass sie im Einzelfall nicht das tun, was, wenn man ihre »Werte«, ihre »Ziele« zugrundelegt, optimal wäre. Dies lässt sich gerade mit spieltechnischen Mitteln sehr schön belegen. Kooperation verlangt, dass die Person im Augenblick der Entscheidung ihren eigenen Standpunkt verlässt und statt dessen alle Kooperationspartner in den Blick nimmt. Sie muss sich in gewissem Sinne in die Rolle derjenigen Person versetzen, die die Kooperationspartner in ihren Handlungen und Entscheidungen berät. Nehmen wir etwa zwei Personen A und B, die sich scheiden lassen möchten und sich darüber einig sind. Person A und Person B haben also gewisse gemeinsame Interessen (u.a. die Scheidung) und je individuell differierende Interessen (etwa das Sorgerecht für die Kinder). Es wäre sinnvoll, dass beide einen Rechtsanwalt aufsuchen und gemeinsam eine kooperative Lösung dieses Problems überlegen. Der Rechtsanwalt würde also A und B beraten. Das Ergebnis dieser kooperativen Beratung wird in der Regel ein anderes sein, als wenn der Rechtsanwalt nur A oder nur B beraten würde. Die Empfehlung, die der Rechtsanwalt A individuell und B individuell gibt, ist also möglicherweise eine andere als die Empfehlung, die der Rechtsanwalt A und B gemeinsam geben würde. Das Beispiel zeigt, dass in manchen Fällen gemeinsame Interessen bestehen, die sich nicht automatisch dadurch realisieren lassen, dass die einzelne Person sich überlegt, was aus der Sicht ihrer Wertungen und Überzeugungen die beste Handlung ist. Kooperation ist also eine zentrale Herausforderung des Utilitarismus und Konsequentialismus. Es überrascht deshalb nicht, dass die große ethische Konkurrenz des Utilitarismus von diesen Ansatzpunkt ausgeht.

---

7 Kant, I.: *Grundlegung zur Metaphysik der Sitten* (1785).In: *Kants gesammelte Schriften*. Hg. von der Königlich Preußischen Akademie der Wissenschaften. Bd. 4, Berlin 1911, S. 385-463.

2. Die Theorie des Kontraktualismus

Der zweite konkurrierende Ansatz der modernen Ethik ist der Kontraktualismus oder vertragstheoretische Ansatz in der Ethik.[8] Er besagt folgendes: Moralisch geboten ist dasjenige, was Ergebnis eines Vertrags rationaler Personen wäre. Dahinter steht der Gedanke, dass es Kooperationsvorteile gibt. Individuen haben einen bestimmten Vorteil, wenn sie sich an Regeln der Kooperation halten, also an Strukturen, die Kooperation sichern. Dieser Vorteil ergibt sich daraus, dass sie ihr individuelles Handeln in Strukturen des Handelns einbetten, die Kooperation innerhalb der Gesellschaft sicher stellen. Solche Strukturen lassen sich durch die Überlegung bestimmen, was rationale Personen als vertragliche Vereinbarung akzeptieren würden. Daraus folgt sofort eine Zweiteilung. Zum einen gibt es vertragliche Vereinbarungen, die durch sanktionierte Regeln, etwa formelle Verträge oder Gesetze gesichert werden. Zum anderen gibt es Vereinbarungen, die keinen formellen Charakter haben. Die ersteren liegen außerhalb der Moral. Ihnen folgt man nicht aus ethischen Gründen, sondern weil sie sanktioniert sind, also etwa weil man einen Vertrag geschlossen hat, und andernfalls Vertragsstrafe zahlen müsste. Der andere Bereich von Vereinbarungen bleibt moralisch geboten. Solche Vereinbarungen enthalten einen Appell an die einzelne Person, sich zu verhalten, als ob es einen sanktionierten Vertrag gäbe. Darin liegt der Kern des vertragstheoretischen Ansatzes in der Ethik. Nach dieser Darstellung bestimmen die Interessen und die Rationalität der Person darüber, was moralisch geboten ist, allerdings in einem fiktiven Sinne. In einer moralischen Entscheidungssituation stellt man sich vor, dass man einen Vertrag mit der anderen Person schließen würde. Würde man sich dabei auf x einigen, dann sollte man im Einklang mit x handeln. Der vertragstheoretische Ansatz erfasst so einen wesentlichen Aspekt unseres moralischen Denkens.

Es gibt unterschiedliche Spielarten dieses vertragstheoretischen Ansatzes. Betrachtet man ihn als Grundparadigma der Ethik, versucht man also mit diesem Ansatz ethische Probleme insgesamt zu lösen, dann scheitert allerdings auch der Kontraktualismus, und zwar im wesentlichen an zwei Problemen.

Der erste Einwand ist der Einwand der Exklusion. Unsere moralischen Überzeugungen sind gerade auf diejenigen gerichtet, die schwach sind. Dieser wesentliche Aspekt der Moral spielt z.B. für das Christentum eine zentrale Rolle. Ein Element unserer Alltagsmoral besagt, dass Personen, die unverschuldet in Not geraten sind, einen besonderen moralischen Anspruch auf Hilfe haben. Der vertragstheoretische Ansatz der Ethik aber tendiert dazu, diesen Bereich unseres moralischen Denkens und Handelns auszugrenzen. Ihm geht es um die Kooperation von gleichberechtigten, in der Regel vertragsfähigen Personen mit bestimmten Interessen. Die Personen können ihre Interessen artikulieren, und die Vertragslö-

---

8 Klassische Texte des Kontraktualismus sind: Hobbes, Th.: *De Cive*, London 1642. Ders.: *Leviathan*, London 1641. Locke, J.: *Two Treatises of Government*, London 1690 (anonym). Rousseau, J.J.: *Du contrat social. Écrits politiques*, Amsterdam 1762.

sungen beziehen sich auf die Interessenlagen derjenigen Personen, die am Vertrag beteiligt sind. Man kann versuchen, diese Lücke abzufangen, indem Unterschiede übergangen werden, etwa die Unterschiede an Macht. Ein vertragstheoretischer Denker der Gegenwart, John Rawls, ist in diesem Versuch sehr weit gegangen.[9] Rawls, der vielleicht bedeutendste zeitgenössische praktische Philosoph, hat gefordert, beim fiktiven Vertragsabschluss von allem zu abstrahieren, was ein Individuum ausmacht, also von seinem Alter, seiner Geschlechtszugehörigkeit, seinem kulturellen Ort, seiner Herkunft im weitesten Sinne usw. Die Vertragspartner entscheiden über den Vertrag unter einem »Schleier des Nichtwissens«, der sich auch über ihre eigene individuelle Verfasstheit erstreckt.

Wenn man den Schleier des Nichtwissens so umfassend formuliert wie Rawls, dann gibt es offensichtlich keine Vertragspartner mehr. Individuen, die ihre eigenen Interessen nicht kennen, können keinen Vertrag schließen, der diesen Interessen entspricht. Bei Rawls ist dieser Punkt geschickt verdeckt, wenn er fordert, dass die Individuen unter dem Schleier des Nichtwissens wissen, dass sie später einmal Personen mit normalen Eigenschaften sein werden. Sie sind dann auf einmal Mann oder Frau, jung oder alt, reich oder arm usw. Für diesen Fall, dass sie einmal konkrete Personen sein werden, schließen sie einen Vertrag. Dabei bleibt aber die Frage offen, wer mit wem denn einen Vertrag schließt. Da wir es mit Vertragspartnern zu tun haben, die ununterscheidbar geworden sind, können wir uns den Vertrag sparen. Es gibt bei Rawls im Grunde nur noch eine Person, die angesichts der Kenntnis der Geschichte, der Anthropologie, der sozialwissenschaftlichen Zusammenhänge eine Entscheidung über die gerechte Verfasstheit einer Gesellschaft fällt, in der die individuellen Unterschiede eine Rolle spielen. Wenn wir dennoch von einem Vertrag sprechen, dann in einem anderen Sinne. Wir meinen damit, dass wir heute, als diejenigen Bürgerinnen und Bürger, an die diese Theorie adressiert ist, uns in eine Situation hinein versetzen sollen, in der wir von unseren Interessen abstrahieren. Das Ziel dabei ist, uns darüber zu einigen, was gerecht ist. Dies ist eine Form, den moralischen Standpunkt zu operationalisieren, deutlich zu machen, was dieser Standpunkt eigentlich verlangt. Der moralische Standpunkt verlangt, dass ich von meiner spezifischen Situiertheit und von meinen spezifischen Interessen absehe, und dass ich dasjenige befürworte, was aus der Sicht jeder Person, die nicht spezifisch vorgeprägt ist, also aus ganz unterschiedlichen Sichtweisen, jeweils akzeptabel erscheint. Damit wäre in der Tat das Problem der Exklusion, der Ausgrenzung der nicht vertragsfähigen Personen gelöst, allerdings um den Preis des Vertrages, den es ja dann gar nicht gibt.[10]

---

9 Rawls, J.: *A Theory of Justice*, Cambridge 1971. Dt. *Eine Theorie der Gerechtigkeit*, Frankfurt 1975. Eine einflussreiche Konzeption der politischen Gerechtigkeit als Fairness. Ders.: *Political Liberalism*, New York 1993. Dt.: *Die Idee des politischen Liberalismus*. Frankfurt a.M. 1992. Dies ist eine Arbeit, die spätere Erweiterungen und Modifikationen der Theorie der Gerechtigkeit zusammenfasst. Rawls hat auch mein Denken sehr stark beeinflusst, allerdings auch *ex negativo*, dort, wo dieser Ansatz nicht überzeugt.

10 Vgl. Nida-Rümelin (1996), op.cit. S. 24/25.

Der zweite zentrale Einwand hängt mit dem ersten zusammen. Er betrifft das Problem der Konformität. Vertragsmodelle, die nahe an der realen Verfasstheit unseres Lebens sind, lassen es vorstellbar erscheinen, dass Menschen konform handeln, sich also auch ohne schriftlich niedergelegte sanktionierte Verträge bereit finden, solchen fiktiv begründeten Regeln (Regeln, auf die man sich einigt oder einigen würde) zu folgen. Solange die Vertragsbedingungen nahe an der sozialen Realität sind, gibt es jedoch auch das Problem der Unterschiede, insbesondere der Machtunterschiede. Je weiter wir uns von den realen Verhältnissen unseres Lebens entfernen, um so uneinsichtiger ist, warum sich jemand an solche fiktiven Regeln halten sollte. Warum sollte ich mich an einen Vertrag halten, den Menschen unter Bedingungen schließen würden, die nicht den Bedingungen entsprechen, unter denen ich lebe? Das Problem besteht also in der Konformität mit denjenigen Regeln, die unter bestimmten ideal gedachten Bedingungen das Ergebnis eines rationalen Vertrages wären. Es stellt sich um so deutlicher, je weiter diese Bedingungen von den realen Lebensbedingungen abweichen, in denen wir uns heute befinden.

Einer der erfolgreichsten Theorieexporte aus dem deutschen Sprachraum ist die Diskursethik von Apel und Habermas.[11] Sie ist mit einem idealen vertragstheoretischen Argument, wie dem eben beschriebenen, eng verwandt. Die Diskursethik ist im Kern zweistufig. Sie besagt zum einen, dass wir uns als Personen sehen müssen, die miteinander in einem kommunikativen Verhältnis stehen, also eine Kommunikationsgemeinschaft bilden. Eine Kommunikationsgemeinschaft setzt aber bestimmte von allen akzeptierte Regeln voraus. An diesem Punkt weichen die Interpretationen von Apel und Habermas voneinander ab. Bei Apel sind diejenigen Regeln, die Kommunikation erst ermöglichen, damit auch schon letztbegründet. Bei Habermas ist dies eher pragmatisch zu verstehen. Die Transzendentalpragmatik, d.h. die Bedingungen der Möglichkeit von Kommunikation, bildet den Ausgangspunkt der Diskursethik, die eine Ethik der Kommunikation ist. Die Frage lautet also, an welche Regeln man sich halten muss, damit Kommunikation überhaupt möglich wird. Im nächsten Schritt werden dann diejenigen Regeln für gültig (begründet, moralisch, zur Leitschnur unseres Handelns) erklärt, die Personen unter idealen Kommunikationsbedingungen oder Diskursbedingungen akzeptieren würden. Hier bleibt die Diskursethik inhaltlich unbestimmt. Sie verweist darauf, dass der Konsens, der sich unter idealen Kommunikationsbedingungen einstellt, moralische Geltung konstituiert. Daraus entsteht nun eine enge Verwandtschaft zwischen dem idealen Vertragsargument und dem diskursethischen Geltungsargument. Den idealen Vertragspartnern im ersten Fall entsprechen die idealen Kommunikationspartner im zweiten. Der Unterschied ist gering.

---

11 In diesem Zusammenhang zu nennen sind: Apel, K.O.: *Transformation der Philosophie* (2 Bde.), Frankfurt a. M.1973. Ders.: *Sprachpragmatik und Philosophie*, Frankfurt a. M. 1976. Ders.: *Diskurs und Verantwortung. Das Problem des Übergangs zur postkonventionellen Moral*, Frankfurt a. M. 1988. Apel, K.O./Kettner, M. (Hg.): *Zur Anwendung der Diskursethik in Politik, Recht und Wissenschaft.* Frankfurt a. M. 1992. Habermas, J.: *Moralbewusstsein und kommunikatives Handeln*, Frankfurt a.M. 1983. Ders.: *Erläuterungen zur Diskursethik*, Frankfurt a. M. 1991.

3. Die Theorie des Libertarismus

Mit dem dritten Ansatz schließe ich den Durchgang durch die moderne Ethik ab. Ich nenne diesen Ansatz Libertarismus. Der Libertarismus ist relativ tief in unser Rechtssystem eingelassen. Die juristische Argumentation ist von dieser ethischen Theorie deutlich geprägt, auch wenn dies oft nicht explizit gemacht wird. Artikel 1-19 des Grundgesetzes bestimmt ausschließlich individuelle Rechte von Personen.[12] Dabei sind individuelle Rechte, die Subjekten allein auf Grund ihres Menschseins zukommen (Menschenrechte) von solchen zu unterscheiden, die an den Status als Bürger gebunden sind (Bürgerrechte). Auch die Charta der Vereinten Nationen zeigt eine sehr starke Orientierung auf Individualrechte. Im Kontext der Vereinten Nationen werden unterschiedliche Rechtstypen, die insbesondere die soziale Komponente stärker betonen, als das im deutschen Grundgesetz der Fall ist, mit eingeschlossen. Der ethische Kern des Libertarismus lässt sich folgendermaßen formulieren: Das Einzige, was als ethisch gewiss vorausgesetzt werden kann, ist die Tatsache, dass Menschen allein aufgrund ihres Status als Mensch bestimmte individuelle Rechte besitzen. Der bedeutendste Vertreter dieses Ansatzes in der Philosophiegeschichte ist John Locke[13], in der Philosophie des 20. Jahrhunderts ist es Robert Nozick.

Auch diesen Ansatz kann man, wie die anderen beiden, konsequent zu Ende führen, indem man ihn zum Fundament der Ethik, zur Möglichkeit, Komplexität zu reduzieren, erklärt. Es ist faszinierend zu beobachten, wie dies im Rechtssystem insgesamt funktioniert. Wird bei einer solchen Verabsolutierung im Rechtsdiskurs alles auf Individualrechte reduziert, dann ergibt sich eine mit den anderen vergleichbare Problematik. Die Individualrechte, wie sie in Artikel 1-19 aufgeführt sind, stellen in der Tat eine ganz wesentliche ethische Orientierung dar. Die Menschenrechte skizzieren wirklich einen globalen ethischen Konsens, der erreichbar, wenn auch noch nicht überall erreicht ist. Die Menschenrechte sind insofern wohl begründet. Jedoch muss auch eine ethische Theorie, die ausschließlich auf Individualrechte setzt, scheitern, und zwar im wesentlichen aus zwei Gründen.

Der erste Grund wird sehr schön bei Robert Nozick ausgeführt[14], der den Libertarismus am konsequentesten zu Ende gedacht hat. Der Libertarist hat ein Problem mit seinem Verhältnis zum Staat: Er muss im Grunde Anarchist sein. Mit einigen Tricks, wie Nozick sie einführt, gelangt man zwar zu einem minimalen Staatsgebilde, dieser Staat hat aber fast keine Rechte. Da z.B. Steuererhebung Umverteilung ist und Umverteilung individuelle Rechte verletzt, kann der Minimalstaat nicht einmal Steuern erheben. In seinem Buch *Anarchy, State and Utopia*, das in den USA sehr einflussreich ist, bei uns aber kaum wahrgenommen wurde, formuliert Nozick stringent das Problem der ausschließlichen Konzentration auf individuelle Rechte: Alle akzeptierten Methoden, um etwa Sicherheit

---

12 Lediglich Artikel 1 bestimmt die Würde des Menschen als solchem.

13 John Locke: *Two Treatises of Government*, op. cit..

14 *Anarchy, State and Utopia*, New York 1974; dt. *Anarchie, Staat und Utopie*, München 1976.

und Ordnung herzustellen, das Bildungswesen aufrecht zu erhalten oder Umweltschutzmaßnahmen zu finanzieren, sind schon ein Eingriff in individuelle Rechte und als solcher illegitim.

Der zweite Einwand gegen den Libertarismus bezieht sich auf das moralische Phänomen der Kooperationspflichten. In einer seit einigen Jahren währenden Debatte wird auf eine ethische Schieflage hingewiesen, die vielleicht auch durch unser Rechtssystem hervorgerufen wurde. Im amerikanischen Diskurs ist dieser Einwand vor allem mit dem Kommunitarismus verknüpft.[15] Das Problem besteht in einer zu starken Betonung der individuellen Rechte einerseits und einer Vernachlässigung der damit verbundenen Pflichten andererseits. Schon seit Cato wird betont, dass die Pflichten, die mit den Rechten einhergehen, den Rechten erst moralischen Gehalt verleihen. Wenn es ein gemeinsames Interesse an Kooperation gibt, dann gibt es auch eine Pflicht, sich an Kooperationsregeln zu halten, also diejenigen Regeln einzuhalten, die kooperative Lösungen erst ermöglichen. Bei einer Beschränkung auf individuelle Rechte sind solche Kooperationspflichten nicht mehr begründbar.

4. Lösungsversuche

Ich habe die drei Hauptansätze der modernen Ethik dargestellt. Sie sind faszinierend, erfassen Wesentliches, aber scheitern im Kern, d.h. nicht an Randphänomenen, sondern als Ansatz einer umfassenden Ethik. Drei Reaktionen auf diese aporetische Situation der modernen Ethik sind möglich. Die erste Reaktion ist die der Antitheorie.[16] Die Vertreter dieses Ansatzes lehnen Theoriebildung insgesamt ab. Das moralische Denken ist zu komplex, als dass es sich mit Theorien angemessen erfassen ließe. Moralische Empfindungen lassen sich beschreiben, einzelne moralische Entscheidungskonflikte können analysiert werden, aber eine Theorie der Moral lässt sich nicht entwickeln.

Die zweite Reaktion ist die des Kommunitarismus und Relativismus.[17] Da es keine universelle, umfassende ethische Theorie gibt, da alle Ansätze, die wir ken-

---

15 Eine in den 1980er Jahren in den USA entstandene soziologische und sozialphilosophische Richtung, in der die normativen Grundlagen einer Gesellschaft nicht von der Gleichheit der Individualrechte, wie im Liberalismus, sondern von unterschiedlichen Lebensansprüchen schon verfasster und mit internen Traditionen ausgestatteter Gemeinschaften rekonstruiert werden. Als philosophische Programmschrift des Kommunitarismus wurde M. Walzers Studie *Spheres of Justice* (1983) gelesen, in der Modelle für einen Gruppenpluralismus entwickelt werden als Antworten auf die Frage, wie Gerechtigkeit in der Gesellschaft zu verwirklichen ist. Vgl. *Lexikon der philosophischen Begriffe*, op.cit., S.350 f.

16 Vgl. Stanley Clarke, Evan Simpson (Hgg.): *Anti-Theory in Ethics and Moral Conservatism*, Albany 1989.

17 Relativismus bedeutet in der Erkenntnistheorie die Lehre, nach der nur die Beziehungen und Verhältnisse der Dinge zueinander, nicht aber die Dinge selbst, erkennbar sind; auch die Lehre, nach der es keine absolut gültige, vom Erkennenden selbst unabhängige Erkenntnis gibt. Radikaler Relativismus führt zum Skeptizismus und zur Auflösung des Wahrheitsbegriffes. In der Ethik heißt Relativismus die Bestreitung des Vorhandenseins allgemein und absolut gültiger sitt-

nen, scheitern, muss man sich eben auf das Lokale konzentrieren.[18] Die *community*, die Gemeinschaft, gibt vor, was moralisch richtig und falsch ist. Da man die Gemeinschaft nicht verlassen kann, bleibt gemeinschaftsbezogene Moralität die einzige Lösung. Auch hier ist ein Element von Antitheorie enthalten, wenn der Ansatz auch konstruktiver ist als im ersten Fall. Welche moralischen Zusammenhänge sich in der jeweiligen *community* entwickelt haben und Leitschnur des Handelns sind, lässt sich sehr genau beschreiben. Typischerweise verschwimmen allerdings im Kommunitarismus Deskription und Normativität. Er ist insofern relativistisch, als er akzeptiert, dass die Regeln der einen Gemeinschaft nicht schon in einer anderen gelten müssen. Im Sinne des Relativismus macht es gar keinen Sinn, außerhalb von *communities* moralische Fragen zu klären.

Die dritte Reaktion ist die des Traditionalismus. So haben etwa Hans Jonas mit seinem Prinzip Verantwortung oder Ulrich Steinvorth aus den Aporien der modernen Ethik die Folgerung gezogen, dass der Ansatz der modernen Ethik mit seinen hohen Ansprüchen an Reduktion, Begründung und Axiomatisierung falsch ist.[19] Sie fordern dazu auf, zu einem Ansatz zurückzukehren, der etwa bei Aristoteles angelegt ist. Das Denken in Topoi, in allgemein akzeptierten Auffassungen, Allgemeinplätzen, muss genügen. Die abwägende, erfahrungsgesättigte Lebensklugheit reicht hin.

Alle drei Reaktionen sind nichts anderes als drei unterschiedliche Formen, vor der Komplexität der Moral in der Ethik zu kapitulieren. Eine solche Kapitulation würde allerdings den Abschied vom Projekt der Aufklärung bedeuten und, was noch dramatischer ist, angesichts der ethischen Herausforderung in der Gegenwart, z.B. in den Bereichen Gentechnik, Medizin, technologische Risiken usw., eine dauernde Ratlosigkeit bewirken. Die ethische Klärung solcher schwieriger Fragen würde an Institutionen delegiert, die Akzeptanzforschung betreiben. Wenn es keine ethisch begründbaren, universell gültigen Kriterien in Problemfällen gibt, müssten solche Institutionen versuchen zu klären, was die Bevölkerung akzeptiert. Die Kapitulation der Ethik wäre so nicht nur für das philosophische Klassenzimmer folgenreich, sondern auch von weitreichender gesellschaftlicher Bedeutung.

---

licher Werte und Normen zugunsten einer Entwicklung der an einzelne Völker und Kulturen gebundenen zeitlich beschränkten Geltung, Verschiedenheit und Wandelbarkeit. Als Relativismus bezeichnet man eine lebenspraktische Einstellung, die sich in der Ablehnung aller allgemeinverbindlichen und absolut gültigen Wahrheiten und Werte äußert. Vgl. *Lexikon der Philosophischen Begriffe*, op.cit., S.564.

18 Diese Zusammenstellung wird etwa Martha Nussbaum nicht ganz gerecht, lässt sich aber dennoch in unserem Rahmen vertreten; vgl. Martha C. Nussbaum, *Gerechtigkeit und das gute Leben*. Hg. Herlinde Pauer-Studer, Frankfurt a. M. 1998.

19 Steinvorth, U.: *Klassische und moderne Ethik. Grundlagen einer materialen Moraltheorie*, Hamburg 1990. Ders.: *Stationen der politischen Theorie*, Stuttgart 1981. Jonas, H.: *Das Prinzip Verantwortung*, Frankfurt a. M. 1979.

5. Ausblick

Ich möchte zum Schluss skizzieren, wie die ethische Theorie auf diese Komplexität und die Probleme, die ich dargestellt habe, reagieren sollte. Ein Grundübel der modernen Ethik liegt darin, dass sie an einem Paradigma von Wissenschaft festhält – eine ganz rätselhafte Zeitverschiebung gegenüber den sonstigen Wissenschaften – das seit dem 18. Jahrhundert, spätestens seit dem 19. Jahrhundert obsolet ist. Die moderne Wissenschaft, wie sie im 16. und 17. Jahrhundert entstanden ist, wurde von der großen Hoffnung angetrieben, dass man die Gesamtheit des menschlichen Wissens neu konstruieren könne. Dies sollte dadurch geschehen, dass man sich auf grundlegende Axiome verständigt und zeigt, dass sich das gesamte menschliche Wissen aus diesen Axiomen logisch-deduktiv herleiten lässt. Dieser Gedanke umfasst den Kern der *nuova scienzia*[20] und hat die damals entstehende Naturwissenschaft angetrieben. Was damals an Überzeugungen und Urteilen vorhanden war, galt von heute auf morgen vor dem strengen Auge der Anhänger der *nuova scienzia* nicht mehr. Nur so kann man Descartes verstehen. Nach Descartes können wir uns auf nichts verlassen, müssen also völlig neu mit dem Aufbau unseres Wissens anfangen.[21] Die verschiedenen Schritte in den *meditationes* bilden eine totale Zerstörung und einen Neuaufbau des Wissens, eine Art »Tabula-Rasa-Politik« der Wissenschaft. Diese Politik war zwar philosophisch erfolgreich, aber als wissenschaftstheoretisches Konzept ganz irreführend. Selbstverständlich muss eine gute wissenschaftliche Theorie sich messen lassen, sie wird geprüft durch Überzeugungen und Wahrnehmungsurteile, die nicht in Frage gestellt, sondern vorausgesetzt werden. Auch die wissenschaftliche Theoriebildung ist eingebettet in lebensweltliche Kontexte von Überzeugungen, ohne die sie nicht entwickelt werden könnte. Die gesamte innerwissenschaftliche Kommunikation beruht auf der Verlässlichkeit lebensweltlicher Überzeugungen. Die Neubegründungsversuche der *nuova scienzia* sind daher alle eher Fingerübungen. Das Projekt einer Infragestellung aller unser lebensweltlichen Überzeugungen ist auch von Descartes nie ernsthaft verfolgt worden, sondern war eine philosophische Übung nach dem Motto »Versuchen wir, wie weit wir kommen«.

---

20 Der u.a. von Galilei entwickelte Begriff einer neuen Wissenschaft, die in zwei Teile zerfällt: zum einen die terminologischen Bestimmungen und Sätze, deren Begründung keine experimentelle Nachprüfung benötigt; zum anderen Sätze, die durch experimentelle Prüfung, in diesem Fall logische Folgerung, begründet werden. Vgl. Jürgen Mittelstraß: *Neuzeit und Aufklärung. Studien zur Entstehung der neuzeitlichen Wissenschaft,* Berlin, New York 1970, S. 167 ff.

21 René Descartes: *Meditationes de prima philosophia, in qua die existentia et animae immortalitas demonstrantur*, Paris 1641; dt. *Meditationen über die Erste Philosophie*, Hamburg 1977. Descartes metaphysisches Hauptwerk dient der Rechtfertigung des Anspruchs auf objektive Gültigkeit vor allem im Bereich der Naturwissenschaft. Zu diesem Zweck bedarf es eines sicheren Ausgangspunktes, der in der Gewissheit der eigenen Existenz als geistigem Wesen (das *cogito ergo sum*) gefunden wird, ferner eines Beweises der denkunabhängigen Existenz einer materiellen Wirklichkeit und schließlich einer Begründung der Annahme, dass Urteile unter gewissen Umständen mit der Struktur der denkunabhängigen Wirklichkeit übereinstimmen. *Lexikon der Philosophischen Werke*, Stuttgart 1988.

Damit entsteht ein rationalistisches, logisch-deduktives, axiomatisches Modell der Idealwissenschaft, das seit dem 18., spätestens 19. Jahrhundert obsolet ist. Es ist deswegen obsolet, weil die Wissenschaften *de facto* anders voranschritten als sie selbst sich methodisch auferlegt hatten. Die Wissenschaften wurden, wie jede wissenschaftshistorische Analyse detailliert nachvollziehen kann, auf ganz andere Weise entwickelt.[22]

Im 19. Jahrhundert und dann im frühen 20. Jahrhundert wurde klar, dass das Modell der Axiomatisierung einen ganz anderen Status hat, als ursprünglich gedacht war. Die Axiome haben für sich genommen keinen begründenden Status, sondern nur den Status der Systematisierung.[23] Wenn Axiome ihre Rolle erfüllen, fassen sie den gesamten propositionalen Gehalt einer Theorie zusammen. An einer gelungenen Axiomatisierung lässt sich dann feststellen, wie viele Grundbegriffe die Theorie benötigt und welche Begriffe abgeleitet sind. Dabei sind Theorien in unterschiedlichen Formen der Axiomatisierung darstellbar. Seit einigen Jahrzehnten ist bekannt, dass es grundsätzliche, systematische Grenzen der Axiomatisierung gibt, und dass das Projekt der Axiomatisierung für einen weiten Bereich der Wissenschaften gar nicht durchführbar ist. Dass Axiome die Begründungslast der Theorie tragen gilt nicht für die moderne Naturwissenschaft. In der Ethik scheint das Gegenteil der Fall. Hier scheint man nach wie vor überzeugt, dass es begründende Axiome gibt, also Prinzipien, die selbstevident sind oder aus der Logik der Moralsprache postuliert werden können. Der vielleicht bekannteste zeitgenössische Ethiker überhaupt, Richard Mervyn Hare, vertritt eine solche Theorie nach wie vor.[24] Ihm zufolge legt die Moralsprache allein uns auf ein ethisches Prinzip fest, und das Gesamt der moralischen gültigen oder richtigen Urteile lässt sich dann aus diesem einen ethischen Prinzip ableiten. Ähnlich sieht dies Apel in seinen transzendentalen Bedingungen der Kommunikation. Weshalb aber sollen wir an diesem Ideal einer Wissenschaft festhalten, das nirgendwo sonst funktioniert hat? Es hat zwar einst eine wichtige Rolle für den Abschied vom Traditionalismus in den Wissenschaften gespielt und damit die moderne Wissenschaft vorangebracht, lässt sich aber abgesehen davon nicht ernsthaft vertreten. In der Wissenschaftstheorie verficht heute niemand mehr diese Form des Rationalismus – weshalb also sollte sie in der Ethik als einziger wissenschaftlicher Disziplin nach wie vor gelten? Man sollte sich vom logisch-deduktiven axiomatischen Idealbild der ethischen Theorie verabschieden und als Gegengift in einem ersten Schritt die ganze Vielfalt praktischer Gründe, die unser lebensweltliches moralisches Urteil und Handeln

---

22 Vgl. Thomas S. Kuhn: *The Structure of Scientific Revolutions*, Chicago 1962, 2. erw. Aufl. 1970; dt. Frankfurt 1976.

23 Die moderne formal-axiomatische Auffassung behandelt axiomatische Systeme zunächst rein formal und untersucht erst in einem zweiten Schritt deren mögliche Interpretationen, d.h. ihre Modelle. Widerspruchsfreiheit, Vollständigkeit und Unabhängigkeit sind die Hauptfragen, die an Axiomensysteme gestellt werden. Vgl. *Enzyklopädie Philosophie und Wissenschaftstheorie*, Hg. Jürgen Mittelstraß, Bd. 4, 1996, Artikel »axiomatisches System«.

24 Richard Mervyn Hare: *The Language of Morals*, Oxford 1972 (dt. Frankfurt/M. 1972); *Essays in Ethical Theory*, Oxford 1989 ff.

prägen, zum Ausgangsmaterial machen. Diese Gründe sind komplex, im Detail überaus differenziert, und leiten uns durch unser Leben. Dieses besteht in einer permanenten Abwägung von praktischen Gründen, die mit theoretischen Gründen eng verwoben sind.[25] Das ethische Denken hat seine Funktion eigentlich erst dort, wo uns Zweifel kommen. Solche entstehen überall dort, wo unsere moralischen Gründe keine eindeutigen Handlungsanleitungen mehr geben, sich z.B. widersprechen oder sogar, wie im Bereich neuer Technologien, etwa der Gentechnik, nicht geeignet erscheinen, auf solche Entscheidungssituationen angewendet zu werden. Ethische Fragen entstehen also dort, wo es Konflikte gibt und die bisherigen Antworten unzureichend sind. Dabei geht es mir nicht primär um das philosophische Erkenntnisinteresse, sondern um die handlungsleitende Funktion von Ethik. Wenn man diese in den Mittelpunkt rückt, wofür ich plädiere, dann hat die Ethik ihre eigentliche Funktion darin, unser Leben in den Fällen zu orientieren, in denen wir auf der Basis unserer lebensweltlichen Überzeugungen scheitern, sei es wegen ihrer Widersprüchlichkeit oder wegen ihrer Nichtanwendbarkeit.

Man kann dies als die Kohärenzproblematik unserer lebensweltlichen moralischen Überzeugungen bezeichnen. Rationalität und Kohärenz hängen eng zusammen. Ein Urteil ist rational, wenn es sich kohärent in den jeweils gegebenen Kontext von handlungsleitenden Wünschen und für die Handlungswahl wesentlichen Überzeugungen einbetten lässt. Noch stärker reduziert geht es letztlich um zwei Typen von propositionalen Einstellungen: Erstens um epistemische Einstellungen, die sich auf gegebene Tatsachen oder auf Erwartungen beziehen. Zweitens um konative Einstellungen, die sich auf das beziehen, was wir wünschen, hoffen, herbeiführen wollen, fürchten usw. und darauf, was wir gerne erreichen möchten. Dies ist eine eher bescheidene Aufgabe von ethischer Theoriebildung, die unsere moralische Überzeugung im Unterschied zur *nuova scienzia* nicht ersetzt. Unsere moralische Überzeugung ist vielmehr das Ausgangsmaterial für die ethische Theoriebildung. Wir setzen an den praktischen Gründen an, die wir akzeptieren; solange nichts dagegen spricht, gibt es keinen Anlass, diese in Frage zu stellen. Es müssen erst einmal Gründe gegen eine lebensweltlich-normative Überlegung sprechen, damit der Zweifel überhaupt entsteht, der eine moralische Theorie erzeugt. Praktisch unbegründeter Zweifel wie in der Tradition des Skeptizismus ist irrational.[26] Die ethische Theorie ist also dort gefordert, wo Konflikte zwischen praktischen Gründen entstehen. Hier beginnt die Abwägung. Von hier ausgehend kann die ethische Theoriebildung eine Eigendynamik entfalten, die viel größer ist, als der bescheidene Ansatz zunächst nahe legt. Die ethische Theorie wird gerade deshalb für die Praxis relevant, weil unsere tatsächlichen praktischen Gründe hoch-

25 Praktische Gründe sind Gründe, etwas Bestimmtes zu tun. Theoretische Gründe sind Gründe, etwas zu meinen.

26 Philosophischer Skeptizismus bezweifelt, dass wir überhaupt im Stande sind, etwas verlässlich zu wissen. Globaler Skeptizismus stellt ganz allgemein unsere Fähigkeit, Wahrheit zu erkennen, in Frage. Eingeschränkte Formen des Skeptizismus bezweifeln die Möglichkeit, Wissen über Fragen der Moral, die Vergangenheit, die Außenwelt, den Geist anderer Menschen oder das Ich zu gewinnen.

gradig inkohärent sind. Sie geben keine hinreichende Anleitung für eine in sich kohärente Lebensform oder für eine stabile, für alle akzeptable Form der Interaktion mit anderen Personen. Die bescheidene, rekonstruktive Zielsetzung der Ethik führt dazu, dass die ethische Klärung wiederum rückwirkend unsere akzeptierten praktischen Gründe verändert, modifiziert, und vieles zurückweist. Man sieht dann, welche Irrationalität unserem alltäglichen Handeln zugrunde liegt.

Da ich so stark für Kohärenz argumentiere, liegt die Vermutung nahe, dass dahinter ein im schlimmsten Falle subjektivistischer oder relativistischer Ansatz der Ethik steckt. Was heißt Inkohärenz? Wenn Inkohärenz den Kontext meiner Überzeugungen und meiner Wünsche betrifft, scheine ich Subjektivist zu sein. Betrifft sie den Kontext der *community*, mit deren Mitgliedern ich in Kommunikation stehe, dann bin ich Kommunitarist. Ich vertrete diesen Ansatz der Kohärenz jedoch ausschließlich als Kriterium der Begründung, nicht als ein Kriterium der Wahrheit. Etwas ist wohl begründet, wenn es kohärent ist, nicht wenn es wahr ist. Auf der anderen Seite bin ich dennoch überzeugt, dass wir unsere moralischen und epistemischen Gründe gar nicht anders als realistisch interpretieren können. Wenn wir z.B. davon überzeugt sind, dass Menschenrechte gelten, dass der Mensch das Recht auf Leben hat, dass also keine Person ohne einen ganz besonderen Grund getötet werden darf, dann sind wir davon überzeugt, dass wir damit einen objektiv geltenden moralischen Sachverhalt beschreiben. Wir wollen damit nicht die eigene Einstellung zum Ausdruck bringen, wir wollen auch nicht sagen, dass diese Einstellung in unserer *community* weitverbreitet ist, sondern wir wollen sagen, dass eine Person ein Recht auf Unversehrtheit und ein Recht auf Leben hat, gleichgültig, ob das erkannt wird oder nicht. Der moralische Diskurs ist ohne eine realistische (oder objektivistische) und damit von ihrem Anspruch her universalistische Interpretation nicht verständlich. Wir wissen nicht, über was wir streiten, wenn wir moralische Urteile nicht realistisch (oder objektivistisch) interpretieren. Aus diesem Grund ist der Wunsch verständlich, der die *nuova scienzia* geprägt hat und der die meisten meiner Kollegen heute noch prägt, den Kontext der lebensweltlichen moralischen Urteile und der lebensweltlichen Alltagsüberzeugungen zu verlassen und ganz neu zu beginnen. Dann hätten wir ein sicheres Fundament für eine strenge Wissenschaft der Ethik gefunden. Wenn meine Argumentation richtig ist, gibt es eine solche strenge Wissenschaft auch in der Ethik nicht. Dennoch sollten wir uns nicht davon abbringen lassen, dass es moralisch Richtiges und Falsches gibt. Möglicherweise wird im Laufe der Zeit das Projekt einer umfassenden ethischen Theorie zunehmend Konturen gewinnen, aber diese umfassende ethische Theorie steht nicht am Anfang, sondern am Ende eines langen Weges. Wer diesen Prozess umkehrt, der reduziert Komplexität in einer Weise, die soviel Verluste zeitigt, dass die Essenz unseres moralischen Urteilens und Handelns verloren geht.

Jutta Allmendinger

Abschied von der Männerdominanz?

Zur Situation von Nachwuchswissenschaftlerinnen an deutschen Hochschulen

1. Zuführung

Die Rhetorik der Gleichheit

Die Themenstellung »Abschied von der Männerdominanz?« mag einige von Ihnen verwundern, hören wir doch tagtäglich – freilich ohne es real zu sehen –, dass Frauen aufgeholt haben, ja Männer demnächst in den Zentren der Macht überflügeln werden. In der Tat sagt der öffentliche Diskurs »Frau schlägt Mann«, so »die Woche« im Januar d.J, und auch der Spiegel schlägt mit seinem Leitartikel über die neuen Frauen, die, gut aussehend lässig Computer und Kinder miteinander verbinden, aufsteigen und Macht erlangen, ganz ähnliche Töne an.

Abbildung 1: Cover: Die Woche, Der Spiegel

Es gilt somit zunächst zu überprüfen, inwieweit dem so ist, inwieweit Frauen aufgeholt haben und sich Führungspositionen und Machtzentren mit Männern teilen oder zumindest gute Fortschritte in diese Richtung machen. Inwieweit sehen wir eine Gleichstellung? Inwieweit hat der Slogan »Frau schlägt Mann« seine Berechtigung?

Die Faktizität des Unterschieds

Schauen wir zunächst auf Organisationen und die Besetzung von Führungspositionen. Anhand des Betriebspanels des Instituts für Arbeitsmarkt- und Berufsforschung lässt sich zeigen, dass 77% aller untersuchten Betriebe angeben, dass ihre Führungspositionen ausschließlich von Männern besetzt sind, d.h. nicht einmal eine einzige Frau in den entsprechenden Führungspositionen vertreten ist. Sieben Prozent der befragten Betriebe geben an, dass alle Führungspositionen von Frauen besetzt sind, hierbei handelt es sich meist um kleinere Betriebe. Interessant ist nun auch, dass lediglich sechs Prozent der Betriebe Führungspositionen mit Frauen *und* Männern besetzen, ein Sachverhalt auf den ich später zurückkommen werde.

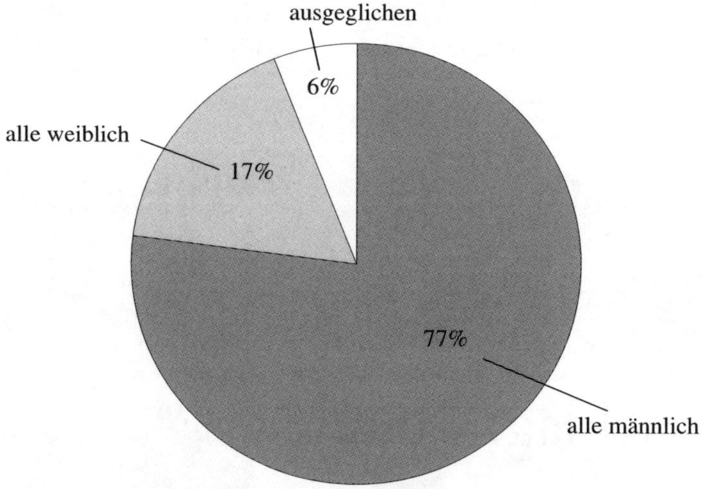

Abbildung 2: Geschlechterzusammensetzung in Führungspositionen in Organisationen
Quelle: DFG-Projekt Al 393 / 6-1

Zur Veranschaulichung zeige ich nun vier beispielhafte Organisationen und deren Frauenanteile nach hierarchischer Position. In dem Automobilkonzern finden sich in den ersten vier Führungsebenen keine Frauen, danach ist bis hin zu den Fachreferentinnen der Frauenanteil äusserst gering. Bei der Landeshauptstadt stellt sich die Situation etwas freundlicher dar, aber auch hier sind auf A16, B2, und B3, aber auch auf BAT2 mit Zulage keine Frauen zu finden. In den höchsten Stufen B4 und B7, den politischen Wahlämtern, finden wir im übrigen so wenige Personen, dass bereits eine Frau einen Anteil von 15% bzw. 20% ausmacht. Auch

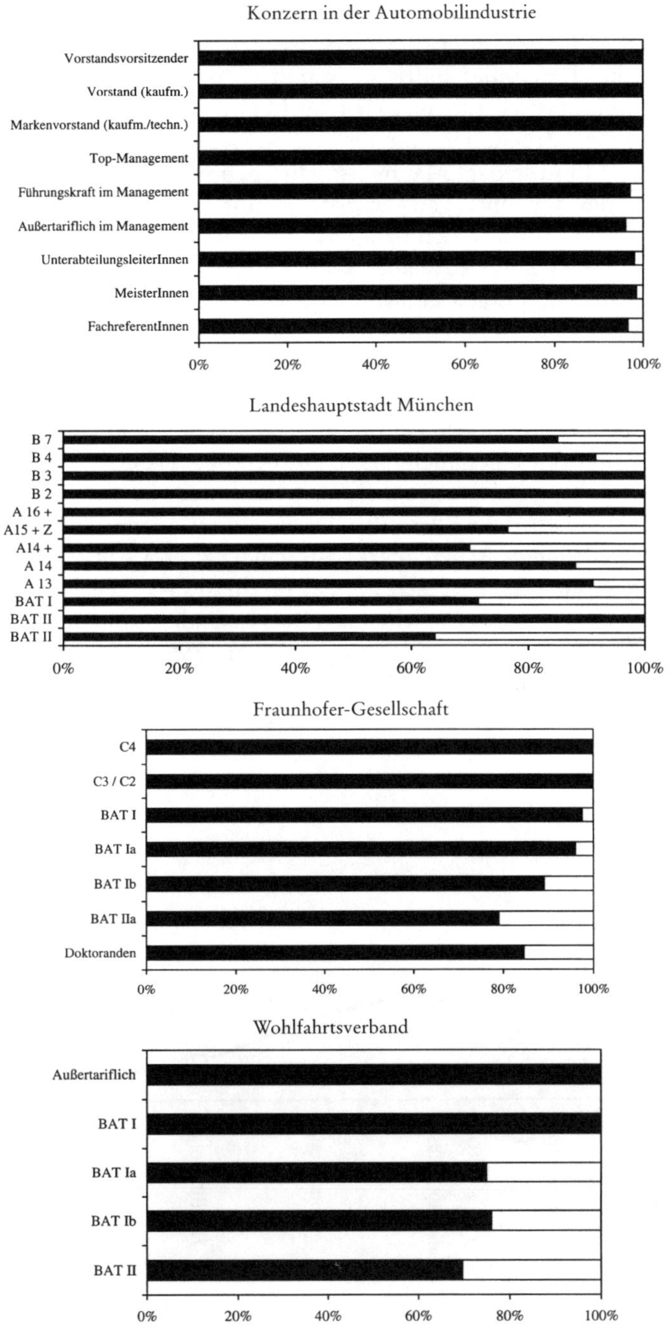

Abbildung 3: Frauenanteile in ausgewählten Organisationen nach hierarchischen Positionen
Quelle: DFG-Projekt Al 393 / 5-2

bei der Fraunhofer Gesellschaft ist die Situation kaum anders, ebenso bei dem Wohlfahrtsverband. Dies ist umso bemerkenswerter, als dass es sich hier um einen Bereich typischer Frauenbeschäftigung handelt. Auch hier werden viele Frauen von wenigen Männern »geführt«. Der Überblick vermittelt somit einen weitgehend schwarzen Eindruck, der – um im Bild zu bleiben – eher mit »Mann schlägt Frau« denn mit »Frau schlägt Mann« umschrieben werden könnte.

Wenden wir uns nun etwas genauer der Situation in der Wissenschaft zu, die im weiteren im Vordergrund stehen soll. Fast die Hälfte aller Studienanfänger sind Frauen, Frauen stellen heute 40% aller Studierenden, dies gilt auch für ihren Anteil an Studienabschlüssen. Frauen sind somit qualifiziert, fragen Qualifikationen nach und – wie wir aus vielen qualitativen Untersuchungen des Wissenschaftsbereichs wissen –, streben auch wissenschaftliche Karrieren an. Ihre Einstellungen, ihre Arbeitsmotivation und ihre Leistungen stehen Männern in nichts nach. Dennoch liegt ihr Anteil bei Promotionen bei gerade 30%, bei den Habilitationen bei lediglich 15%. Aus unseren Untersuchungen (Allmendinger, Fuchs, von Stebut 2001) wissen wir, dass das sogenannte »cooling out« von Frauen bereits vor Abschluss der Promotion liegt, die kritische Phase also hier verankert werden kann.

Im wissenschaftlichen Arbeitsmarkt auf dauerhaften Positionen sind Frauen nur schwach vertreten, sie besetzen 9% der C-2 und C-3 Stellen und gerade 5% der C-4 Stellen.Unterschiede zwischen den Bundesländern sind deutlich. Liegt der Frauenanteil an C-3 *und* C-4 Professuren im Jahre 1997 bei insgesamt 9,0%, so beträgt er im Land Brandenburg 14,7% und in Berlin 12,3% dagegen in Schleswig-Holstein 6,9% und in Bayern gerade 6,3%.

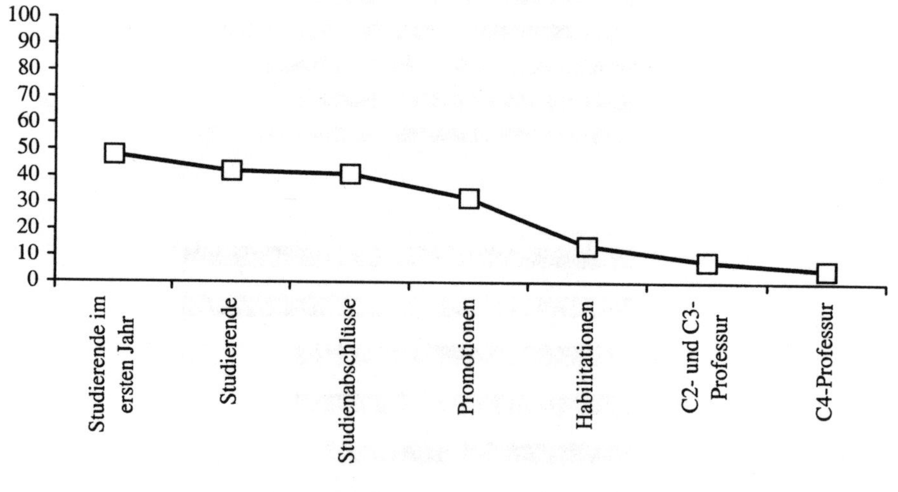

Abbildung 4: Frauenanteile auf verschiedenen Qualifikationsebenen in der Wissenschaft
Quelle: Statistisches Bundesamt

Anlass zu Besorgnis gibt die große Unbeweglichkeit: Während der Frauenanteil bei Diplomen, Promotionen und Habilitationen kontinuierlich steigt, verändern sich die Frauenanteile bei Professuren in den letzten Jahren kaum, ja drohen sogar zurückzugehen. Der vorhandene Pool an qualifizierten Frauen wird also nur mangelhaft ausgeschöpft. Auch in der Wissenschaft als Beruf kann von einem Aufbruch der Männerdominanz heute keine Rede sein. Der Rhetorik der Gleichheit steht die Faktizität des Unterschieds entgegen. Wird sich das ändern?

Diese Frage erfordert einen breiteren Blick auf den wissenschaftlichen Nachwuchs im allgemeinen, da Veränderungen des *status quo* nur durch die Kohortenabfolge, also den Zustrom junger Frauen eintreten können. Ich werde daher zunächst das Spektrum gegenwärtiger Diagnosen zur Situation des wissenschaftlichen Nachwuchses umreissen, danach die in der aktuellen Diskussion befindlichen Reformansätze schildern und dann das Thema der Gesamtreihe »Komplexität und Reduktion« aufnehmen. Ich werde argumentieren, dass vorliegende Massnahmen zu kurz und gleichzeitig viel zu weit greifen, Reduktion und Steigerung der Komplexität zugleich implizieren. Sie führen fast notgedrungen zu unintendierten Nebenfolgen, die den Intentionen der Reformmassnahmen entgegenlaufen. Sie scheitern weiterhin an gesellschaftlichen Tatbeständen, die aufzubrechen sie nicht bezwecken und nicht bewirken. Hinsichtlich meines Themas schliesse ich mit einem janusköpfigen Fazit, einem »sowohl als auch« hinsichtlich der zahlenmäßigen Dominanz. Beide Facetten möglicher zukünftiger Entwicklungen führen jedoch nicht, auch das sei vorweggenommen, zu einer Verschiebung von Macht zwischen den Geschlechtern.

2. Zeitdiagnosen und Reformansätze

Zeitdiagnosen

Der Wissenschaftsrat, die Max-Planck-Gesellschaft, die Deutsche Forschungsgemeinschaft, die Gremien um Bundesbildungsministerin Bulmahn und die Berliner Opositionsparteien folgen ähnlichen Leitgedanken. Auch der jüngst erschienene Bericht der internationalen Kommission zur Systemevaluation der Deutschen Forschungsgemeinschaft und der Max-Planck-Gesellschaft identifiziert im deutschen Wissenschafts- und Forschungssystem trotz anerkannter Stärken (1999: 6) eine Reihe von Problemfeldern. Diese, so die Kommission, »beeinträchtigen vor allem seine Beweglichkeit und seine Fähigkeit, flexibel auf veränderte Anforderungen zu reagieren. Damit erweisen sie sich als teilweise empfindliche Handicaps für eine optimale Weiterentwicklung (7).« Diese Handicaps werden mit mangelnder Beweglichkeit, Inflexibilität aufgrund von Finanzierungsmodalitäten, der relativen Schwäche von Universitäten im Vergleich zu öffentlich geförderten Forschungseinrichtungen, Mängeln in der Nachwuchs- und Frauenförderung, starren staatlichen Rahmenregelungen und dem Fehlen einer kontinuierlichen Systemevaluation und einrichtungsübergreifendem Wettbewerb überschrieben. An dieser Stelle ist dem letzten Punkt, Mängel in der Nachwuchs- und Frauenförderung, näher nachzugehen. Die Kommission führt hierzu aus:

> Im internationalen Vergleich werden die Qualifizierungswege und Karrierestrukturen für den wissenschaftlichen Nachwuchs im deutschen Wissenschaftssystem durch lang andauernde Phasen persönlicher und wissenschaftlicher Abhängigkeit bestimmt. (8)

Der wissenschaftliche Nachwuchs ist international wenig konkurrenzfähig, da er zu alt ist, da er in zu langer Abhängigkeit von Professoren gehalten wird, da das Potenzial ausgebildeter Frauen nicht genutzt und sich all diese Defizite in unbeweglichen, verkrusteten universitären Strukturen jenseits von Wettbewerb und Konkurrenz entfalten.

Schauen wir auf diese Punkte im Einzelnen. Vergleichen wir Deutschland mit Grossbritannien, den USA und den Niederlanden, so liegt das Alter bei Studienabschluss in der Tat erheblich höher, der Abstand beträgt 5 bis 6 Jahre. Dies liegt wesentlich an einer anderen Stuktur der schulischen und universitären Ausbildung, die in den Vergleichsländern nach dem 12. Schuljahr und dann nach einem vierjährigen College den B.A. vorsieht.

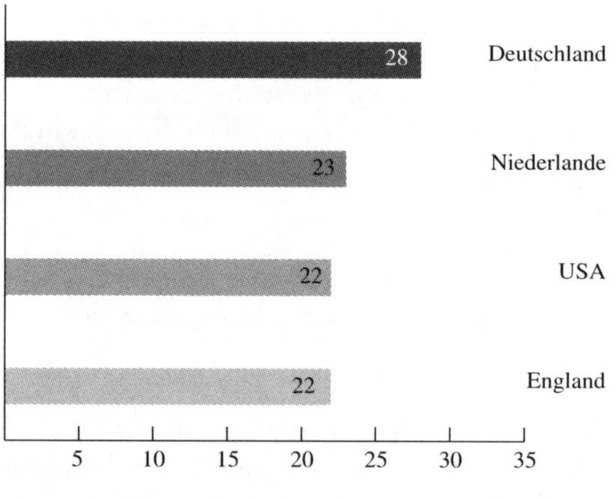

Abbildung 5: Alter von Hochschulabsolventen 1997
Quelle: Wissenschaftsrat 1999

Aus solchen Strukturunterschieden ergeben sich auch international gravierende Unterschiede im »Flüggewerden«, also im durchschnittlichen Alter bei Erreichen einer wissenschaftlich unabhängigen, selbstbestimmten Position. Dies sei hier nur beispielhaft anhand der USA verdeutlicht, gilt aber für alle Länder, die nach dem Bachelor zunächst den Master und dann eine hoch institutionalisierte graduate school vorsehen. Der Ph.D., erreicht im Alter von etwa 33 Jahren, stellt die Voraussetzung für die Assistenzprofessur dar. In Deutschland ist es die Habilitation, die etwa mit 40 Jahren erreicht wird.

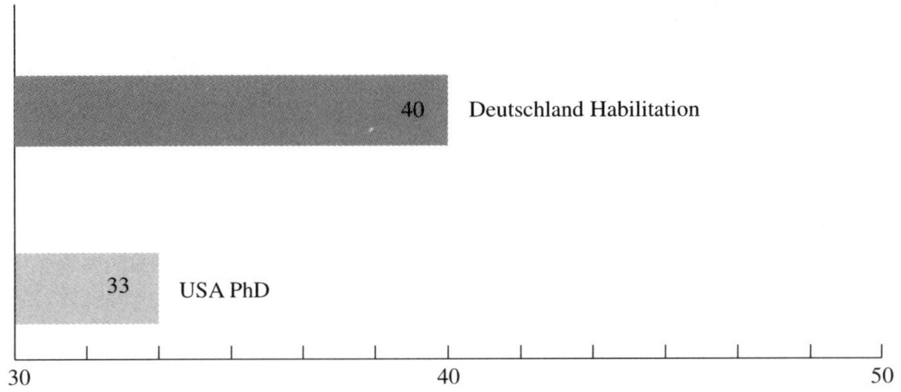

Abbildung 6: Alter bei Eintritt in eine unabhängige wissenschaftliche Karriere

Auch Unterschiede im Frauenanteil an Ordinarien (oder full professors) sind im internationalen Vergleich deutlich. Deutschland liegt hier mit einem Anteil von 5% deutlich hinter den hier skizzierten Vergleichsländern USA, Türkei oder Spanien.

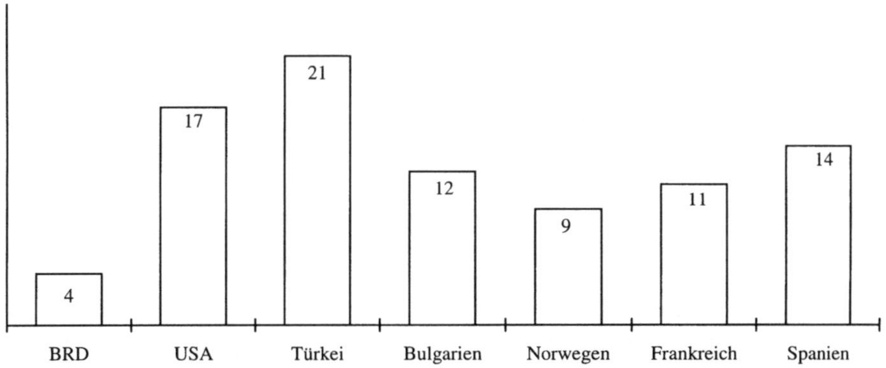

Abbildung 7: Frauenanteile im internationalen Vergleich: Professuren
Quelle: World Yearbook of Education 1994

Reformansätze[1]
Ein erster Reformansatz besteht in der Förderung von Selbständigkeit des wissenschaftlichen Nachwuchses, da selbstverantwortlichen Mitarbeiterinnen und Mitarbeitern bessere Motivation, grössere Arbeitszufriedenheit und höhere Produktivität zugesprochen wird. Diese soll durch Einführung von Juniorprofessuren und die Abkehr von der Habilitation erreicht werden.

Die Beweglichkeit von Universitäten soll insbesondere durch die Einführung von Departments erzielt werden, welche sich durch eine leistungsbezogene, flexible und dynamische Mittelzuweisung auszeichnen. Der Leitung des Departments sollen dabei in den ersten Modellansätzen Lehrstuhlinhaber angehören, also keine C3-Professoren und Professorinnen, weiterhin auch keine Frauenbeauftrage.

Neben der Beweglichkeit von Universitäten, und mit dieser eng verbunden, soll deren Leistungskraft erhöht werden, sollen Wettbewerb und leistungsbezogene Bezahlung Einzug halten. Der Stifterverband für die Deutsche Wissenschaft macht es ganz deutlich. Auf die Frage: »Was bringt ein Professor« antwortet er: »Gewinn«. Und Leistung. Über Professorinnen, das sei am Rande erwähnt, schweigt er sich aus.

Nun ignoriert das Wissenschaftsmanagement Deutschlands die »Frauenfrage« keinesfalls. Fast alle Wissenschaftsorganisationen haben auf Frauen ein Auge geworfen, Stellen für Frauenbeauftragte eingerichtet und Frauenförderpläne verabschiedet. Motiviert durch die allgemeine Sorge um den Standort Deutschland haben Frauenförderprogramme, so könnte man meinen, inzwischen ein gewisses Momentum erreicht, das erwartbar zu quantitativ meßbaren Erfolgen führen wird. Dennoch überwiegt der öffentliche und akademische Pessimismus.

Zum einen wird die *Anlage der Frauenförderprogramme* in Frage gestellt: Frauenbeauftragte haben häufig Anwesenheits-, aber nur selten Stimmrecht, in den Programmen selbst werden Maßnahmen »empfohlen«, die meisten von ihnen bleiben damit »zahllos« und quantifizieren die zu erreichenden Frauenanteile nicht.

Weiterhin setzen einige Programme Frauenförderung mit Nachwuchsförderung gleich, so etwa ein jüngst von der Deutschen Forschungsgemeinschaft aufgelegtes Programm, der Emmy-Noether-Preis, welcher auch und gerade auf Frauen zielt, und dennoch mehrheitlich, zu über 70%, Männern zu Gute kommt.

Auch wird das Wissenschaftssystem insgesamt als frauenfeindlich geortet und damit die Wirksamkeit von *Reform*programmen gänzlich in Frage gestellt. Damit verbunden findet sich letztlich, freilich immer häufiger, ein *blaming the victim:* Frauen wollten den Weg in die Wissenschaft nicht, von ihrer Selbsteliminierung ist die Rede. Über die Jahre hat sich die Argumentation damit von einem qualifikationsbedingten »Frauen können nicht« über ein diskriminationsbedingtes »Frauen dürfen nicht« zu einem subjektiv zu verantwortenden »Frauen wollen nicht« verschoben. Diese Verweise auf einen aktiven Verzicht der Frauen erscheinen unkontextuiert und verfrüht: Um von »Verzicht« sprechen zu können, müssten

1 Siehe hierzu auch Allmendinger 2000.

Frauen die Türen zunächst offen gestanden haben. Die gegenwärtige Diskussion um die Hochschulreform, insbesondere aber die konkreten Pläne ihrer Ausgestaltung, lassen jedoch befürchten, dass die Türen eher heftiger zugeschlagen denn weiter geöffnet werden.

3. Komplexität der Reduktion: Nebenfolgen und gesellschaftliche Einbettung

Zur Begrifflichkeit

Wir haben hier einen Satz von Niklas Luhmann wiedergegeben, der wie folgt lautet:

> Man ist zu Aussagen genötigt, die Reduktion und Steigerung von Komplexität zugleich implizieren, ja sogar Steigerung von Komplexität durch Reduktion von Komplexität betreffen. Man könnte darin einen offenen Widerspruch sehen und aufgeben. Aber das Phänomen selbst ist zu interessant, um diese Behandlung zu rechtfertigen. (Luhmann 1974)

Das zu behandelnde Phänomen ist die Teilhabe von Frauen in der Wissenschaft. Die Reduktion von Komplexität liegt in den eben dargestellten Massnahmen, die auf der formulierten Ebene meines Erachtens so nicht greifen und das Phänomen gerade noch komplexer erscheinen lassen. Ich werde zunächst auf die Komplexität der Reduktion eingehen, die auch mit der Genese unintendierter Nebenfolgen zu umschreiben wäre.

Reduktion von Komplexität

Lassen Sie mich breit beginnen. Die Situation von Nachwuchswissenschaftlern ist m.E. zunächst durch eine im System der deutschen Doktorandenausbildung angelegte, unausreichende Wertschätzung der Nachwuchsförderung selbst angelegt. Die vielfältigen Arten der Promotion, sei es auf Stellen, auf Drittmitteln, in Graduiertenkollegs oder mit Stipendien, verfolgen ganz disparate Ziele. Aspekte des Mentoring, des Placements auf dem akademischen Arbeitsmarkt, der breit angelegten Vorbereitung auf diesen kommen in der einen oder anderen Form bei all diesen Promotionsformen zu kurz. Obwohl die Nachwuchsförderung zu den Kernaufgaben eines öffentlich finanzierten Wissenschaftssystems gehört, tut man sich in Deutschland nicht immer leicht. Ich möchte das an einem bereits länger zurück liegenden nicht nur amüsanten Beispiel verdeutlichen[2], das zugleich etwas über die Arbeitsweise des höchsten wissenschaftspolitischen Beratungsgremiums in Deutschland, dem Wissenschaftsrat, verrät.

Der Gründungsrektor des Berliner Wissenschaftskollegs, Professor Dr. Peter Wapnewski, hat im Zuge der Beratungen über eine »Empfehlung zur Förderung des wissenschaftlichen Nachwuches« vom November 1979 ein fiktives Protokoll verfasst über die Erörterung des Satzes « In vielen Fächern sind Nachwuchswissenschaftler von besonderer Bedeutung für Fortschritte in der Forschung.« Es werden sofort Einwände erhoben gegen das Attribut »vielen«, denn schliesslich

2 Ich greife hier auf Ausführungen von Wilhelm Krull, Generalsekretär der VW-Stiftung, zurück (Krull 2000).

sind kaum Fächer vorstellbar, in denen Nachwuchswissenschaftler nicht von besonderer Bedeutung sind. Die Rumpffassung »in Fächern« vermag freilich niemanden überzeugen, so dass auch diese beiden Wörter einvernehmlich gestrichen werden. Als nächstes wirft jemand die Frage auf, »wie denn die Hervorherhebung des Nachwuchswissenschaftlers sich an dieser Stelle rechtfertigen wolle? Vielmehr sei es doch erwiesenermassen so, dass der Wissenschaftler schlechthin von besonderer Bedeutung für Fortschritte in der Forschung sei. Es sei wahrscheinlich an der Zeit, sich gegen die latente Diskriminierung des älteren Forschers zur Wehr zu setzen«. Nach weiteren mehr oder weniger heftig vorgetragenen Einwänden bleibt schliesslich nur noch der Satz übrig: »Wissenschaftler sind«. Als auch diese beiden Wörter, die »unter allgemeinen Beifall« als ein »besonders geglücktes Exempel für eine sachhaltige Aussage innerhalb eines Empfehlungsentwurfs gerühmt« werden, noch gestrichen werden sollen, beendet der Vorsitzende die Debatte mit dem Hinweis, »dass es eben die Stärke des Wissenschaftsrates ausmache, wenn in seinen Empfehlungen gewisse Sätze stehen blieben.« (zitiert nach Krull 2000).

Dies ist nicht nur eine historische Anekdote. Im Vergleich zu anderen Wissenschaftssystemen, die in ihrer Anlage auf den wissenschaftlichen Nachwuchs viel stärker abheben, hat die Aussage noch heute ihre Gültigkeit.

Vor dieser Folie überrascht es wenig, wenn die gegenwärtigen Reformmaßnahmen Teile des amerikanischen Systems übernehmen und sie deutschen vorhandenen Strukturen aufsetzen, ohne zu sehen, dass diese dort in einer systematischen Ordnung zueinander stehen, die hier in Deutschland so nicht gegeben ist. In diesem Zusammenhang ist zunächst die bereits einführend erwähnte Abfolge high school, BA, MA, PhD zu sehen. Wir können nicht ganz oben, beim Abschluss der Promotion ansetzen, die in Deutschland angestrebte Senkung des Alters ist nur unter Einbeziehung vorgängiger Strukturänderungen, Abschaffung der 13. Gymnasialklasse, allgemeine Einführung von Bachelors und Master-Programmen und einer flächendenkenden Graduiertenausbildung zu denken. Diese Graduiertenausbildung muss dann notwendig standardisiert sein, die jetzt vorliegenden mannigfachen Wege zur deutschen Promotion vereinheitlichen und fachspezifisches Studium mit dann anschliessender eigener Forschung verbinden. Hiermit auf engste verbunden sind intensiv angelegte Betreuungsprogramme, wie sie nicht nur an amerikanischen Universitäten institutionalisierter Standard sind, nicht erbeten werden müssen und integraler Bestandteil der gesamten College- und Universitätsausbildung sind.

Erst dann macht auch die Abschaffung der Habilitation Sinn. Im Moment ist sie ein formalisiertes Verfahren, welches trotz aller auch von mir immer wieder geübten Kritik doch einen standardisierten Nachweis, ein im deutschen System so wichtiges Zertifikat darstellt. Entfällt die Habilitation ohne vorgängige Strukturen zuvor zu ändern, besteht die Gefahr erhöhter Willkür. Zur Zeit besteht keinerlei Einigkeit über die Kriterien, welche die Habilitation ersetzen sollen und nach welchen dann die Juniorprofessoren ausgewählt werden. Sind es die Veröffentlichungen und wenn ja, deren Menge oder deren Qualität? Wie bemisst sich die Qualität? Sind es Vorträge auf Konferenzen, die Einbettung in die *scientific community*? Gremienarbeit? Fachliches Wissen? Innovationskapital? Originalität? Auf all diesen Dimensionen unterscheiden sich die zur Zeit etablierten Promotionswege. Es steht zu befürchten, dass die Kluft zwischen diesen Wegen, die bereits jetzt strukturell Promoventen erster und zweiter Ordnung hervorbringt, noch weiter ausgebaut wird und jene Promoventen mit einer maximalen Anbindung an starke Professoren und den entsprechenden Empfehlungen ihren Weg in die Juniorprofessuren finden.

Eine solche Entwicklung wäre gerade für Frauen fatal. Aufgrund der extrem niedrigen Zahl von Professorinnen können sie nicht auf *old girl networks* zurück greifen, nachweislich unserer Studien (Fuchs, Allmendinger, von Stebut 2001) werden sie auch anders als Männer eher auf das hier und jetzt,denn auf eine Karriere hin betreut.Angesichts der niedrigen Frauenanteile in wissenschaftlichen Führungspositionen sind Investitionen von Ordinarien in den weiblichen Nachwuchs auch riskanter. Die Wahrscheinlichkeit, Frauen später in Spitzenpositionen zu finden, die eigene Schule fortgesetzt zu sehen, von ihnen auf Kongresse eingeladen, für Herausgeberschaften gewonnen, in Kommissionen geladen zu werden, ist vergleichsweise gering. Damit gestaltet sich die kurz-und mittelfristige Zusammenarbeit von Ordinarien und weiblichem Nachwuchs zwar durchaus reziprok, da Frauen zielgerichtet, effizient und hervorragend zusammen- und auch zuarbeiten, Forschungsberichte zu Ende führen und nachweisbar hervorragende Lehre anbieten, langfristig ist diese Reziprozität aller Wahrscheinlichkeit nach jedoch stark gefährdet. Ordinarien können nach den Gesetzen der statistischen Diskriminierung mit geringeren *returns to investments* rechnen. Unter diesen Vorzeichen ist leicht zu verstehen, warum Nachwuchswissenschaftlerinnen von ihrer Einbindung in die Wissenschaft deutlich weniger als Männer profitieren (Fuchs, Allmendinger, von Stebut 2001). Damit gilt auch für die Wissenschaftlerinnen selbst: Der Nutzen der von ihnen erbrachten Investitionen in ihre Ausbildung ist angesichts des geringen Frauenanteils unter den Ordinarien erwartbar niedriger: Warum sollte man ausgerechnet selbst *die* Ausnahme sein?

Die in den Reformmassnahmen angelegte Reduktion komplexer und verzahnter Programme führen damit zu Nebenfolgen, die dem eigentlichen Ziel entgegenstehen.Während diese Steigerung der Komplexität, eingeholt über eine höhere Systematik der Ausbildungsschritte durchaus eine Reduktion der Komplexität nach sich ziehen würde, sind die nun folgenden, auf einer gesellschaftlichen Ebene liegenden Problembereiche, welche einer Teilhabe von Frauen auch in Spitzenpositionen der Wissenschaft entgegenstehen, nur durch gesamtgesellschaftliche Anstrengungen zu lindern. Ich spreche über Stereotypisierungen, Probleme im Umgang mit Diversität, Diskriminierung, fehlender Infrastruktur für die Betreuung von Kindern und eine nach wie vor traditionelle Verteilung der Kinder- und Hausarbeit.

Gesellschaftliche Einbettung

Stereotypisierung

Ich lade sie nun zu einem kleinen Test ein und erbitte ihre Mitarbeit. Sie brauchen nichts als ihre beiden Hände und ihre beiden Knie, aber auch die Ehrlichkeit, wenn sie selbst einen Fehler entdecken, nochmals neu anzusetzen. [Anmerkung:

Im Folgenden wurde mit der Audienz der IAT durchgeführt, siehe hierzu www.yale.implicit.de]. Der implicit association test (IAT) zeigt, wie deutlich Stereotypisierungen noch heute am Werke sind. Beruf wird mit Männern, Familie mit Frauen assoziiert.

Diversität
Damit verbunden sind Probleme im Umgang mit Diversität. Unsere laufenden Untersuchungen zeigen immer wieder (Allmendinger, Hackman 1999), dass Männer wie Frauen mit und in gleichgeschlechtlichen Gruppen zufriedener sind und ihre Leistung höher bewerten als in gemischtgeschlechtlichen Gruppen. Beispielhaft sei hier nur ein Ergebnis aus einem im Februar 2000 mit Studierenden durchgeführten Experiment dargestellt. Die Abbildung zeigt deutlich, dass mit steigender Diversität die Zufriedenheit abnimmt, dies gilt für Männer wie für Frauen. Entsprechende Ergebnisse finden sich auch bei wissenschaftlichen Arbeitsgruppen und Symphonieorchestern, sie sind stabil und statistisch gesehen hoch signifikant.

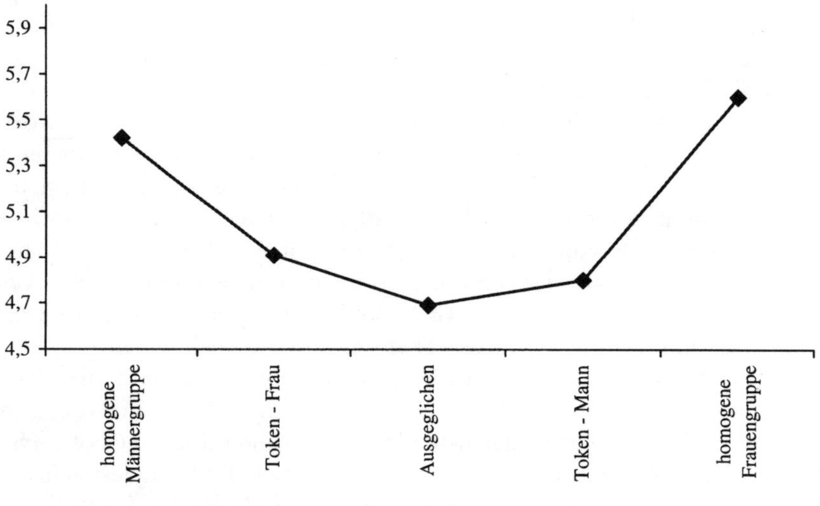

Abbildung 8: Zufriedenheit mit Gruppenleistung nach Gruppenzusammensetzung

Diskriminierung
Letztlich ist auf die Wirkung direkter, wenngleich oft subtiler und häufig unbeabsichtigter Diskriminierungen zu verweisen. Wissenschaftlerinnen werden als Laborantinnen, Laboranten als Wissenschaftler angesprochen (Fuchs und von Stebut, 1999); Wissenschaftlerinnen werden dem Damenprogramm, Partner dem Hauptprogramm zugewiesen; Namensschilder existieren nicht oder bestehen aus langen Zetteln, die in »Brusttaschen« zu stecken und damit von Frauen bestenfalls linkisch in der Hand zu halten sind, und nicht nur Anschreiben an (Studien-)dekane benut-

zen nach wie vor die rein männliche Form. Beispiele wie diese lassen sich beliebig finden, sie fallen zusammen mit einer in Deutschland vergleichsweise wenig ausgeprägten Kultur des Vorstellens, des Einweisens, des Vertrautmachens, der Vorbereitung auf Kommendes. Sie behindern die aktive Erschließung und Nutzung von Netzwerken, sind anstrengend und zermürben.

Noch zwei weitere Achsen sind zu benennen: Die Infrastruktur der Kinderbetreuung, welche ich hier weitgehend nicht berücksichtigt habe, und die Verteilung von Hausarbeit zwischen Paaren.

Infrastruktur zur Vereinbarkeit von Beruf und Kindern
Wie Ergebnisse des Bayerischen Sozialberichts zeigen (Allmendinger, Hinz 1998), können nur 1,2 % aller Kinder im Alter zwischen 0 und 3 Jahren in Kinderkrippen versorgt werden. Doch auch mit der Ganztagsbetreuung in Kindergärten und Schulen steht Deutschland im internationalen Vergleich sehr schlecht da und kreiert die »wartenden Mütter« (Ostner). Letztlich zur Belastung durch Hausarbeit und Erwerbsarbeit. Selbst bei jungen Paaren sieht man noch immer eine stark traditionelle Aufgabenverteilung, die in diesem Cartoon mehr als treffend dargestellt wird.

Abbildung 9: Cartoon
Quelle: Til Mette

Alle diese Aspekte verweisen auf eine Steigerung von Komplexität, die nicht durch Reduktionen aufzulösen ist. »Die Dinge, die Welt, die Menschen und die Verhältnisse zwischen Männern und Frauen, könnten auch ganz anders sein als sie sind. Sie sind es aber nicht; die Tatsache, dass dem so ist, verweist auf Macht. Dies gilt von den krudesten Aspekten physischer oder ökonomischer Überlegenheit bis hin zu den subtilsten Problemen des Denkens. Auch die Verhältnisse zwischen Wahrheiten sind Machtverhältnisse« (Kreissl, 2000, Berliner Zeitung).

4. Fazit

Kurz nach der Jahrtausendwende ist die Lage von Wissenschaftlerinnen an deutschen Hochschulen ernüchternd: Frauen sind in Führungspositionen äußerst selten vertreten. Der Auf- und Ausbau von Frauenfördermaßnahmen war sicherlich mit einer leichten Zunahme der Frauenanteile bei den Professuren verbunden, ein Blick auf die laufenden Berufungsverfahren lässt allerdings befürchten, dass diese Gewinne der Vergangenheit angehören könnten.

Die Daten der Bund-Länder-Kommission für Bildungsplanung und Forschungsförderung vom Juni 1999 zeigen die Frauenanteile bei den Berufungsverfahren der letzten beiden Jahre. Liegt der Frauenanteil bei Bewerbungen konstant bei 11 %, so hat sich die Situation bei der Platzierung auf Listenplätzen zwischen 1997 und 1998 verschlechtert: 1997 konnten 903 Platzierungen verzeichnet werden, im Jahre 1998 waren es 783; der Frauenanteil verringerte sich von 13 % auf 11 %. Noch ungünstiger war die Entwicklung bei den Berufungen: Hier fiel die Zahl von 406 im Jahre 1997 auf 325 im Jahre 1998, der Frauenanteil verringerte sich von 15 % auf 13 % (BLK 1999: 2). Bei den Ernennungen finden wir ähnliche und ebenfalls rückläufige Anteilswerte.

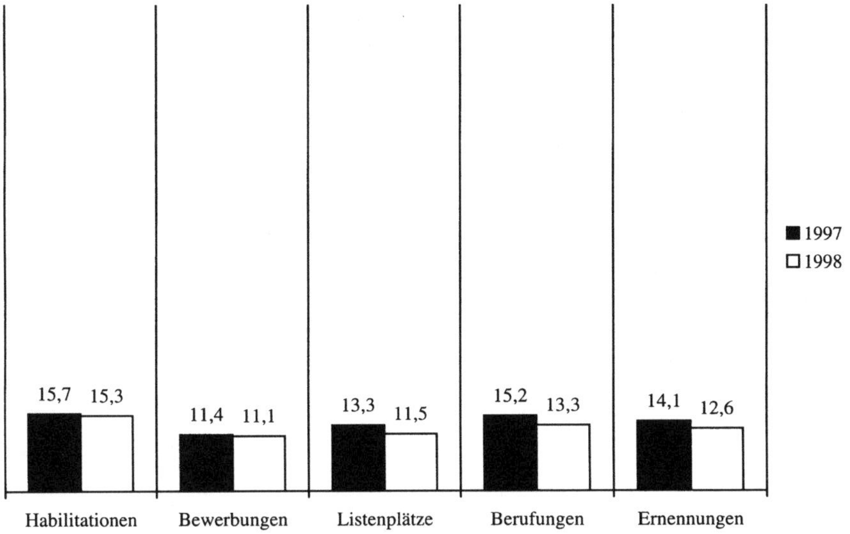

Abbildung 10: Frauenanteile nach wissenschaftlichen Karrierestufen 1997 – 1998
Quelle: Frauen in Führungspositionen. Dritte Ergänzung zum BLK-Bericht »Förderung von Frauen im Bereich der Wissenschaft«, 1999.

Auch die seit einiger Zeit diskutierten Reformmaßnahmen – Förderung der Beweglichkeit und der Leistungskraft von Universitäten sowie höhere Autonomie des wissenschaftlichen Nachwuchses – vermögen beim jetzigen Stand der Planungen nichts zum Besseren wenden. Im Gegenteil. Es können einige Faktoren ausgemacht werden, die eher zu einer Verschlechterung der Lage von Frauen führen könnten, so der Verlust bereits erreichter Einflusspositionen, der Verlust attraktiver Berufsmerkmale, der Verlust formalisierter Anforderungen, der Verlust einer (bisher ohnehin niedrigen) Planbarkeit wissenschaftlicher Karrieren.

Diese möglichen Verluste gehen nicht notwendig mit den angestrebten Reformmaßnahmen einher, wie der Blick auf die Situation in anderen Nationen unschwer erkennen läßt. Dort wird der wissenschaftliche Nachwuchs im Regel- und nicht im Sonderfall in *graduate schools* ausgebildet, mit deutlich geringerer simultaner Belastung durch Lehre, Zuarbeit und eigener Qualifikation, mit deutlich besserer Infrastruktur zur Vereinbarkeit von Beruf und Familie, mit deutlich stärker institutionalisiertem Mentoring und Coaching, mit deutlich höherer Transparenz und Planbarkeit, und deutlich höheren *returns to investments* für beide Seiten. Damit entsprechen sich zwar die Zielrichtungen universitärer Ausgestaltung in Deutschland und etwa den Niederlanden oder den USA, nicht jedoch die einzelnen Elemente ihrer konkreten Umsetzung.

Nach diesem ersten Szenario ist kein Ende der Männerdominanz in Sicht, alles bleibt beim Alten. Die Frage nach dem Ende der Männerdominanz kann möglicherweise aber auch ganz anders beantwortet werden.

Angesprochen ist die in der Diskussion befindliche Einheitsentlohnung von Professoren im Vergleich zu Durchschnittsgehälter in der Unternehmensberatung, in der Verlagsarbeit, in der Chemie und im Fahrzeugbau. Die linken Balken der folgenden Abbildung zeigen die Durchschnittsgehälter im Alter von 41-43 Jahren, die rechten Balken die Löhne in Führungspositionen. Die Unterschiede sind auf beiden Vergleichsebenen deutlich. Professoren verdienen beim Einstieg in die Wissenschaft – selbst bei einer 30% leistungsbezogenen Zulage – deutlich weniger als Personen in anderen Professionen. Der Unterschied wird noch drastischer, wenn wir Senioritätsgewinne und Statusgewinne mit einbeziehen.

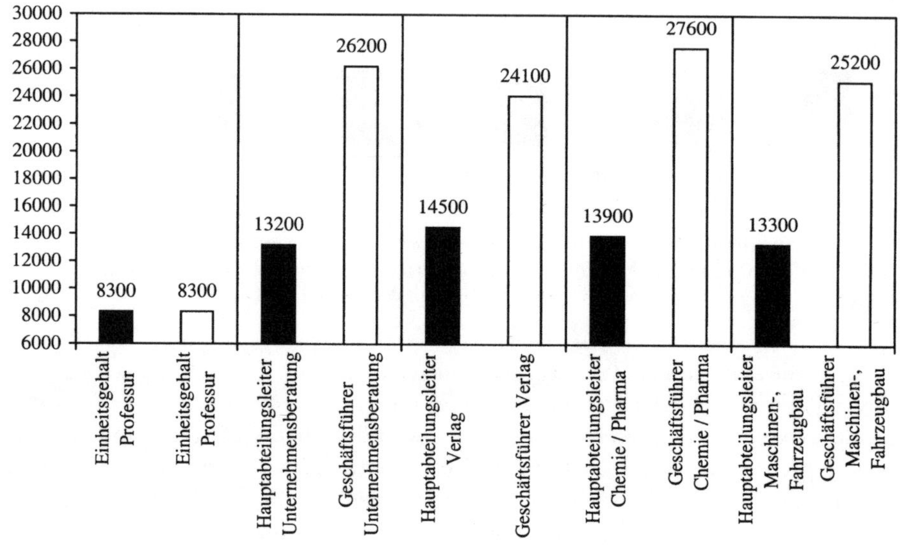

Abbildung 11: Einheitsgehalt von Professoren im Vergleich zu Grundgehältern in der Wirtschaft
Quelle: Vergütungsstudie 1998 Fach- und Führungskräfte

Die Befristung von Professuren und der Einheitslohn hätten einen Attraktivitätsverlust des Berufs von Hochschullehrern zur Folge. Die im Vergleich zur Privatwirtschaft niedrige Bezahlung würde dann nicht mehr durch Arbeitsplatzsicherheit aufgewogen. Eine durch Studentenzahlen und aufgrund der Selbstverwaltung erwartbar höhere zeitliche Belastung würde nun von geringerer Arbeitsplatzsicherheit und geringeren Lohnzahlungen begleitet.

Der Attraktivitätsverlust eines Berufes bleibt nicht ohne Folgen. Verschiedene Untersuchungen haben vor dem Hintergrund ähnlicher Entwicklungen die Abkehr junger Männer von diesen Berufsfeldern gezeigt, die Inklusion von Frauen erfolgte erst, als diese Berufe für Männer nicht mehr attraktiv waren. »Die Entwicklung der

Zahlen in der Statistik ist somit eine Sache, die gesellschaftliche Machtordnung eine andere. Wo immer Frauen in nennenswerter Masse Einfluss und Gewicht gewinnen, dort zieht sich die Macht zurück. Ein steigender Frauenanteil ist der beste Beleg für sinkende Bedeutung. Selbst die optimistischen Meldungen aus der Wirtschaft werfen einen dunklen Schatten. Alle einschlägigen Studien belegen eine Zunahme des Frauenanteils im mittleren Management. Zugleich ist es aber diese Organisationsebene, die im Rahmen der Restrukturierung moderner Unternehmen an Bedeutung verliert und abgebaut wird. Moderne Unternehmen lassen sich möglicherweise gar nicht mehr in Begriffen einer hierarchischen Ordnung beschreiben, passender sind hier Netzwerkmodelle, und ob in solchen Netzen Frauen an den wirklich wichtigen Stellen sitzen, ist fraglich.« (Kreissl 2000, Die Woche)

In Deutschland sind viele der zur Diskussion stehenden Reformen längst überfällig. Die jetzt diskutierten Massnahmen wirken allerdings oft wie Transplantate in eine fremde Umgebung. Dabei ist die Transplantation einzelner Koordinaten nicht ohne massive Funktionsveränderungen möglich. Oder anders gesagt: Eine Transplantation kann nur dann die erwarteten ähnlichen Auswirkungen haben, wenn das ganze Koordinatensystem des Landes, das das Transplantat aufnehmen soll, verändert bzw. neu justiert wird. Dies ist kein Aufruf zu einer unmodifizierten Übernahme etwa niederländischer oder nordamerikanischer Systeme. Es ist die Hoffnung, sorgfältiger zu planen, Wechsel- und Fernwirkungen stärker zu bedenken, und die Lage von Frauen laufend mitzudenken und zu überdenken.

Literatur:

Jutta Allmendinger, Hochschulen im 21. Jahrhundert – Abschied von der Männerdominanz?, in: Beiträge zur Hochschulforschung. Bayerisches Staatsinstitut für Hochschulforschung und Hochschulplanung, 4/99, S. 247-256.

Jutta Allmendinger, Frauen und die Wissenschaft, in: Deutsche Univeritätszeitung (DMZ), 24, 2001.

Jutta Allmendinger, J. Richard Hackman, Mitigating the Stress of Gender Recomposition: A Cross-Institutional, Cross-National Analysis, in: Ursula Pasero und Friederike Braun (Hrsg.), Wahrnehmung und Herstellung von Geschlecht. Perceiving and Performing Gender. Opladen: Westdeutscher Verlag, 1999, S. 188-203.

Jutta Allmendinger und Thomas Hinz, Frauen, Alleinerziehende, kinderreiche Familien und Kinder, in: Bericht der Staatsregierung zur sozialen Lage in Bayern, Bayerisches Staatsministerium für Arbeit, Sozialordnung, Familie, Frauen, Gesundheit. München, 1999, S. 431-458.

Bund-Länder-Kommission für Bildungsplanun und Forschungsförderung (BLK): Frauen in Führungspositionen. Dritte Ergänzung zum BLK-Bericht »Förderung von Frauen im Bereich der Wissenschaft«, Bonn, 1999

Stefan Fuchs, Jutta Allmendinger und Janina von Stebut, Gender, Science, and Scientific Organization, 2001 Minerva 39, S. 175-201.

Internationale Kommission zur Systemevaluation der Deutschen Forschungsgemeinschaft und der Max-Planck-Gesellschaft: Forschungsförderung in Deutschland. Hannover, 1999.

Reinhard Kreissl, Wo Frauen kommen, geht die Macht, in: Die Woche, 21. Januar 2000.

Reinhard Kreissl, Die ewige Zweite. Warum die Macht den Frauen immer eine Nasenlänge voraus ist. Berliner Zeitung – Magazin, 4. März 2000.

Wilhelm Krull, Verantwortung in Beruf und Wissenschaft. Vortrag anläßlich der Jubiläumstagung der Hanns-Lilje-Stiftung am 4. März 2000 in der Evangelischen Akademie in Loccum.

Jürgen Habermas und Niklas Luhmann, Theorie der Gesellschaft oder Sozialtechnologie – Was leistet die Systemforschung? Frankfurt am Main, Suhrkamp, 1971.

Peter Glotz

Informationsflut und Medienkompetenz

Unsere Welt ist eine Medienwelt; schon lange. Spätestens die letzten beiden grossen »Medienwenden«, der (langwierige) Gutenberg-Prozess und die Etablierung der Ära der technischen Bilder (durch die Erfindung der Fotografie, des Films, des Fernsehens) haben dafür gesorgt, dass sekundäre, abgeleitete Erfahrungen, eben Medienerfahrungen, das Leben des Menschen mindestens so stark oder stärker bestimmen als primäre. Der Mensch erfährt die Welt über seine Sinne. Diese Sinne richten sich aber nicht nur direkt auf die Welt, sondern auch auf den Spiegel der Medien. Kein Zweifel, dass schon die Decodierung der Courths-Mahler-Welt im 19. Jahrhundert Medienkompetenz verlangte, schon gar die Decodierung der Gary-Cooper-Welt der Fünfziger Jahre. Diese Welten mögen viel eindrücklicher gewesen sein als die »realen« Erfahrungen einer Wiener Bürger-Schülerin im letzten Jahrzehnt des 19. Jahrhunderts oder eines Bankbeamten aus der Zeit, als Siegfried Kracauer seine berühmte Angestelltenstudie schrieb. Deshalb ja die schrille Kulturkritik, die es in den unterschiedlichsten Versionen seit Jahrhunderten gibt. Sie war immer von der Frage geleitet, ob der Mensch durch die (bösen) Medien nicht vom richtigen Leben abgelenkt und über das richtige Leben falsch informiert werde.

Nun muss man allerdings fragen, was das »richtige Leben« eigentlich ist. Die These, dass primäre Erfahrungen würdiger seien als sekundäre, muss man sich sehr genau anschauen. Schon richtig, dass ein Kind widerkäuende Kühe und hoppelnde Hasen nicht nur aus dem Fernsehen kennen sollte. Es gewinnt etwas, wenn es einmal eine Kuh getrieben und einen fliehenden Hasen beobachtet hat. Andererseits ist das Verhalten in komplizierten Gefühlslagen anhand der »Strudlhofstiege« von Doderer unter Umständen leichter zu erlernen als anhand der Eifersuchtsdramen im Leben der eigenen Tante. Die Vorliebe für die direkte Kommunikation der Anwesenden, für das ursprüngliche, authentische »wahre Leben« resultiert oft genug aus Köhler-Glauben. Aber unbestreitbar ist, dass jeder einzelne Mensch seine Erfahrungen, die primären, die sekundären und die undurchdringliche Mischung von primären und sekundären ordnen und in einen Zusammenhang bringen muss. Diese Fähigkeit hat Dieter Baacke anfangs der Siebziger Jahre »Medienkompetenz« genannt. Seitdem geistert der Begriff in unterschiedlichen Varianten durch die Literatur.

Derzeit kompliziert sich die Lage. Wir stecken inmitten einer weiteren Medienwende, die ein neuer Technologieschub – die digitale Technologie – auslösen wird. Was ist das, die digitale Technologie? Nicht nur die Digitalisierung der Kommunikation, sondern ein ganzer Schwarm von neuen Verfahren und Instrumenten. Eine entscheidende Rolle spielte die mikroelektronische Wende anfangs der Achtziger Jahre, eine andere die moderne Satellitentechnologie und das Glasfaserkabel. Ein ganzer Gerätepark gehört in diesen Zusammenhang: Mobiltelefon,

E-Book, die verschiedensten Speicher, Pager, Player, Notebooks und Recorder. Dieser Technologieschub (und nicht nur eine einzelne Erfindung) wird eine neue Medienwende bringen, die durchaus mit der Durchsetzung des Buchdrucks oder mit dem Beginn der Ära der technischen Bilder vergleichbar sein wird. An die Stelle des Punkt-An-Viele-Systems der Massenkommunikation rückt (nicht vollständig, aber Schritt für Schritt immer mehr) das Punkt-zu-Punkt-System der Internetzeit. Schnelle, internationale, vielfältige Kommunikation wird möglich. Noch mehr Prozesse, die bisher face to face statt fanden – zum Beispiel im Bereich von Lernen und Erziehen – werden indirekt ablaufen, online oder offline. Die Informationsmenge, die zur Verfügung steht, wird grösser. Man muss lernen, diese Informationen zu Wissen zu verarbeiten. Das ist der Grund, warum plötzlich »Basic Skills« wie »Complexity Management« oder »Kommunikationsfähigkeit« eine herausragende Bedeutung gewinnen. Die Notwendigkeit, sich selbst in der Kommunikation darzustellen und unübersichtliche kommunikative Situationen zu ordnen, gab es schon immer. In der digitalen Gesellschaft aber sind Beschleunigung und Technisierung so gewachsen, dass wir über die »Schlüsselqualifikation Medienkompetenz« mehr reden müssen als in archaischeren Zeiten.

Denn der Kampf um »die Aufmerksamkeit« wie Georg Franck das nennt, wächst. Das Warenangebot wird grösser, die Medienvielfalt wächst, die Menschen müssen sich laufend fortbilden und deswegen neue Botschaften aussenden, die Kommunikationsnetze verdichten sich, was die Zahl der Kommunikationspartner potenziell vergrössert, und im Übrigen ist globale Echtzeit-Kommunikation möglich; das heisst, viele Menschen haben plötzlich die Möglichkeit, mit einem Fingertip einen Gesprächspartner in Kalifornien oder in Novosibirsk zu erreichen. Das ist das, was mit der berühmten Flutmetapher als »Informationsflut« bezeichnet wird.

Neu ist dieses Phänomen, wie schon gesagt, nicht. Seit Jahrtausenden kennen wir Erweiterungen und Zurüstungen der Sprache. Die erste dieser Zurüstungen war die Schrift. Mit ihr wurde es möglich, Symbolismen zu entwickeln. Die erste Art dieser Symbolismen war die Notation, die das mechanische Rechnen ermöglichte. Mit ihr war der Anfang zur Formalisierung geistiger Operationen gemacht. Ich muss nicht betonen, wie folgenreich die Präzisierung der Geistesmechanik durch die Mathematik sich ausgewirkt hat. Der Gutenberg-Prozess schliesslich – der damals allerdings noch 150 Jahre dauerte, also ein Vielfaches der heutigen Internetrevolution – machte den professionell betriebenen Kampf um Aufmerksamkeit möglich. Die Produktivität in Sachen Information wurde angeregt. Es begann eine industrielle Phase der Informationsproduktion. Es entstanden reguläre Märkte für die literarische Produktion.

Was das alles bedeutet, hat der schon zitierte Georg Franck in seinem Buch »Ökonomie der Aufmerksamkeit« folgendermassen bewertet:

> »Was als Verstärkung der Geistesmechanik, als Bewaffnung der beobachtenden Sinne und als Mechanisierung der körperlichen Arbeit begann, mündet in ein künstlich entfachtes Reizklima für die denkende, wahrnehmende und geniessende Aufmerksamkeit. Die Klimaveränderung markiert einen qualitativen Wendepunkt. War Information bis dahin etwas

zweifellos Wertvolles, weil der Neuigkeitswert eindeutig positiv war, so macht sich von nun an bemerkbar, dass Information auch einen negativen Wert annehmen kann. Das Zuviel des Neuen wird zur Belästigung, wenn es die Selektion des eigentlichen Wichtigen zu überfordern beginnt. Diese drohende Überforderung ist nun aber, was das Reizklima ausmacht. Die neue Qualität besteht im heraufziehenden Konflikt zwischen Informationsökonomie und Informationsökologie.« (Seite 62)

Die Menge der zur Verfügung stehenden (und gelegentlich auf den Menschen auch einstürmenden) Informationen muss zu Wissen verarbeitet werden. Das ist sicher ein schwieriger Prozess. Allerdings macht es wenig Sinn, dieses Problem kulturkritisch aufzudonnern, wie es zum Beispiel der Franzose Paul Virilio in seiner Geschwindigkeitskritik tut. Über Jahrhunderte haben die Menschen beklagt, dass sie zu wenig über die Welt zu wissen bekommen. Plötzlich beklagen sie sich, dass sie fast alles erfahren können. Ja, man muss Zahlen, Fakten, Gerüchte, Meinungen einordnen, mit vorhandenem Wissen verknüpfen und zu einem in sich konsistenten Bild der Welt – das auf sehr verschiedenen Ebenen angesiedelt sein kann – verarbeiten. Neuerdings spricht man von Wissensökonomie und meint damit den rationalen, gut überlegten, sparsamen Umgang mit Informationen. Meine These ist: Diese Kompetenz ist erwerbbar, wenn man sich darum auch mehr Mühe geben muss als unsere Gesellschaft. Man muss die Welt nicht im Informationsmüll versinken sehen.

Diese Vortragsreihe hat als Oberthema das Problem der Reduktion von Komplexität. Damit beschäftigt sich eine neue, interdisziplinäre Wissenschaft komplexer Systeme. Man denke nur an die Internetwirtschaft, bei der die Märkte effizienter, die Strategien der Preisdifferenzierung komplexer, die Interaktion immer »chaotischer« wird. Man versucht, dem mit Instrumenten wie neuronalen Netzen, genetischen Algorythmen und Markovketten beizukommen. Die Kommunikation wird leichter. Wer davon profitieren will, muss sich anstrengen, zum Beispiel Künstliche Intelligenz (KI) oder »Intelligenzverstärkung« einsetzen (Ben Goertzel/John Pritchard). Er kann dann Mehrwerte realisieren, die bisher nicht möglich waren.

Das heisst aber nicht, dass der Mensch von einer »Flut« von Informationen verschüttet wird. Die neuartige Angebotsfülle zum Beispiel des Internet drängt sich ja nicht auf, sie steht auf Abruf (on demand) bereit. Neue Daten und neue Gesprächspartner sind verfügbar, nicht aufgezwungen. Uwe Hasebrink hat diesen Tatbestand im folgenden höchst berechtigten Satz zusammengefasst: »Die Diskrepanz zwischen dem »Wissen der Welt« und dem, was einzelne Menschen in ihrer Lebenszeit wahrnehmen, verarbeiten und verwenden können, ist seit jeher so grotesk, dass darin kaum eine tatsächliche Neuerung liegt.«

Deswegen sind die Sintflutstatistiken der Kulturkritik sinnlos. Es sagt gar nichts, wenn einer einen einzelnen Chemiker mit 600.000 Laborberichten, Dissertationen und Fachartikeln konfrontiert, die dieser angeblich jährlich lesen müsste, um auf dem laufenden zu bleiben oder wenn ein anderer ausrechnet, dass auf einen durchschnittlichen Japaner pro Jahr 483 Millionen Worte aus Radio, Zeitungen, Gesprächen und Werbung niederprasselten. Die richtige Antwort darauf lautet »Man kann nicht nicht selektieren« (Hasebrink). Selektion aber ist nicht das

Ausfiltern überzähliger Informationen, sondern das gezielte Zusammenstellen, »das Komponieren relevanter Informationen mit dem Ziel kohärent zu handeln, Bedeutung herzustellen.« (Hasebrink)

Wahr ist: Das muss man können – und nicht alle beherrschen es. Man muss Informationen zu Wissen verarbeiten, man muss sie »bedeutungsgerecht bewerten« (Hubert Markl). Man sollte die grössere Zugänglichkeit, die erleichterte Konnektivität aber nicht als Drohung und Verhängnis, sondern als Chance werten.

Damit bin ich beim zweiten Begriff im Titel meines Vortrags. Was ist Medienkompetenz? Natürlich reicht die Beherrschung von Apparaten und Kulturtechniken nicht aus, um die Lebenswelt zu verstehen und in ihr sinnvoll handeln zu können. Wenn von »Medienkompetenz« die Rede ist, wird allzu oft der geschickte Umgang mit dem jeweils neuesten Medium beschworen, heute zum Beispiel die Fähigkeit, im Internet eine Datei zu öffnen oder in einem Multi-User-Dungeon (MuD) mitzuspielen. Aber abgesehen davon, dass ein kommunikationsfähiger Mensch des 21. Jahrhunderts auch den raschen Schnittfolgen des vielkanaligen Fernsehens geistesgegenwärtig folgen und die Texte in Zeitungen und Büchern dekodieren muss – Medienkompetenz ist nicht die technische Fähigkeit, ein Alphabet zu benutzen, Symbole zuzuordnen oder gar, eine Maus, eine Tastatur, eine Fernbedienung oder die Features eines Videorecorders oder eines Communicators zu bedienen. Es ist gut, wenn solche Handgriffe in Fleisch und Blut übergegangen sind; ein Kind, das souverän mit einem Gameboy umgeht und selbstverständlich (und selbstvergessen) Befehle in einen Computer eingibt, bietet ein schöneres Bild als der ratlose Senior, der an seinem Rekorder herumdoktert oder der Lehrer, der aus Angst vor dem Computer in die abgeschmackte Kritik der »Plastikwelt« einstimmt. Nur ist Geschicklichkeit mit Apparaturen zwar eine notwendige, aber keine hinreichende Bedingung von Medienkompetenz. Es geht nicht nur um die Handgriffe der Anwendung von Medien, sondern um die sinnvolle Koordination dieser Instrumente im Prozess des Verstehens und des Ausdrückens. Das verlangt die Fähigkeit, sich reflexiv zu den Medien zu verhalten, ihren Einsatz an die jeweilige kommunikative Situation anzupassen und so den besten Weg zu finden, etwas aufzunehmen, zu verstehen, oder zur Sprache zu bringen.

Medien sind – unter anderem – Verstärkungen der menschlichen Sinne. Wie man mit einem Mikroskop in Welten Einblick nehmen kann, die mit blossem Auge nicht zu erkennen sind, kann man mit einem Telefon mit Menschen kommunizieren, die weit entfernt sind. Mit dem Tele-Medium Fernsehen kann man an Ereignissen teilhaben, die an fernen Schauplätzen spielen. Medienkompetenz bedeutet demnach die Fähigkeit zur selbstverständlichen Bedienung und Koordination unterschiedlicher Instrumente im Prozess der Kommunikation. Sie verlangt Filterfähigkeit, Auswahlvermögen, Symbolverständnis, vagabundierende Zeichenkompetenz, kluge Zeitökonomie gegenüber dem grossen Angebot an Kommunikation sowie eine intuitive Fähigkeit zum Medienwechsel.

Hier kommen wir wieder zum Ressentiment gegen die Technik, die oft genug als »Prothese« und damit als künstlich und verzerrend bewertet wird. In der Tat gibt es kommunikative Konstellationen, die die direkte Kommunikation von körperlich Anwesenden verlangen. Das letzte Wort des Sterbenden sucht genauso die Präsenz wie das Geständnis der Liebe oder bestimmte Formen der Sinnkommunikation. Das Verkaufsgespräch, die politische Persuasion, der Klatsch aber vertragen durchaus die technische Übermittlung; und gelegentlich wirkt die Entpersönlichung der Kommunikation – zum Beispiel durch die Installierung eines Anrufsbeantworters, der mir die Selektion von Gesprächpartnern erlaubt – ausgesprochen humanisierend. Medienkompetenz in ihrer höchsten Form bedeutet also Kommunikationsmanieren, Kommunikationskultur, kommunikatives Gewissen. Sie ist ein konstituierendes Element der Gesprächsfähigkeit, die den Menschen erst zum Menschen macht, aber nur ein Element unter anderen.

Wer einen derartig umfassenden Begriff von Medienkompetenz oder Medienbildung benutzt, begreift auf Anhieb, dass eine »Kompetenz« dieser Art nicht als Schulfach und Unterrichtskästchen gelehrt werden kann. Schon der Umgang mit einzelnen Medien, wie z.B. mit dem Computer, lässt sich lediglich in seiner technischen Dimension in einer »Disziplin« isolieren. Wer den Computer als Kommunikationsinstrument selbstverständlich machen will, muss ihn im Kunstunterricht genauso zulassen wie in der Mathematik oder der Geographie. Das Einsperren in ein Zweistundenfach führt zu instrumentalistischen Missverständnissen. Vielmehr müsste der Umgang mit Medien und der »Medialität« des modernen Menschen zu einem zentralen Thema der Lehrerbildung gemacht werden. Dort spielt sie aber kaum eine Rolle. Die Medienpädagogik ist ein Stiefkind der Erziehungswissenschaft, die Universitäten betreiben Bildungstheorie ohne zureichende Berücksichtigung des Medienthemas. Kein Wunder, dass viele Kinder ihre – oft durchaus vorhandene – Medienkompetenz nicht in der Schule, sondern in freier Wildbahn oder gar gegen die verfasste Schule erwerben und erwerben müssen.

Das ist umso bedenklicher als die neuen Medien gerade die Lehr- und Lernkommunikation tiefgehend zu verändern beginnen. Der Linearitätszwang klassischer Textstrukturen stand der oft genug notwendigen Gleichzeitigkeit mehrerer Explikationsstränge entgegen. Plötzlich wird das ungebundene Spiel mit Dimensionen und Gebilden möglich; statt in einer hierarchisch organisierten Welt bewegt man sich in einer Welt von Anschlüssen, Kreuzungen, Vernetzungen und Transformationen. Auch kann man aus einem viel grösseren, vielfältigeren Lehrangebot auswählen und wird unabhängiger in der Einteilung der eigenen Zeit; das ist beim Zwang zu lebenslangem Lernen in der wissensbasierten Gesellschaft notwendig. Insofern wird auch Lehren und Lernen immer häufiger über technische Medien erfolgen; in der Weiterbildung sowieso, aber auch in Schulen und Universitäten, bei der Verwendung moderner Lernsoftware und in »virtuellen Seminaren«. Medienkompetenz wird also notwendig sein, um die wichtigste Ressource der auf uns zukommenden Gesellschaftsformation zu erwerben: Wissen. Der Mangel an Medienkompetenz führt zu Isolation, zu Ausgrenzung und zum Absturz ins untere Drittel der Zweidrittelgesellschaften, oft also in Not und Bedrängnis. Die derzeit festzustellende Erweiterung der »digitalen Kluft« könnte, zieht man nicht rechtzeitig die Reissleine, zur Entstehung einer Zweiklassengesellschaft führen, deren innerer Friede schwer zu bewahren sein würde.

Aber es geht nicht nur um die junge Generation. Das E-Business gewinnt Jahr für Jahr an Boden. Eine grosse Studie von PriceWaterhouseCoopers für das World Economic Forum zeigt, welch enormer Wettberwerbsfaktor das Internet heute ist. PriceWaterhouseCoopers befragt regelmässig die Vorstandsvorsitzenden der grossen, weltweit agierenden Unternehmen; in diesem Jahr waren es 1200. Das Ergebnis: 68% der amerikanischen und asiatischen und immerhin 56% der europäischen und lateinamerikanischen Spitzenunternehmer rechnen mit starkem Druck von Konkurrenten, die ihr Geschäft zu wesentlichen Teilen auf das Internet umstellen. Diese Prognose wirkt sich auch auf das persönliche Verhalten der Wirtschaftskapitäne aus. Immerhin geben 43% von ihnen an, dass sie jetzt entweder »excellent« oder »gut« mit dem World Wide Web umgehen können. Selbst wenn diese Einschätzungen übertrieben sein sollten: sie zeigen, dass sich die Weltwirtschaft mitten in einer rasanten Umstellung befindet. Denn natürlich fordern neue Technologien zuerst einmal die Manager an der Front, nicht die grossen Bosse, die in aller Regel in schützende Strukturen eingehegt sind. Wenn schon 43% dieser Spitzenfiguren sich genötigt fühlen, exzellente oder gute Navigationskünste auf dem Web zu erlernen oder jedenfalls vorzugeben, zeigt das den Druck, der herrscht.

Denn es entwickelt sich ein neuer Typus des Managements. Der Chef von gestern (und oft genug auch der von heute) liebt die feste Burg seines Büros, von wo ihn die Sekretärin mit seinen Gesprächspartnern nach Vorankündigung verbindet. Der neue Typus agiert autark von klassischen Sekretariatsstrukturen. Er trägt seine Ablage mit sich, geht über das mobile Telefon beliebig ins Netz, um seine Post zu lesen, die Nachrichtenlage zu prüfen und Vorgänge zu entscheiden. Management by eMail erzwingt einen neuen Kommunikationsstil: rasch, schnörkellos, direkt, informell. Die Grenzen von Freizeit und Beruf verwischen. Autorität entsteht anders als im Leder Fauteuil-Ambiente. Der Generaldirektor ist schon ausgestorben. Künftig sieht auch der Vorstand anders aus. Im Silicon Valley gibt es keine Fahrer.

Diese Entwicklung zwingt Millionen von Menschen in eine neuartige Kommunikationskultur. Die CEOs können sich noch am ehesten drücken und den Laptop just for show mit sich führen. Derjenige aber, der vor Ort Versicherungen oder Anzeigen akquiriert, Routinegeschäfte in einer Bank erledigt, in Handel oder Vertrieb tätig ist oder berät, wäre ohne »Computer Literacy« verraten und verkauft. Er kann mit den kommunikativen Kompetenzen des Jahres 1980 seinen Lebensunterhalt nicht mehr verdienen. Er muss dafür sorgen, dass ihm Maus und Tastatur so selbstverständlich werden wie die Bedienung eines Bankomaten oder der Fernbedienung seines Fersehapparates. Das aber ist nur die Grundfertigkeit; er muss gleichzeitig lernen, die Beschleunigung, Vervielfältigung und Internationalisierung der kommunikativen Kontakte in seine tägliche Arbeit einzubeziehen. Das verlangt nicht nur Handgriffe, sondern die Veränderung des eigenen Handlungs-Horizontes. Ein schwieriger Prozess, dem sich gerade viele Millionen Menschen unterziehen müssen.

Denn nicht nur der Beruf, sondern auch das, was im allgemeinen »das Privatleben« nennt, wird von der digitalen Ökonomie erfasst. Die Erledigung der Bankgeschäfte, das Einkaufen vieler – wenn auch nicht aller – Güter, Informationen über Fahrpläne, Urlaubsziele, Versteigerungen oder Buchkäufe werden sich elektronisch vollziehen. Natürlich wird über eine Reihe von Jahren auch die klassische Alternative, das direkte Agieren unter persönlicher Anwesenheit, als Alternative weiter existieren. Es wird noch Bankfilialen, Reisebüros, Auktionen und Buchhandlungen geben. Aber abgesehen davon, dass diesen altmodischen Transaktionen der Chick der neuen Zeit fehlen wird, werden sie auch teurer werden. Die Banken oder Versicherungen werden es sich bezahlen lassen, wenn sie selbst für die ordinären Geldgeschäfte noch ein paar Filialen übrig lassen, den Buchhandlungen wird Amazondvt.com und BOL das Wasser abgegraben; sie werden ihre Leistungen verteuern müssen. Reisebüros, die übrig bleiben wollen, müssen sich ganz neue Dienstleistungen überlegen. Es wird also unbequem und kostentreibend sein, wenn man mit den neuen Medien nicht umgehen kann oder nicht umgehen will. Wenn die echte Vernetzung einer Gesellschaft 40% erreicht hat, gibt es kein Halten mehr. Der »Illiterat« wird, selbst wenn er die Duineser Elegien von Rilke auswendig kennt, zur (bestenfalls wohlwollend geduldeten) skurilen Figur oder zum Outcast. An einem Alten, der sich vergeblich bemüht, 300 Mark aus dem Bankomaten zu leiern, hasten die Massen gleichgültig und verächtlich vorüber. Ähnlich ergeht es einem kaufmännischen Angestellten, der Word Perfect oder Excel nicht beherrscht; und das sind nur die Fingerübungen, die der gequälte Klavierschüler im bürgerlichen Haushalt des 19. Jahrhunderts an Beethovens »An Elise« exerzieren musste, noch längst nicht das Klavierspielen. Der Homo Connectus muss seine Connectivity erwerben. Sonst versagt er, bleibt er ausgeschlossen.

Bleibt nur die Frage, wie in einem Staatsgebilde mit höchst verteilten Kompetenzen und versäulten Strukturen eine neue Lerninfrastruktur entsteht, die Medienkompetenz in einem umfassenden Sinne in der Gesellschaft durchsetzt. Das verlangte nicht nur realistische Investitionen, zum Beispiel in die Ausstattung von Schulen mit Hard- und Software, zur Aufrüstung der Medienpädagogik an den Universitäten und zur Einstellung der Lehrerbildung auf die neuartige Medialität. Es verlangte vor allem einen mentalen Sprung. Bisher betrachten wir Medienkompetenz als technische Handfertigkeit, ebenso wie Autofahren. Das lernt man nicht in der Schule, sondern in der Fahrschule; der Führerschein als Geschenk zum Abitur, erworben in zehn oder fünfzehn Fahrstunden. Inzwischen müsste man wissen, dass man durch die technische Welt weit besser ohne Selbstfahrkompetenz kommt als ohne Medienkompetenz – und dass diese in ein paar Stunden nicht zu erwerben ist.

Pädagogen benutzen den »ganzheitlich« gemeinten Begriff der »Medienbildung« und meinen damit den kompetenten Umgang mit Kommunikationswerkzeugen, die Reflexion über sie sowie die Fähigkeit, sich auf unbekannte, überraschende und komplexe Gesprächssituationen angemessen einstellen zu können.

Natürlich machte es keinen Sinn, die »Medienkompetenz« antrophologisch aufzudonnern und schlechthin als Fähigkeit zur sozialen Kommunikation zu definieren. Da sich menschliches Dasein, wie man bei Jaspers, Buber und Gadamer lernen kann, im Gespräch erfüllt, wäre sie dann die zentrale Kompetenz und Lernleistung des Menschen überhaupt. Medienkompetenz ist nur ein Teil dieser Fähigkeit und Disposition zum Gespräch, eben jener, der mit dem Einsatz und der Koordination von Werkzeugen zu tun hat, vergleichbar mit der alten Rhetorik oder der neuen Mediation. Angesichts der gewachsenen Bedeutung der Medien, die in der Tat die Rede von der »Medialität« des Menschen rechtfertigt, ist diese »Disziplin« allerdings ein »Hauptfach« im klassischen Sinn, wenn auch nicht als Schulschublade, sondern als kommunikative und pädagogische Grundkategorie. Es machte Sinn, die seit Jahrzehnten gängige, lässige, aber nahezu wirkungslose Rede von der notwendigen Medienkompetenz in umfassende empirische Forschungsprogramme und phantasievolle institutionelle Arrangements umzusetzen.

Meine Schlussfolgerung lautet: Kulturpessimismus ist nicht am Platz. Wir stehen vor einer neuen Medienwende. Wir können mit dieser Entwicklung aber fertig werden. Dazu gehört eine Kommunikationspolitik, die die anwaltschaftliche Vermittlung – also einen vernünftigen Journalismus – fördert und nicht zerstört. So muss es, um vom mächtigsten Medium, dem Fernsehen zu reden, neben kommerziell gesteuerten Fernsehveranstaltern auch öffentlich rechtliche geben, die einer anderen Logik als der der Shareholder folgen können. Zweitens muss Medienerziehung nicht nur beschworen, sondern auch betrieben werden. Dabei geht es sicher nicht nur um die Schule. Der Mensch erwirbt einen grossen Teil seiner Medienkompetenz auch in der Freizeit, in der Familie, in PeerGroups, in der einsamen Konzentration auf die Apparate, mit denen man sich der Welt bemächtigen kann. Wichtig ist auch ein Universal Service, der sich systematisch darum bemüht, die immer schon existierende, derzeit aber wachsende Kluft zwischen Informationsreichen und -armen zu überbrücken. Wer solch einen Universal Service bereitstellen will, muss Bibliotheken fördern, statt sie zu zerstören, muss Computer Pools in Volkshochschulen und Internetanschlüsse für Schulen genauso fördern wie Übersichtsdienste, intelligente und erschwingliche Navigationssysteme und Minderheitenpositionen. Nur da, wo der Mainstream nicht allzu erdrückend daherrauscht, ist Orientierung möglich.

Am wichtigsten allerdings wäre eine nüchterne Frage-Fähigkeit, eine Bereitschaft zum skeptischen Abwägen, ein Zweifel am schnellen Konsens. Wohl wahr, dass eine Gesellschaft ohne Konsens nicht zusammenhält. Genauso wahr aber ist, dass eine Gesellschaft, die die Zumutungen der gemeinsamen Auffassung übertreibt, jegliche Kommunikationskultur zerstört. Es ist nicht von vornherein verwunderlich, dass sich in den jugoslawischen Nachfolgekriegen in Deutschland eine antiserbische, in England aber eine proserbische Haltung verbreitet hat. Die Frage ist, ob der Spielraum gross genug bleibt, solche Stereotypen zu hinterfragen. Die Schweigespirale, die Elisabeth Noelle-Neumann herauspräpariert hat, darf nicht wie eine Carotte verwendet werden. Ein Mensch, der kommunikative Konterbande sucht, Gegenmeinungen, Minderheitspositionen, darf nicht so niedergemacht werden wie Günter Grass, als er die Wiedervereinigung bezweifelte, Peter Handke, als er die Serben verteidigte oder Manfred Rommel, als er im deutschen Herbst eine Terroristin ordentlich begraben liess. Auf diesem Feld haben wir Deutschen noch viel zu lernen.

Elisabeth Bronfen

Geschichten des Zufalls

Geschichten erzählen, um leben zu können

Wie gehen wir mit der Vielzahl an oft widersprüchlichen Empfindungen, Erlebnissen und Ereignissen um, die wir in unserem Alltag ständig erfahren? Wie ordnen wir die vielen Informationen, die unser Leben in der Welt, in unserem Körper, in unseren symbolischen Gemeinschaften beeinflussen dergestalt, dass sich daraus Sinn stiftende Geschichten ergeben? Wie verknüpfen wir unsere persönliche Wahrnehmung von Welt mit den kulturellen Kodes, so dass eine verbindliche und tragfähige Gemeinschaft entstehen könnte? Zu diesen Fragen soll im Folgenden Stellung genommen werden. Dabei deutet der Titel die Grundprämisse an, auf der jedes Nachdenken über die Art, wie wir eine Vielfalt an kontingenter Information in ein uns sinnvoll konstituierendes Wissen übersetzen, beruht: Die Vorstellung nämlich, dass es sich bei dieser Fülle an Daten um eine Komplexität handelt, die einer Reduktion bedarf. Wie Joan Didion am Anfang ihres Essays »The White Album« erklärt: »Wir erzählen uns Geschichten, um leben zu können [...]. Wir interpretieren, was wir sehen, wählen die tragfähigste einer Vielzahl an möglichen Erklärungen aus. Wir leben gänzlich vom Übertragen einer Erzähllinie auf disparate Bilder, von den ›Ideen‹, durch die wir gelernt haben, jene schillernde Phantasmagorie, die unsere eigentliche Erfahrung von Welt ausmacht, einzufrieren.« Doch es ergeben sich auch Situationen – und darin besteht nicht nur Didions Erkenntnisinteresse in diesem Essay, sondern auch das Erzählinteresse der beiden Autoren, auf die im Folgenden genauer eingegangen werden soll – es ergeben sich Situationen, die einen an den Prämissen all der zur alltäglichen Erklärung der Welterfahrung heran gezogenen Geschichten zweifeln lassen. Situationen, die einen zwingen, den von der Kontingenz der Erfahrung hervorgerufenen Drang nach Reduktion nicht nur als solchen zu erkennen, sondern auch zu fragen, was auf dem Spiel steht, wenn nicht in Einklang zu bringende Positionen, wenn unlösbare Widersprüche umschlagen in eine auf Eindeutigkeit hinauslaufende Vereinfachung von Komplexität.

Die Frage ist also nicht nur, wieviel Zufall wir ertragen können, sondern auch, ob es Geschichten gibt, die diese Komplexität eher zum Ausdruck bringen – wenn auch auf entstellte oder verschobene Weise – als solche, die auf Reduktion hinauslaufen. Denn insofern wir uns Geschichten erzählen, um zu leben, so nicht zuletzt, weil das Erzählen uns erlaubt, einen grundlegenden Antagonismus dadurch zu lösen, dass er sich als zeitliche Abfolge wiedergeben lässt. Der Preis der Entlastung, der dadurch gewonnen wird, dass kontingente Ereignisse plötzlich zwingend, und somit sinnvoll erscheinen, ist, wie Slavoj Zizek dies formuliert, das *petitio principii* einer zeitlichen Schlaufe: »Die fiktionale Geschichte stützt sich auf eine schweigende Voraussetzung dessen ab, was es im Verlauf der Erzählung eigentlich erst hervorbringt.« Das Zufällige erscheint nicht mehr als willkürliche, kontingente Fülle an Ereignismöglichkeiten, sondern nimmt die Gestalt des Unfalls, des Glücks oder des Schicksals an, weil der Anfang, sowie der ganze Verlauf der Geschichte, von der sinnstiftenden Erklärung des Endes aus rückwärts entworfen wird. In dem Sinne entlastet uns jede auf eine kohärente Erklärung reduzierte fiktionale Geschichte, denn sie erlaubt uns, unseren Blick von nicht lösbaren Antagonismen, von der Inkommensurabilität verschiedener Positionen abzuwenden. Gleichzeitig aber zwingt uns diese auf Grund einer Reduzierung von Komplexität gewonnene Kohärenz auch, nach den Kosten zu fragen, die mit dieser Art Entlastung einhergehen.

Um der Frage nachzugehen wie im Bereich des ästhetischen Schaffens Komplexität im Sinne nicht lösbarer Widersprüche als Basis unserer Wahrnehmung und Erfahrung von Welt entweder als Chance oder als Verhängnis verhandelt wird, habe ich mir als Beispiel das *double game* zwischen dem amerikanischen Autor Paul Auster und der französischen Konzeptualistin Sophie Calle ausgesucht. Denn beide beziehen sich in ihren Arbeiten explizit auf jene mythische Figur, die den menschlichen Wissensdrang mit einem katastrophalen Zwischenspiel von Komplexität und Reduktion verknüpft: Pandora, die erste sterbliche Frau. Bei Hesiod erfährt man, dass Zeus seinen Handlanger Hephaestus bat, ihm eine verführerische Frau aus Lehm zu gestalten. In ihrem Namen verbinden sich die Worte »alle« mit »Gaben«, um zum Ausdruck zu bringen, dass alle Götter diesem künstlich belebten Wesen Gaben zuteil werden liessen. Von Aphrodite erhielt sie ihre Schönheit, von den Grazien die Gabe der Bezauberung, von Apollon die Kunst des Singens, von Hermes die Kunst der Eloquenz, und von Pallas Athena erhielt sie reiche, schmuckvolle Ornamente. Doch das wichtigste Geschenk übergab ihr Zeus selbst. Schliesslich hatte er Hephaestus gebeten, sie zu schaffen, um Prometheus für die Insubordination zu bestrafen, die er gegenüber den Göttern erwies, als er in seinem Wissensdrang von ihnen das Feuer stahl. Die Schachtel, die Zeus der allseitig begabten Frau übergibt, enthielt denn auch alles Leid der Menschheit. Während Prometheus den Verat ahnte und Pandora weg schickte, erwies sich laut Hesiod sein Bruder weniger schlau und – obgleich die Quellen sich darüber nicht einig sind, wer schliesslich die Schachtel öffnete. Fest steht, der gemeinsame Drang nach Wissen dieses Paares führte dazu, dass die in der Schachtel eingesperrte Horde an bösen Geistern ihr entschlüpfte, um seither das menschliche Geschlecht zu befallen und zu peinigen. Nur die Hoffnung (Elpis) blieb am Boden der Schachtel liegen, vielleicht, um ein Gegengewicht zur Fatalität dieses schicksalshaften Ereignisses darzustellen. Jedoch, wie in *Lemprière's Classical Dictionary* festgehalten wird: Während einige Gelehrte darauf beharren, dass diese Gestalt der Hoffnung allein die wunderbare Macht besitze, die Qualen der Menschen zu lindern, und deren Pein und Sorgen weniger schmerzhaft erscheinen zu lassen, bestehen andere darauf, Elpis doch auch als eine der bösen Geister zu begreifen: eine Verkörperung des Spielers Glauben an sein Glück, der ihn in den sicheren Ruin lotst. Ganz zentral auf dem Spiel steht also in der Geschichte der Pandora, in der die

Komplexität der gefährlichen Zufälle, die dem Menschen in seiner weltlichen Existenz zustossen können, als die reduzierte Geschichte einer schicksalshaften Gabe wiedergegeben werden, die Frage, wie man sich entscheidet, den Begriff der Hoffnung zu deuten: als eine apotropäische Geste gegen die Fatalität oder als die zwiespältige Erscheinung des Glücks, welche zwar dem betroffenen Subjekt scheinbar eine Wahlmöglichkeit bietet, sich aber schlussendlich doch als eine weitere Figur für die Unausweichlichkeit des Schicksals entpuppt.

Die britische Experimentalfilmemacherin Laura Mulvey hat in ihrem Aufsatz »Pandora. Topographies of the Mask and Curiosity« eine für meine Fragestellung brisante psychoanalytische Deutung dieser mythopoetischen Figur vorgelegt. Pandora, so ihr Vorschlag, behandelt zwar einerseits die Geschichte der weiblichen Neugier, kann aber andererseits nur durch eine feministische Neugier dekodiert werden, die auf eine kritische Umschrift der traditionellen Ikonographie gerichtet ist. Ausgangspunkt für ihre Überlegungen ist die Tatsache, dass innerhalb unseres westlichen Bildrepertoires die Frau oft etwas anderes bedeutet als die Werte, die sie vermeintlich darstellt: Tatsächlich bringen Darstellungen von Weiblichkeit oft die Schwierigkeit, die unsere Kultur mit der Geschlechterdifferenz hat, zum Ausdruck, und kennzeichnen zudem jene Orte der Verdrängung, an denen *etwas*, das keinen direkten, bewußten Ausdruck finden kann, auf etwas anderes verschoben wird, um so indirekt artikuliert zu werden. Im Fall der mythopoetischen Pandora führt dies zu einer doppelten Duplizität. Laut Laura Mulvey ruft diese Figur eine doppelte Bedeutung des Wortes Fabrikation hervor. Sie ist künstlich geschaffen, nicht biologisch geboren, und sie ist eine Lüge, eine Verstellung. Ihr ist, könnte man sagen, eine radikale, nicht aufzulösende Entstellung zwischen Erscheinung und Bedeutung inhärent.

Pandora ist jedoch nicht nur die Fabrikation der männlichen Einbildungskraft. Aufgrund ihrer allegorischen Bedeutung, die sie eine ködernde Falle, eine falsche Verlockung, eine täuschende Verzauberung darstellen läßt, spiegelt sie auch zerrbildnerisch den Akt der künstlichen Schöpfung im allgemeinen wieder. Tatsächlich könnte man sagen, sie fungiert in unserem Bildrepertoire nicht nur als erste Frau, sondern als die Figur der Weiblichkeit schlechthin, definiert man diese doch meist als das Objekt männlicher Spekulation. Pandora ist somit eine komplexe Gestalt, die auf ihre schillernde Gefahr hin reduziert wird, um das widersprüchliche, nie in Einklang mit einer einfachen Formel zu bringende Los des Menschen zu ihrer fatalen Gabe deklariert. Pandora erscheint somit wie das quintessenzielle Rätsel, welches den männlichen Drang zum Wissen anregt und über deren Körper eine Vielzahl an Darstellungen dieses Begehrens verhandelt und kulturell in Austausch gebracht werden kann. Gleichzeitig jedoch ist diese quintessenziell weibliche Figur der Neugier Katalysator für katastrophale Ängste, denn als weiblicher Körper steht Pandora auch für die Existenz einer radikalen Andersartigkeit, und verkörpert somit den Inbegriff des Geschlechterstreits. So besteht für Laura Mulvey die zwiespältige, weil doppeldeutige Kodierung der mythopoetischen Pandora im Unterschied zwischen *sehen* (im Kontext dessen die weibliche Figur ein Rätsel verkörpert, dies aber als Objekt des Blickes tut), und *wissen*, im Kontext dessen diese weibliche Figur den Akt des Sehens durchspielt, und zwar als Drang, Einblick in etwas zu gewinnen, genau das Rätsel zu lüften, das sie auch zu verkörpern scheint. Pandora entpuppt sich somit als eine allegorische Figur dafür, wie die Frau als rätselhafter Köder eingesetzt, den Mann zum hermeneutischen Abenteuer verführt, und gleichzeitig auch als Beispiel dafür, wie die Frau sich selbst auf eine abenteuerliche Entdeckungsreise und Wissenssuche begeben kann. Bildet sie als Schicksalsfigur die Entlastungsgeschichte einer Reduktion von Komplexität ab, so zeichnet sie als Detektivin in eigener Sache einen grenzüberschreitenden, gefährlichen Gestus nach, dem es gerade um die Erhaltung jener Kontingenz geht, die über ihre Figur eigentlich abgehandelt werden soll. Für Laura Mulvey stellt Pandoras Neugier ein verbotenes Begehren zur Schau, unter die Oberfläche ihrer künstlichen Erscheinung in das gefährliche Innere blicken zu wollen, sind doch Schachtel und weibliches Genital nicht erst seit Freud Sinnbilder füreinander, die beide einen erschütternden Anblick versprechen, und somit die Gefahr des Wissen-Wollens für den männlichen Hermeneutiker verdeutlichen. Dabei betont Mulvey die Tatsache, dass, gerade weil der Anblick des weiblichen Genitals *qua* Schachtel auf so hartnäckige Weise in unserer Kultur mit Erschütterung und Abscheu verbunden worden ist, diesem Anblick die Struktur des Fetischismus anhaftet: Eine Verschränkung von Faszination und Ekel. Um die Kastrationsangst abzuwehren, bietet der weibliche Körper als Maske eine faszinierende Oberfläche, die den Mann verzaubert und seinen Blick anzieht. Gleichzeitig aber produziert der gleiche weibliche Körper eine Angst bezüglich der Geheimnisse, die hinter oder unter dieser schönen Oberfläche verborgen liegen.

Mir geht es in meiner Darstellung des *double game*, das Paul Auster und Sophie Calle seit der Veröffentlichung seines Romans *Leviathan* spielen, nun gerade darum, wie diese von Mulvey vorgeschlagene Unterscheidung zwischen einer weiblichen Neugier, die die Komplexität der menschlichen Fatalität zelebriert, und eines männlichen Fetischismus, der diese zu einer Geschichte der von der Frau ausgehenden schicksalshaften Gabe reduziert, wie diese Dialektik von den beiden postmodernen Künstlern durchgespielt wird. Denn während die Neugier sich als ein zwanghaftes Begehren, ein Rätsel zu erforschen, entpuppt, entspringt der Fetischismus einer Weigerung, die Geschlechterdifferenz, die der weibliche Körper für das männliche Subjekt darstellt, anzuerkennen. Fetischismus nährt gerade den Wunsch, sich einer Auseinandersetzung mit der von der Frau verkörperten Komplexität, die sich in keine einfache Formel reduzieren lässt, nicht aussetzen zu müssen. Man könnte auch sagen, er erlaubt dem Mann, ein Wissen über diese radikale Andersartigkeit von sich abzuweisen. Statt sich einem nicht reduzierbaren Körper anzunehmen, fixiert der Fetischist die Weiblichkeit nämlich auf ein Ersatzteil. So kann Pandora samt ihrer postmodernen Schwestern als Symbol faszinierender, verzaubernder Bedrohung gehandelt werden, das gleichzeitig wie eine Schutzdichtung ihre komplexe Wirklichkeit abschirmt.

Sowohl Paul Auster wie Sophie Calle geht es um die unsaubere Schnittfläche zwischen Fiktion und Wirklichkeit, indem sie jeweils Kunstfiguren schaffen, die von einem Seh- und Wissensdrang getrieben sind. Ihre Protagonisten suchen unermündlich, Rätsel zu lösen, einem geheimen Wissen nachzuspüren, wobei sich jeweils Neugier und Fetischismus die Waage halten. Um dieses Spiel goutieren zu können, müssen wir uns vor Augen halten, dass als Paul Auster seinen *Leviathan* im Jahre 1992 veröffentlichte, die französische Konzeptkünstlerin in den Kreisen der Kunstkritik zumindest bereits zur Kultfigur geworden war. Ihre Arbeit kreiste schon immer um die Inszenierung scheinbar trivialer Projekte, bei denen es sich um das Ansammeln von Daten, sowie das Dokumentieren scheinbar bedeutungsloser Ereignisabfolgen handelt: Also um die Frage, wie unübersichtliche Daten geordnet, katalogisiert, in Reihungen zusammengebracht und strukturiert werden, damit aus dieser Komplexität Wissen geschaffen werden kann, mit dem man umgehen, und das man auf seine Identität beziehen kann. Um ein Dossier oder ein Identitätsprofil willkürlich ausgewählter unbekannter Menschen herzustellen, hat sie zum Beispiel wiederholt die Objekte, die einem Fremden gehören, oder die Gesten, die diesen charakterisieren, zu katalogisieren versucht. In einer Arbeit, die den Titel *Die Schlafenden* (1979) trägt, bat sie Menschen um ein Paar Stunden ihrer Zeit. Sie sollten in ihrem Bett schlafen, während sie sie photographierte und dann ihre Bemerkungen über diese Erfahrung schriftlich festhielt: Eine Art konzeptioneller Buchhaltung, in der die Grenze zwischen Intimität und Öffentlichkeit sich verflüssigt. In anderen Arbeiten, etwa der *Venedig Suite* folgte sie einem zufällig ausgewählten Mann durch Venedig, photographierte ihn, und notierte all seine Bewegungen; in der Arbeit *Das Hotel*, liess sie sich hingegen als Zimmermädchen in einem Hotel anheuern, um aufgrund der Gegenstände, die die Gäste in ihren Zimmern verstreut zurück liessen, Rückschlüsse zu erstellen über die Identität dieser Fremden. In diesen Arbeiten, in denen sie mit Hilfe von Fotografien wie auch schriftlicher Wiedergaben versucht, aus einer Vielzahl an Daten eine Identität herauszukristallisieren, dominieren ganz im Sinne der mythopoetischen Geschichte Pandoras verstohlene List, Detektion und Täuschung. Gleichzeitig aber wird auch mit der Diskrepanz von oberflächlichen Daten und verborgenem Wissen gespielt. Bewußt verschränkt Sophie Calle die Haltung des Polizisten mit der der Künstlerin, ahmt sie doch den forensischen Prozess ästhetisch nach, indem sie Indizien sammelt und Beschreibungen mit dem Akt des Abschätzens oder Erratens verbindet.

Nun ist es bezeichnend, dass Paul Auster in seinem Roman *Leviathan* die Frage der Kontingenz nicht nur an einer fiktionalen Wiedergabe der Konzeptkünstlerin Sophie Calle verhandelt, sondern sich zudem des Wechselspiels von weiblicher Neugier und männlichem Fetischismus bedient. Der Wunsch seines Erzählers, die Komplexität der Ereignisse, die um den Protagonisten der Geschichte kreisen, auf eine sinnstiftende Erzählung zu reduzieren, führt jedoch auch dazu, die Konzeptualistin an den Rand der Geschichte verdrängen zu wollen, weil sie eine für ihn unerträgliche Zelebration des Zufalls verkörpert. Gleichzeitig ist aber auch bezeichnend, wie Auster die Figur der Hoffnung aus dem antiken Mythos wieder ins Spiel bringt, tut er dies eben gerade nicht als Gegenzauber zum menschlichen Leid, sondern als Verkörperung jenes trügerischen Glücks, das das männliche Subjekt in den Ruin lockt. Gespiegelt wird dieser Wunsch auf entstellte Weise in der doppelten Widmung, die Austers Buch vorangestellt ist, und die für den Lesenden unübersehbar auch von Anfang an die Lektüre prägt. Auf der Rückseite des Titelblattes steht, neben den juristischen Klauseln des Copyright, der Satz: »Der Autor spricht einen besonderen Dank an Sophie Calle aus, für die Erlaubnis, Fakt und Fiktion zu vermischen.« Die eigentliche Widmung hingegen ist an Don DeLillo gerichtet. Darin lässt sich also von Anfang auch die zentrale Gegenläufigkeit des Romans ablesen: Einerseits steht die Beziehung zwischen einem älteren und einem jüngeren Autor auf dem Spiel, wie diese von einer merkwürdigen Mischung an Rivalität und Bewunderung gezeichnet ist; andererseits dreht sich alles um die Art, wie Geschichten des Zufalls, die sich zum Ziel setzten, die Komplexität, die von der weiblichen Figur verkörpert wird, auf eine Geschichte des unüberwindbaren Schicksals zu reduzieren, gerade die faszinierende Störerin des Männerbundes auszublenden suchen, ihre Gabe aber nie gänzlich tilgen können.

Die Fiktive Konzeptualistin

Eine Nacherzählung Paul Austers *Leviathan* ist an dieser Stelle unerlässlich. Nachdem er von einem Mann in der Zeitung gelesen hat, der sich in der Nähe einer Landstrasse im Norden Wisconsins mit einem Gewehr erschossen hat, ahnt der in New York City als freischaffender Autor lebende Erzähler Peter Aaron, dass es sich bei der Leiche um seinen Freund Ben Sachs handeln muss. In seinem Verdacht wird er auch darin bestätigt, dass zwei FBI-Agenten wenige Tage später ihn besuchen, weil sie im Portmonnaie des nicht identifizierbaren Mannes – er hatte sich das Gesicht zerschossen – ein Papierstück gefunden haben, auf dem Peter Aarons Name und seine Telefonnummer stehen. Die Geschichte, die sich im Verlauf des Romans entfaltet, ist also der Versuch des Erzählers, das komplexe Leben seines verstorbenen Freundes zu dokumentieren, jenes Mannes, den er einst an einem kalten Winternachmittag traf, weil sie gemeinsam in einem kleinen Theater in New York lesen sollten, die Lesung aber wegen eines schweren Schneefalls abgesagt wurde und sie stattdessen zum Trinken gegangen waren. Die Geschichte, die er aus den komplexen Daten, die das Leben des Verstorbenen ausmachen, zusammenstellen will, steht zudem ganz bewußt in Rivalität zum Untersuchungsverfahren der FBI-Agenten. Während er an dem Tisch sitzt, an dem sein Freund Ben Sachs im vergangenen Sommer noch an seinen eigenen Texten schrieb, nimmt Peters Körper also nicht nur physisch den Ort seines verehrten Rivalen ein. Ihm liegt auch daran, dessen symbolischen Ort zu okkupieren, indem er nämlich eine Verschriftung Ben Sach's Leben in eine kohärente Geschichte unternimmt, die zudem den Titel des Romans trägt, den sein verstorbener Freund nie fertig stellen konnte. Scheinbar geht es um ein Wettspiel zwischen zwei Autoren, doch nur scheinbar.

Denn eine Frau stört wiederholt den Erinnerungsfluss des Erzählers: Maria Turner, Paul Austers fiktionale Refiguration Sophie Calles. Sie erweist sich als die zentrale Agentin in einer Kette von Zufällen, die zumindest für Ben Sachs eine fatale Wende einnehmen werden. Diese Kette von Zufällen soll natürlich vom

Erzähler in eine sinnvolle Geschichtsreihung übersetzt werden, die nicht nur dank Reduktion einen Sinn ergeben wird, sondern zudem die Autorität seiner Autorschaft bestätigen wird. Peter Aaron erklärt: »If I hadn't met Maria Turner, I never would have known about Lillian Stern, and if I hadn't known about Lillian Stern, I wouldn't be sitting here writing this book...As much as Sachs himself, I'm the place where everything begins.« Die selbstsichere Maria, mit der der Erzähler über mehrere Jahre eine lockere Liebesbeziehung unterhalten hat, wird von ihm wahrgenommen als »an unorthodox person who lived her life according to an elaborate set of bizarre, private rituals. Every experience was systematized for her, a self-contained adventure that generated its own risks and limitations, and each one of her projects fell into a different category, separate from all the others«. So bewahrt sie beispielsweise alle Geburtstagsgeschenke auf und stellt diese in Glasvitrinen aus. Oder sie entschliesst sich, eine Woche lang eine chromatische Diät einzuhalten und beschränkt sich darauf, jeden Tag nur das Essen einer Farbe zu sich zu nehmen: Montags grün, Dienstags blau. Dann wieder trifft sie einen Fremden auf einer Party und entschliesst sich, ihn anzukleiden, schickt ihm deshalb über den Verlauf mehrerer Jahre einzelne zu einander passende Kleidungsstücke, die am Ende den perfekt ausgestatteten Mann ergeben werden. Zentral dabei ist, dass Maria mit der gleichen Leidenschaft, mit der sie sich einem Projekt hingibt, dieses auch wieder aufgibt, wenn es sie nicht länger reizt. Gleichzeitig unterliegen ihre Projekte aber auch dem Verlangen, die Grenze zwischen Fiktion und Fakt zu verflüssigen, da Maria nicht nur andere, sondern auch sich selbst in ihre Erforschung und Dokumentation willkürlicher Ereignisse mit einbezieht. So nutzt Paul Auster Maria, die Verhaltensweisen von Fremden, um über deren Leben zu spekulieren, und somit die Vielzahl an Daten in eine kohärente Geschichte zusammen zu fassen. Dabei macht sie sich aber auch oft selbst zum Objekt ihres hermeneutischen Abenteuers: In einem Projekt bittet sie ihre Mutter, einen Detektiv einzustellen, der sie einen Tag lang verfolgt, sie fotografiert und ihr Verhalten notiert, und sie somit zu einer fiktionalen Figur werden lässt.

Brisant ist nun aber weniger der Umstand, dass es deutliche Überschneidungen zwischen Sophie Calles Aussagen über ihre Konzeptkunst gibt und der Art, wie Peter Aaron Maria beschreibt, als der Umstand, dass Maria auf vielschichtige Weise von Paul Auster als postmoderne Pandora eingesetzt wird. Nicht nur sind ihre Projekte von weiblicher Neugier motiviert. Sie ist vor allem auch die Figur in *Leviathan*, die bereit ist, uneingeschränkt Risiken einzugehen. In der Passage, in der Peter Aaron das Treffen mit seiner zweiten Ehegattin Iris beschreibt, hebt er nicht nur hervor, wie sehr dieses Glücksereignis unter der Schirmherrschaft Marias stattfand. Die Art, wie er seiner ehemaligen Geliebten seinen Dank ausspricht, ist auch bezeichnend für die Rolle, die sie im Bezug auf Ben Sachs einnehmen wird: »I feel indebted to her,« erklärt er. »Not to Maria as flesh-and-blood woman, perhaps, but to Maria as the reigning spirit of chance, as goddess of the unpredictable«. Denn obgleich Austers Erzähler Maria Turners Projekte durchaus in Bezug auf die ästhetischen Parameter Sophie Calles darstellt, fungiert die Konzeptkünstlerin in *Leviathan* gerade als eine Schwester Pandoras, die Unfälle derart hofiert, dass ihre zwanghafte Neugier Menschen sowohl glücklich zusammenbringt wie auch in den Ruin stürzen läßt.

Wie Freud in seinem Text über das mythopoetische Thema der Kästchenwahl einmal schrieb, hat der Mensch bekannterweise Schwierigkeiten, die Kontingenz seiner Sterblichkeit anzuerkennen. Aus diesem Grund hegt er Geschichten, in denen Notwendigkeit und Schicksal als Augenblicke einer Wahlmöglichkeit begriffen werden. In solchen Augenblicken findet immer eine Wahl statt, die an der Stelle von Notwendigkeit, von Verhängnis steht: »So überwindet der Mensch den Tod, den er in seinem Denken anerkannt hat. Es ist kein stärkerer Triumph der Wunscherfüllung denkbar. Man wählt dort, wo man in Wirklichkeit dem Zwange gehorcht.« Auch darin könnte man ein Beispiel dafür sehen, wie das geglückte Erstellen von Geschichten bedrohliche Komplexität in befriedigende Reduktion umwandelt. Überträgt man dies nun auf Paul Austers Erzähler, lässt sich sagen: Indem er Maria auswählt als die Figur, die sich nachträglich als verantwortlich für Ben Sachs' psychischen und leiblichen Absturz entpuppt, kann er eine Fülle an Daten in eine kohärente Geschichte überführen. Obgleich der Zufall sich als das fortwährende Thema seiner Rekonstruktion erweist, erlaubt ihm die Figur Maria, die er für all das Leid, das seinem Freund widerfahren ist, verantwortlich macht, diese Kontingenz in eine Geschichte der verhängnisvollen Notwendigkeit umzuformulieren. Das kleine schwarze Addressbuch, das sie eines Morgens auf der Straße findet, wird in seiner Geschichte der Zufälle mit Pandoras Schachtel verglichen: »That was the event that started the whole miserable story. Maria opened the book, and out flew the devil, out flew a scourge of violence, mayhem, and death.« Wie Sophie Calle in ihrer Arbeit *Das Addressbuch*, auf das im dritten Teil dieses Textes näher eingegangen wird, entschließt sich Maria nämlich, alle Menschen in dem Büchlein zu interviewen, um somit ein Portrait des Besitzers *in absentia* zu erstellen. Während Sophie Calle jedoch achtundzwanzig dieser Interviews in der Zeitung *Liberation* im Sommer 1983 veröffentlichte, bis der entrüstete Besitzer nach einem Auslandaufenthalt nach Paris zurückgekehrt, diesem bösen Spiel ein Ende setzte, nutzt Paul Auster die Geschichte des Addresbuches dafür, Lillian Stern, eine Jugendfreundin Marias plötzlich auftauchen zu lassen. Diese übernimmt anstelle der Künstlerin eines der Interviews, trifft dabei ihren zukünftigen Eheman, und gerade dieser Mann wird sich als jener Fremde entpuppen, den Ben Sachs zufällig etliche Jahre später im Streit tötet.

Egal von welchem Ereignis aus betrachtet, für den Erzähler erscheint Maria immer als komplexe Figur des Zufalls, mal für sein Eheglück verantwortlich, dann wieder maßgeblich schuld am Unfall Ben Sachs, der ihn in eine Existenzkrise, die in den Mord des Fremden münden wird, stürzt. Während einer Party, die ihre Freunde zur Hundertjahresfeier der Freiheitsstatue veranstalten, flirtet sie nämlich mit dem älteren Autor und löst ganz im Sinne der klassischen *femme fatale* ein ambivalentes Begehren bei ihm aus, das dazu führt, dass er sich an den äussersten Rand der Feuerleiter setzt, von der er plötzlich in den Abgrund stürzt. Er überlebt diesen Unfall zwar ohne größere physische Schäden. Doch dieses zufällige Ereignis wird zu einer vollkommenen Veränderung seines Lebens führen, weil er, um Komplexität sinnvoll umzugestalten zu können, sich entschließt, dieses willkürliche Ereignis auf eine Geschichte transgressiver Verführung zu reduzieren, innerhalb derer der Sturz als berechtigte Bestrafung begriffen werden kann. Maria bleibt weiterhin ambivalent kodiert, denn indem sie seinen Sturz bewirkte, ist sie es auch, die ihn dazu inspiriert, sein Leben gänzlich zu verändern. Der Erzähler hingegen reduziert ihre Komplexität als Figur auf einen eindeutigen Sinn: »Maria was the embodiment of his catastrophe, the central figure in the drama that had precipitated his fall.« Indem beide diese Frau auf die allegorische Figur des Zufalls reduzieren – egal ob damit die des Glücks der Veränderung oder die der Katastrophe gemeint ist – bedienen sie sich auch beide der Geste des Fetischisten. Keinem liegt daran, die komplexe Andersartigkeit der Frau zu akzeptieren. Stattdessen reduzieren sie die Fleisch-und-Blut Maria auf eine Figur weiblicher Neugier, deren Wissensdrang entweder eine glückliche oder eine fatale Wende einnehmen kann.

Natürlich ist es wichtig hervorzuheben, dass Paul Auster zwar die von mir wiederholt aufgegriffene Dialektik zwischen männlichem Fetischismus und weiblicher Neugier durchspielt, diese jedoch gleichzeitig dekonstruiert. Denn er verweist wiederholt auf die Grenze des Wissens seines Erzählers, der zum Beispiel nie das Ausmaß der Freundschaft zwischen seiner ehemaligen Geliebten und seinem verstorbenen Freund begreift. So lässt Auster auch seinen Erzähler von einer Szene berichten, in der dieser auf dramatische Weise seine eigene Komplizität im Untergang seines Freundes missversteht. Nach dem Unfall entschließt sich Maria dazu, mit Ben Sachs ein gemeinsames Projekt einzugehen: Sie verbringen jeden Donnerstag zusammen, während Maria diese Treffen auch dokumentiert. Weil Ben gerne auch die Erfahrung haben möchte, von einem Fremden beobachtet zu werden, greift sie auf ein altes Projekt zurück (Calles *Der Detektiv*), wobei ein brisanter Geschlechtertausch stattfindet. Ben Sachs wandert die Straßen Manhattens entlang, während Maria ihn wie ein Privatdetektiv verfolgt und Photos von ihm macht. Für die Konzeptualistin wird aus diesen Donnerstagtreffen nie ein kohärentes Werk. Für den Erzähler hingegen erweist sich das spielerische Nachstellen einer Verfolgung als Drehpunkt seiner Beziehung zum älteren Autor. Denn zufällig wird er Zeuge dieses Spiels, und während Maria ihn sofort erkennt, sich ihrerseits jedoch nicht zu erkennen gibt, begreift er erst viel später, dass er sich an jenem Nachmittag ausschließlich auf Sachs konzentrierte und somit allen anderen möglichen Eindrücken gegenüber blind war: Seine Fixiertheit auf den angebeteten Autor bedeutet eine Reduktion der Komplexität von Daten, die er hätte wahrnehmen können. Deshalb liest er gerade diese Szene als eindeutigen Beweis für die Misere seines Freundes. Erst nachträglich begreift er, dass die Geschichte viel komplizierter war, als er sich es damals vorgestellt hatte. Was Paul Auster mit dem Einfügen dieser Szene, sowie der nachträglichen Erkenntnis seines Erzählers verdeutlicht, ist nun aber genau der gefährliche Drang zur Reduktion, der Peter Aarons fetischistischer Neugier innewohnt. Weil er sich weigert, die Vielfalt von Ben Sach's Leben anzuerkennen und sich demzufolge auch nicht der Tatsache stellen will, dass der psychische Gesinnungswandel seines Freundes nicht auf eine einfache Erklärung zu reduzieren ist, und weil er stattdessen all die widersprüchlichen Einzelstücke, die die Komplexität ihrer gemeinsamen Freundschaft ausmachen, auf das Erzählmuster seines ödipalen Begehrens – nämlich dem Wunsch, den Platz des potenten Vaters einzunehmen – reduziert, entsteht eine Blindheit gegenüber dessen eigentlichem Leben. Und diese Blindheit ist mindestens so sehr für Ben Sachs' tragisches Ende verantwortlich, wie Marias Liebe zum Zufall.

Anfänglich beschreibt Peter Aaron seinen Eindruck von der Verfolgung, bei der er zufällig Zeuge wird, noch folgendermaßen: »I found a man living in what looked like a state of utter abjection, and I couldn't bring myself to accept what I had seen: my once brilliant friend, wandering around for hours in a quasi-trance, scarcely distinguishable from the ruined men and women who begged coins from him in the street«. Die Depression, der er anschließend erliegt, bringt ihn dazu, Ben Sachs davon zu überzeugen, seine alten Texte zu einem Buch zusammenzustellen. Betrachtet man die darauf folgenden kontingenten Ereignisse von einem zweiten Gesichtspunkt aus, der eine Vielzahl an Geschichten einer eindeutig reduzierten entgegenhält, lässt sich eine andere, ebenso gültige Erklärung für Sachs' Tod herstellen als die, die Peter anbietet und in der Maria alleine an Bens Untergang schuld ist. Der von Peter ausgehende Vorschlag, einen Band kürzerer Texte vorzubereiten, kann demzufolge ebenfalls als Katalysator für eine Kette von Ereignissen gedeutet werden, die zu Bens Sachs' Selbstmord führen: Ben verlässt seine Frau Fanny, um in seinem Sommerhaus in Vermont alleine zu schreiben, trifft dort den bedrohlichen Fremden während eines seiner einsamen Spaziergänge durch den Wald und tötet diesen. Daraufhin taucht er unter, doch nachdem er von Maria die Identität seines Opfers erfahren hat, entschließt er sich in einem Akt der Reue, zu dessen Witwe zu gehen: eine Reise der Selbstverflüchtigung, die im Selbstmord auf einer Landstraße in Wisconsin ihr konsequentes Ende finden wird. Mit anderen Worten, während Maria vom Erzähler zur Figur des Zufalls stilisiert wird, kennzeichnet sie auch einen blinden Fleck seiner Erzählung. Sie zwingt ihn, die Fehlbarkeit seines Wissens anzuerkennen, und zwar nicht nur im Bezug auf die von ihm falsch gedeutete Szene der Straßenverfolgung, indem sie ihm viele Monate später den eigentlichen Ablauf dieses Nachmittags erklärte. Sie behält auch wiederholt ihr Wissen über die Aktivitäten Ben Sachs' für sich und beschützt damit sein Geheimnis. Er hatte sich Maria zugewandt nach der Tötung des Fremden, und weil sie in diesem den Gatten ihrer Jungendfreundin Lillian erkannte, gab sie Ben die Möglichkeit, den Akt der Buße einzugehen. Peter hingegen zieht es vor, die Fehlbarkeit seines Wissens zu verweigern. Marias Handeln wird ausschließlich als Beispiel für ihre Funktion als Handlanger des bösartigen Zufalls begriffen. So kann er sich auch einreden, dass, hätte er von ihr die Wahrheit über Ben erfahren, er seinen Freund davon überzeugt hätte, zur Polizei zu gehen, und ihm somit das Leben gerettet hätte.

So ergibt sich in *Leviathan* ein komplexes *double game*, das sich an der Figur Marias verkreuzt. Auf der einen Seite die ödipale Phantasie des Erzählers, in der der Tod des Vaters die Voraussetzung für seine erfolgreiche Autorschaft einnimmt, während die von Neugier besessene Frau auf eine einfache Figur der Kontingenz reduziert wird. Auf der anderen Seite ein Phantasieszenario, das ihn gänzlich ausschließt, in dem Maria als Muse des älteren Autors fungiert, die ihm nach seinem

Sturz von der Feuerleiter dazu verleitet, die Tatsache anzuerkennen, dass seine schöpferischen Fähigkeiten verbraucht sind. In dieser zweiten Variante verkörpert sie Elpis, die Figur der Hoffnung, die ihn zu einem neuen Medium des Ausdrucks verhilft. Nachdem er endgültig seinen Wunsch, einen Roman über die Korruption des modernen Amerikas zu schreiben, aufgegeben hat, arbeitet auch er in jenem Bereich der Konzeptkunst, in den sie ihn während ihrer Donnerstagstreffen eingeführt hatte. Er nutzt seinen eigenen Leib als Medium zuerst eines Buße-Projekts (er zieht zu der Witwe seines Opfers und versucht, ihre gestörte Beziehung zu ihrer Tochter wieder ins Lot zu bringen). Nachdem er das Scheitern dieses Projekts einsehen muss, entschließt er sich, statt den Verfall der amerikanischen Gesellschaft zu beschreiben, deren zentrales Symbol, die Freiheitsstatue, zu Fall zu bringen. Als materielle Inszenierung dessen, was sowohl in seiner persönlichen Biographie als auch in der Geschichte der Vereinigten Staaten seit dem Vietnamkrieg schief gelaufen ist, jagt er mehrere Originalkopien der Freiheitsstatue in die Luft. Darin folgt er der genauen Vorbereitung, dem Kalkulieren aller Eventualitäten, wie auch dem Dokumentationszwang seiner Muse Maria Turner: Wie er dem Erzähler später beichtet, musste er, nachdem er sich einen Schauplatz für seine Explosion ausgesucht hat, zuerst einen Weg finden, sich dort länger aufzuhalten, ohne dass die Bevölkerung Verdacht schöpfen würde. Als ersten Schritt musste er demzufolge für sich eine neue Identität entwerfen. Wahrlich vom Geist der Konzeptkünstlerin beflügelt, bestand eine seiner Verkörperung dann auch darin, als Zeitungsjournalist eine kleine Stadt in Nebraska zu besuchen, dort die Einwohner über ihre Meinungen zu ihrer Originalkopie der Freiheitsstatue, wie auch über die Bombenanschläge in anderen Städten zu befragen.

Dennoch ist Ben Sachs' Nachahmung von Marias Konzeptkunst ein bezeichnendes Missverständnis eingeschrieben, woran man auch deren grundsätzlich unterschiedlichen Umgang mit der Frage von Komplexität und Reduktion ablesen kann: Maria gelingt es, Erfindung und Wahrheit zu jonglieren, um dadurch den Geist der Kontingenz zu feiern. Ben hingegen greift auf die Konzeptkunst zurück, um der von ihm bevorzugten Geschichte eines schicksalshaften Zufalls Authentizität zu verleihen. Beide privilegieren eine Fiktionalisierung der Wirklichkeit, bestehen regelrecht darauf, dass während wahre Geschichten immer auch stückweise erfunden sind, auch erdichtete Geschichten wahr sein können. Jedoch kennzeichnet Marias Oszillieren zwischen diesen beiden Bereichen die Tatsache, dass ihr der Unterschied zwischen Fiktion und Fakt nicht nur gänzlich bewußt ist. Sie versteht auch den provisorischen Status ihrer Projekte, die zwar in sich wahr sein mögen, jedoch nie die ganze Wahrheit zum Ausdruck bringen. Sie verweigert somit die Reduktion auf eine endgültige, vollendete ästhetische Umsetzung. Bens Beharren darauf, eine Tautologie zwischen Erfindung und wahrer Geschichte zu schaffen, in der die Inszenierung und die Botschaft, welche durch diese vermittelt werden soll, ein transparentes Verhältnis bilden, ist hingegen gleichbedeutend mit einer tödlichen Auflösung des ästhetischen Verfahrens.

So erlaubt Paul Auster seiner Maria, ein eigenes *double game* zu spielen. Einerseits fungiert sie als die rätselhafte Figur des Zufalls, die die beiden Autoren Ben und Peter benötigen, um das komplexe Spiel an Zufällen und Unfällen, das ihre Freundschaft kennzeichnet, in eine sinnstiftende Geschichte umzuwandeln. Als Verkörperung weiblicher Neugier lotst sie zudem beide Schriftsteller in eine gefährliche Untersuchung verbotener und verdrängter psychischer Bereiche. Gleichzeitig löst sie jedoch auch bei diesen Männern einen Selbstschutzmechanismus aus, kraft dessen sie Maria auf einen Fetischkörper reduziert. Demzufolge wird sie von ihnen in ihrer eigenständigen Komplexität nie erkannt. Wichtig ist mir jedoch die Tatsache dass, indem er seiner Konzeptkünstlerin dieses *double game* selbst zuspielt, Paul Auster die Dialektik zwischen Neugier nach Wissen und fetischisierender Reduktion eher kritisch durchspielt als unterstützend darstellt. Denn er beharrt auf dem Scheitern eines ästhetischen Projekts, das die Umwandlung weiblicher Neugier in einen Fetischkörper benötigt. Der Autor Ben Sachs verfällt dem Schweigen, verschwindet plötzlich spurlos und taucht erst dann wieder auf, nachdem er sich im Akt des Selbstmords gänzlich ausgelöscht hat. Peter Aaron ist zwar bemächtigt, im Namen des Verstorbenen seine Lebensgeschichte als Roman zu verfassen, muss dabei aber immer wieder anerkennen, wie sehr genau das Werk, das ihn als Autor legitimiert, nichts anderes als einen Akt geschickter Bauchrednerei darstellt. Die einzige Figur, die sich im Spiel des Zufalls erfolgreich erweist, die auf produktive Weise mit der Kontingenz leben kann, und sich angesichts diverser Katastrophen hartnäckig immer wieder neu entwirft, dessen authentische Stimme gerade als ein Oszillieren zwischen der Wahrheit der Erfindung und der Erfindung von Wahrheit hörbar wird, ist genau die Figur, die von dem Männerbündnis getilgt, und deren Differenz von den beiden Autoren verweigert wird – Maria Turner.

Sophie Calle nimmt's, wie's im Buch steht

Sophie Calle hat auf die Art, wie ihr Freund Paul Auster sich ihrer Projekte bediente, um eine Figur weiblicher Neugier zu entwerfen, mit der Publikation von *Double Game* geantwortet. Auch dieses Buch greift den Umstand auf, dass in unserem Bildrepertoire die Figur Pandoras zwar als Sinnbild für das Rätsel der Weiblichkeit in Umlauf gesetzt wird, eine kritische Aneignung dieser Figur gleichzeitig die Topographie Pandoras und ihrer Schachtel umwandeln könnte, in ein neues Erzählmuster, welches einen kreativen weiblichen Wissendrang zum Ausdruck bringen könnte. Indem Sophie Calle sowohl die Stelle des neugierigen Betrachters wie des fetischisierten Objektes einnimmt, bewegt sie sich jenseits der Dialektik von künstlicher Oberfläche und Schrecken eregendem Innern, das an dieser mythopoetischen Figur festgemacht wird, und feiert stattdessen ein spielerisches Oszillieren zwischen einer Vielfalt von Selbstentwürfen. Diese speisen sich nicht nur durch einen zwanghaften Drang des Untersuchens und Erkundschaften von Rätseln, sondern unterstützen auch eine öffentliche Zurschaustellung weiblicher Neugier, innerhalb derer die Entblössung eines intimen, klandestinen Wissens Komplexität erhält.

Double Game setzt bezeichnenderweise mit einer Wiederaufnahme von Paul Austers Widmung ein. Zwischen der ersten und zweiten Seite ist ein Blatt in das

Buch eingeheftet, das der Größe und dem Schrifttypus der Faber-Ausgabe von *Leviathan* angeglichen ist. Auf beiden Seiten dieses Blattes finden wir neben dem Copyright auch eine in roter Tinte eingekreiste Notiz: »Die Autorin spricht ihren besonderen Dank an Paul Auster aus für die Erlaubnis, Fiktion und Fakt zu vermischen.« Somit verdoppelt Sophie Calle nicht nur die Copyright-Seite aus *Leviathan*. Ihrem Hang zu einem spielerischen Umgang mit Komplexität entsprechend fügt sie auch eine weitere Anmerkung hinzu, indem sie auf der nächsten Seite die Regeln des Spiels erklärt: »In his 1992 novel *Leviathan*, Paul Auster thanks me for having authorized him to mingle fact with fiction. And indeed, on pages 60-67 of his book, he uses a number of episodes from my life to create a fictive character named Maria, who then leaves me to live out her own story. Intrigued by this double, I decided to turn Paul Auster's novel into a game and to make my own particular mixture of reality and fiction.«

Ihr Buch ist in drei Abschnitte aufgeteilt, von denen der erste sich auf das Leben Marias, und wie diese das Leben Sophies beeinflusst hat, bezieht. In diesem Teil hat Sophie Calle sich entschlossen, ›to go by the book.« Sie versucht sich der fiktionalen Maria anzunähern und stellt demzufolge einige der Projekte, die Paul Auster für seine Figur erfunden hat, nach: die chromatische Diät, das tägliche Leben unter der Schirmherschaft eines Buchstaben. Im zweiten Teil führt sie dann das Leben Sophies und wie dies das Leben Marias beeinflusst hat, aus. Hier präsentiert sie jene Projekte, die Auster von ihr ausgeliehen hatte, um seine Maria zu gestalten. Der letzte Abschnitt bildet dann eine Verschränkung von Fiktion und Fakten, die über die Erzählhandlung von *Leviathan* hinausgeht: Eine Inszenierung der Vorschläge, die Paul Auster seiner französischen Freundin gab, auf ihre Frage, wie man in New York City überleben kann. Am Anfang des ersten Abschnitts finden wir jedoch einen weiteren Einsatz aus *Leviathan* in das Buch eingeheftet: die Stellen, in denen der Erzähler Maria vorstellt. Oben auf Seite 60 schreibt Calle über Austers Text in roter Tinte »Hello maria,« während sie dann auf Seite 67 einen entschlossenen Abschied von ihrer Doppelgängerin, mit einer ebenfalls in roter Tinte geschriebenen Botschaft (»good-bye maria«) nimmt. Worte und Sätze des Faksimiles werden von ihr korrigiert, ganze Sätze durchgestrichen, Absätze mit Randkommentaren versehen. Diese kennzeichnen Austers Abweichung ihrer Erfahrungen mit Ausdrücken wie »excessive!«, »over the top«, oder »too much imagination.« Davon ausgehend, dass der amerikanische Freund ihr die Gabe einer Verschriftung ihrer Selbst mit seinem *Leviathan* überreicht hat, auf dass sie sich nun ihrerseits hineinschreiben dürfte, ist sie entschlossen, seine Reduktion wieder zu verkomplizieren. Dabei stellt sie sich nicht nur als die letztgültige Autoritätsinstanz dar, die die unsaubere Schnittfläche zwischen Fiktion und Fakt, mit der sie beide operieren, verwaltet. Wichtiger noch, sie löst einen Teil des Romans vom ganzen ab, verleiht ihm – wie Hephaestus dem Lehm – ein Eigenleben: Eine Geste, die natürlich auch vergleichbar ist mit der des Fetischisten, der den Körperteil, von dem er besessen ist, vom ganzen absondert. Diese Geste dient jedoch nicht nur der Zelebration ihres Untersuchungszwangs. Es erlaubt ihr auch, all jene Teile aus *Leviathan* von ihrem Projekt der Wiederaneignung abzuschneiden, in denen die Komplexität weiblicher Neugier auf eine Figur des fatalen Unfalls reduziert wird.

Der Glaube an eine unentrinnbare Fatalität, die nur in Selbstauslöschung enden kann, stellt nämlich in *Double Game* gerade die Haltung des Kunstschaffenden dar, die von Sophie Calle verworfen wird. Die Projekte, die sie hier nochmals dokumentiert, brechen entweder so plötzlich ab wie sie entstanden sind: zum Beispiel die *Geburtstagszeremonie*, in der sie, um sich der Angst zu entledigen, ihre Freunde könnten ihren Geburtstag vergessen, jedes Jahr die Anzahl Gäste einlädt, die ihrem neuen Alter entspricht, und deren Gaben, als Zeichen einer zärtlichen Anerkennung, aufbewahrt, nur um diesem Ritual zu ihrem vierzigsten Geburtstag ganz plötzlich ein Ende zu setzen. Oder die Projekte bleiben bewusst unvollkommen, so etwa die Arbeit, die den Titel *Die Garderobe* trägt, in der sie sich entschließt, einen ihr fremden Mann von Kopf bis Fuss einzukleiden, und ihm jedes Jahr zu Weihnachten ein Kleidungsstück schickt, das irgendwann zu einer perfekten Garderobe führen wird. Oder sie gibt ein Projekt einfach auf, nachdem es sie nicht mehr fasziniert, wie die Arbeit mit dem Titel *Verfolgen*, in der sie im Jahr 1979 für mehrere Monate fremden Menschen auf der Straße gefolgt ist und diese fotografiert hat, ohne dass diese es merkten. Dann jedoch hat sie diese Fremden wieder aus dem Blick verloren und sie einfach vergessen. Sophie Calle ahmt jeweils eine *belle indifference* gegenüber ihrer Obsession mit dem Ritual der Ermittlung und Katalogisierung von Daten, und verweigert somit die Reduktion von Komplexität, die sich durch das Übersetzen von Kontingenz in kohärente Geschichten notwendigerweise ergibt. Weil sie, wie Paul Austers Konzeptualistin fröhlich zwischen Fakt und Fiktion oszilliert, die beiden miteinander nie verwechselt, gleichzeitig aber auch auf deren gegenseitige Bedingung beharrt, kann sie die Objekte ihrer Neugierde auch wieder mühelos aufgeben, und zwar lange bevor diese Obsession pathologische, geschweige denn tödliche Dimensionen angenommen hat. Der Zufall, das Willkürliche, das Kontingente sind ihr Material, nicht zuletzt weil die Unsicherheit unausweichlich ist, wenn es sich um die Frage handelt, was Information ist, wie wir uns diese aneignen, und wie wir mit dieser umgehen. Zentral an Calles Arbeit ist demzufolge, dass sie zwar unseren Wunsch, aus der Unsicherheit des Wissens kraft Reduktion ein sicheres Wissen entstehen zu lassen, nachzeichnet, diese Geste der Vereinfachung jedoch gleichzeitig immer wieder unterläuft, indem sie gerade das Fehlbare dieses Unterfangens hervorhebt.

Die von ihr durchgespielten Prozesse der Entdeckung, der Untersuchung, des Ansammelns und Klassifizierens von Daten dienen gerade nicht dazu, sich vor der Komplexität des Wissens zu schützen. Denn mit ihren konzeptionellen Inszenierungen betont sie gerade nicht die Angst, die von der Fehlbarkeit und der Unsicherheit unseres Wissens ausgelöst wird, sondern die kreative Energie, die dieser Komplexität entnommen werden kann. In *Double Game* spielt das verlorene Addressbuch eine ebenso zentrale Rolle wie in *Leviathan*. Der brisante Unterschied liegt jedoch darin, dass es hier gerade nicht der Auslöser für ein Projekt der Selbstauslöschung wird, sondern als traumatischer Kern des Buches fungiert: als das Ereignis nämlich, in dem ihre spielerische Verschränkung von Fakt und Fiktion gewaltsam zusammenbricht. Wie Sophie Calle erklärt, hatte sie ihr Zuhause verlassen, um in die Nachbarschaft des ihr noch unbekannten Besitzers des Addressbuches zu ziehen. Sie hatte begonnen, seine Gewohnheiten und seinen Geschmack nachzuahmen, um sich gänzlich in sein Leben zu vertiefen. Tatsächlich hatte sie den Tagtraum gehegt, es würde sich nach seiner Rückkehr nach Paris eine Liebesgeschichte zwischen ihnen ergeben. In dem letzten von ihr in *Liberation* veröffentlichen Interview hatte sie sich gefragt, ob er ihr dieses Spiel böse nehmen würde, und so konnte es sie kaum erstaunen, als er mit Entrüstung auf ihr Eindringen in seine Privatsphäre reagierte. Sie erklärt »he said how it had wounded him, signing this response and sending a photograph he had obtained using my methods, showing me naked. It ended badly. Although in a way, he had authenticated my story«.

Die Geschichte des Addressbuches bleibt aus juristischen Gründen in *Double Game* unvollständig, und zwar um sicher zu stellen, dass keine weitere Verletzung der Intimität statt findet. Sie existiert demzufolge nur als unfertige Geschichte, deren Komplexität kraft einer bruchstückartigen Wiedergabe angedeutet, nicht aber vereinfachend dargestellt werden kann. Im Gegensatz zum Erzähler des *Leviathan*, der stets darauf beharrt, willkürlich zusammengefügte Ereignisse in eine Erzählkette zu organisieren, die vom Gesetz der Notwendigkeit und des Schicksals diktiert wird, verweigert Sophie Calle jegliche Geschichten, die Zufälle und Unfälle zu Geschichten über die notwendige Bedingtheit von tragischen oder glücklichen Ausgängen werden lassen. Stattdessen feiert sie die zufälligen Begegnungen, die unerwarteten Beschreibungen und kontingenten Bilder, die sich unter der Schirmherrschaft Pandoras ergeben. Veilleicht, weil sie so hartnäckig die Verweigerung des Fetischisten verweigert, weil sie ihren Blick gerade nicht abwenden will von den gefährlichen und poteniell auch verletzenden Begegnungen mit Fremden, gibt es nichts in ihren Geschichten des Zufalls, was ausgeblendet werden muss. Ihre Projekte nähren sich von der Anerkennung, dass, indem man der Kontingenz direkt ins Gesicht blickt, diese ihren schrecklichen Anblick verliert, den sie erhält, wenn man sie in eine Geschichte eines unumgänglichen Schicksals reduziert. Für die Konzeptualistin, die uneingeschränkt ihre weibliche Neugier genießt, erweist sich die Kontingenz als eine schillernde Möglichkeit, die endlos verhandelbar und figurierbar bleibt. An einer Stelle im *Leviathan* erklärt der Erzähler, alles könnte passieren, und auf die eine oder andere Art tut es dies auch. Für jemand wie Sophie Calle, die die Spielregeln des Zufalls als das herrschende Prinzip ihrer Selbstentdeckung *qua* Selbstentwerfung anerkennt, ist die Komplexität der Welt kein Problem. Im Gegenteil, sie ist eine Gabe der Götter.

Bibliographie

Auster, Paul: *Leviathan*, London 1992.
Barthes, Roland: *Mythologies*, Paris 1992.
Blanchot, Maurice: *Blanchot Reader. Fiction and Literary Essays*, hg. von George Quasha. Barrytown 1999.
Bois, Yve-Alain: »Character Study.« in: *Artforum* (April 2000), S. 126-131.
Bronfen, Elisabeth: Over her dead body. Death, Femininty and the Aesthetic. Manchester/New York 1992.
Bronfen, Elisabeth: The Knotted Subject. Hysteria and its Discontents, Princeton 1998.
Butler, Judith: The Psychic Life of Power. Theories in Subjectin, Stanford 1997.
Calle, Sophie: *Double Game*, London 1999.
Dolar, Mladen: »At First Sight«, in: Sic 1. *Gaze and Voice as Love Objects*, hgg. von Slavoj Zizek und Renata Salecl, Durham 1996, S. 129-153.
Freud, Sigmund: »Das Motiv der Kästchenwahl«, in: *Gesammelte Werke* (1913-1917) X. Frankfurt/a. Main 1946, S. 24-37.
Freud, Sigmund: »Fetischismus«, in: *Gesammelte Werke* (1925-1931) XIV. Frankfurt a./ Main 1948, S. 311-317.
Freud, Sigmund: »Neuere Folge der Vorlesungen zur Einführung in die Psychoanalyse«, in: *Gesammelte Werke* XV, Frankfurt/a. Main 1944.
Freud, Sigmund: »Das Medusenhaupt«, in: *Gesammelte Werke* (aus dem Nachlass) XVII, Frankfurt/a. Main 1941, S. 47-48.
The Oxford Classical Dictionary, hgg. von Simon Hornblower und Antony Spawforth, Oxford 1996.
Hustvedt, Siri: *The Blindfold*, New York/London 1992.
Laplanche, Jean: *Essays on Otherness*, London/New York 1999.
Mulvey, Laura: »Pandora's Box: Topographies of Curiosity« in: *Fetishism and Curiosity*. Bloomington 1996, S. 53-64.
Sante, Luc: »Sophie Calle's Uncertainty Principle.« in: *Parkett* 36 (1993), S. 74-82.
Schabert, Ina: »Schreibende Paare«, in: *Englische Literaturgeschichte aus der Sicht der Geschlechterforschung*, Stuttgart 1997, S. 241-444.
Showalter, Elaine: The Female Malady. Women, Madness, and English Culture, 1830-1980, New York 1985.
Veith, Ilza: Hysteria. The History of a Disease, Chicago 1965.
Warner, Marina: Monuments and Maidens. The Allegory of the Female Form, London 1985.
Wright, F.A.: Lemprière's Classical Dictionary of Proper Names Mentioned in Ancient Authors, London 1984.

Wolfgang Frühwald

Das Gedächtnis der Menschheit oder Literarische Formen der Erinnerung

1. Hüter der Verwandlungen

Als Elias Canetti, der erst spät als ein bedeutender Autor deutscher Sprache entdeckt wurde, im Jahre 1976 die Ehrendoktorwürde der Philosophischen Fakultät der Universität München verliehen wurde, hat er eine Dankesrede gehalten, deren Erstdruck[1] sogleich Aufsehen und eine Kontroverse mit Thomas Bernhard ausgelöst hat. In dieser Rede plädierte Elias Canetti entschieden für die Wiederbelebung eines damals als antiquiert belächelten Begriffes: des Begriffes »Dichter«. Aus einer kühlen und gleichwohl leidenschaftlichen Analyse der Gegenwart, aus einer heftigen Kritik der »Die-Literatur-ist-tot-Bewegung« hat Canetti die Notwendigkeit von »Dichtern« gefolgert, von der sein Zeitgenosse Hans Werner Richter noch zehn Jahre später meinte, sie seien wie die Schmetterlinge vom Aussterben bedroht[2]. Eine Menschheit, meinte Canetti zu Beginn des Zeitalters der elektronischen Datenverarbeitung, die ihre Prophezeiungen Maschinen anvertraue, habe diese Prophezeiungen wertlos gemacht. »Je mehr wir von uns abspalten, je mehr wir leblosen Instanzen anvertrauen, desto weniger sind wir Herren über das, was geschieht. Aus unserer wachsenden Macht über alles, Unbelebtes wie Belebtes und besonders über unseresgleichen, ist eine Gegenmacht geworden, die wir nur scheinbar kontrollieren. ...Vielleicht ist es der Mühe wert, darüber nachzudenken, ob es in dieser Situation der Erde etwas gibt, wodurch Dichter, oder was man bisher dafür hielt, sich nützlich machen könnten.«[3] Die Antwort Canettis auf die selbst gestellte, aber 1976 offenkundig provozierende Frage[4], ist

---

1 Unter dem Titel: »Der Beruf des Dichters«, in: *Die Zeit*, Nr.7, 6. Februar 1976, S. 35 f.; (aus diesem Druck wird nachfolgend zitiert).

2 Vgl. Hans Werner Richter: *Im Etablissement der Schmetterlinge. Einundzwanzig Portraits aus der Gruppe 47*. München 1986, S. 275: » ... gegen Assoziationen ist ja nichts einzuwenden, warum soll jemand Schriftsteller nicht mit Schmetterlingen vergleichen, zumal ja beide Arten ernsthaft vom Aussterben bedroht sind«. Nicht einmal bei diesem Rückblick konnte sich Hans Werner Richter überwinden, das Wort »Dichter« zu gebrauchen, obwohl er unter »Schriftsteller« genau das verstanden hat, was Canetti unter einem »Dichter« verstand. Auch Canetti war der festen Überzeugung, »daß heute niemand ein Dichter ist, der nicht ernsthaft an seinem Recht, es zu sein, zweifelt«.

3 »Der Beruf des Dichters«, S. 35, 2. Spalte.

4 Thomas Bernhard hat in einem polemischen Leserbrief an *Die Zeit* Elias Canetti wegen dieser Rede auch persönlich angegriffen, ihn als »Spätlingsvater« bezeichnet, seinen Roman »Die Blendung« gönnerhaft »eine begabte Talentprobe« genannt und die Rede einem »Anfall von akuter, sicher aber doch galoppierender Senilität« zugeschrieben. Die Auseinandersetzung, in der meines Wissens Canetti nicht Stellung genommen hat, zog sich bis in die Nummer 12 der *Zeit* vom 12. März 1976 hinein.

so einfach wie kompliziert: Aufgabe des Dichters sei es, »Hüter der Verwandlungen« zu sein, und dies in einem doppelten Sinne: Zunächst, um das literarische Erbe der Menschheit so verwandelt zu bewahren, dass es immer wieder zu neuen Generationen spricht und dabei nicht nur das literarische (also das geschriebene und das gedruckte) Erbe der Menschheit transformiert, sondern auch das mündlich überlieferte Erbe, mythische, in wenigen Spuren noch faßbare Erfahrungen längst zerstörter Kulturen, ausgestorbener oder vor unseren Augen hilflos sterbender Stämme[5]. »Stämme, die manchmal aus wenigen hundert Menschen bestehen, haben uns einen Reichtum hinterlassen, den wir gewiß nicht verdienen, denn durch unsere Schuld sind sie ausgestorben ... Ihre mythischen Erfahrungen haben sie sich bis zum Schluß erhalten, und das Merkwürdige ist, dass es kaum etwas gibt, das uns mehr zustatten kommt, kaum etwas, das uns so sehr mit Hoffnung erfüllt, wie eben diese frühen, unvergleichlichen Dichtungen von Menschen, die, von uns gejagt, übervorteilt, beraubt, in Elend und Bitterkeit zugrunde gegangen sind. Sie, die – für ihre bescheidene materielle Kultur von uns verachtet – blindlings, erbarmungslos ausgerottet wurden, haben uns ein geistiges Erbe hinterlassen, das unerschöpflich ist. Für seine Rettung kann man der Wissenschaft nicht dankbar genug sein; seine eigentliche Bewahrung, seine Auferstehung zu *unserem* Leben, ist Sache der Dichter.«[6] Damit wird dem Dichter und der Dichtung eine Aufgabe zugewiesen, die größer und schwerer ist als alle Aufgaben, welche die Modernen, die Emergenz-Philosophen und die Innovations-Theoretiker jeder Couleur der kreativen Phantasie zuweisen. Diese Aufgabe meint nicht weniger als die Bewahrung des Gedächtnisses der Menschheit, die stets zu erneuernde, dynamische Aneignung und Verlebendigung einer nicht zu vererbenden kulturellen Überlieferung, welche Menschheit als Menschheit erst eigentlich konstituiert und sie sich ihrer selbst in der Kette humaner Traditionen bewußt werden lässt. Die lebendige, eine große Bildungsbewegung auslösende Wiederentdeckung der griechisch-römischen Antike an der Wende vom 18. zum 19. Jahrhundert (also die klassisch-romantische Bewegung und der Neuhumanismus) ist nur ein Beispiel für solche Erinnerungsleistungen. Ein anderes Beispiel ist der Streit um die Aneignung des germanischen Altertums, der im 19. Jahrhundert im Streit um den deutschen Beitrag zur »Humanität« mündete. Ob das Nibelungenlied oder die homerischen Epen für die Schullektüre leitend sein sollten, lautete die Streitfrage. Das fremd gewordene Eigene und das längst zugeeignete Fremde sind die großen Antithesen dieses Bildungskonfliktes. Hegel meinte im Zusammenhang mit diesem Streit, dass allein die homerischen Charaktere Anspruch auf das Attribut »menschlich« erheben könnten, weil selbst der grausame, rachsüchtige und aufbrausende Achill, der

5 In meiner (ungedruckten) Laudatio auf Canetti (vom 27. Januar 1976) heißt es: »Was Elias Canetti in ›Masse und Macht‹ und den die Thesen und Themen dieses Buches weiterführenden Essays leistet, ist nichts Geringeres als die Entmythologisierung der Geschichte durch die Analyse der Mythen der Menschheit.« Diese Formulierung, so Elias Canetti in einem Brief vom 16. Februar 1976 an mich, treffe »haargenau« seine Absicht.

6 »Der Beruf des Dichters«, S. 35, letzte Spalte.

den erschlagenen Hektor, an seinen Streitwagen gebunden, um die Mauern Trojas geschleift hatte, sich erweicht, »als der alte Priamus zu ihm ins Zelt kommt; er gedenkt daheim des eigenen alten Vaters und reicht dem weinenden König die Hand, welche den Sohn ihm getötet hat. Bei Achill kann man sagen: Das ist ein Mensch; die Vielseitigkeit der edlen menschlichen Natur entwickelt ihren ganzen Reichtum an diesem einen Individuum. Und so ist es auch mit den übrigen Homerischen Charakteren: Odysseus, Diomed, Ajax, Agamemnon, Hektor, Andromache; jeder ist ein Ganzes, eine Welt für sich, jeder ein voller, lebendiger Mensch und nicht etwa nur die allegorische Abstraktion irgendeines vereinzelten Charakterzuges. Welche kahle, fahle, wenn auch kräftige Individualiäten sind dagegen der hörnene Siegfried, der Hagene von Troy und selbst Volker der Spielmann«[7]. So ist es kaum verwunderlich, dass der romantische Dichter Clemens Brentano 1809 Hegel in Nürnberg, wo er Rektor des Gymnasiums war, bei der Lektüre von »Heldenbuch und Nibelungen« angetroffen hat, wie er sich diese Texte unterm Lesen ins Griechische übersetzte, »um sie genießen zu können«[8].

Der Renaissancismus an der Wende vom 19. zum 20. Jahrhundert, der in der Wohnraumgestaltung, im Kunsthandwerk, in Literatur, Bildender Kunst und Architektur die Renaissance imitierende (und gelegentlich auch parodierende) Lebensstil, ist vielleicht ein drittes, wie seine Beispielsgeschwister durchaus exotisch anmutendes Exempel in einer Zeit, in der Geschwindigkeit und Effizienz, also gedächtnissprengende Momente, in allen öffentlichen Äußerungen gleichsam kanonisiert werden und Los Angeles, die Stadt ohne Mittelpunkt, zur heimlichen Metropole der nachmodernen Welt erhoben wurde. »Los Angeles, die ›Große Orange‹ – lauter Schnitze um ein Nichts« – so hat der Schweizer Autor Hugo Loetscher diese Stadtlandschaft ohne »down town« bezeichnet, aus deren Flussbett eine Staubwolke aufsteigt, wo alles grün, aber alles nur künstlich grün ist, eine Traumlandschaft inmitten der Realität: »Wegen seiner Rasen brauchte H. kein Schaumlöschgerät bereitzustellen. Für den einen kam genügend Wasser aus dem Schlauch; für den andern stand ein Staubsauger zur Verfügung. Beide blieben fußsohlenfreundlich wie am ersten Tag des Einzugs.«[9] Diese Stadt-Erfahrung scheint noch immer die Erfahrung der Dichter zu sein. Los Angeles ist eine Stadt, welche Leben und Fruchtbarkeit nur vortäuscht, eine Stadt, in welcher der Tod unter grünem Plastik-Rasen lauert, die »Hauptstadt des Vergessens«. So jedenfalls hat der 1962 in Dresden geborene Lyriker Durs Grünbein 1998 Los Angeles genannt: »Los Angeles. Diese Stadt ist ein Frontalangriff auf das Gedächtnis. Ihr wucherndes Territorium, das die Urbanologen erschreckt und die Historiker zum Stottern

7 Georg Friedrich Wilhem Hegel: *Ästhetik*. Mit einem einführenden Essay von Georg Lukács hg. von Friedrich Bassenge. Berlin 1955, S. 253. Vgl. dazu Wolfgang Frühwald: »Wandlungen eines Nationalmythos. Der Weg der Nibelungen ins 19. Jahrhundert.« In: Dieter Borchmeyer (Hg.): *Wege des Mythos in der Moderne. Richard Wagner: Der Ring des Nibelungen*. München 1987, S. 17 – 40.

8 Friedrich Seebaß: *Clemens Brentano. Briefe*. Bd.2. Nürnberg 1951, S. 26 (Brief an Joseph Görres vermutlich von Beginn des Jahres 1810).

9 Hugo Loetscher: *Herbst in der Großen Orange*. Zürich 1984, S. 7f.

bringt, ist ein Diagramm jener Amnesie, die am Jahrhundertende über den ganzen Globus fegt. Weniges überdauert die letzten fünf Jahre, den magischen Turnus der Investitionen und Auslöschungen. ›History is five years old', sagt eine kalifornische Redensart.«[10]

Das Menschheitsgedächtnis, als das Elias Canetti die kulturelle, von Dichtern erweckte und zu erweckende Überlieferung charakterisiert, hat nicht nur eine diachron-historische, sondern auch eine synchron-strukturelle Komponente. Hüter der Metamorphosen sind die Dichter vor allem in dem Sinne, dass sie in der Lage sind, »die Zugänge zwischen den Menschen« offenzuhalten[11]. In einer Welt, »die auf Leistung und Spezialisierung angelegt ist, die nichts als Spitzen sieht, denen man in einer Art von linearer Beschränkung zustrebt, die alle Kraft an die kalte Einsamkeit der Spitzen wendet, das Danebenliegende aber, das Vielfache, das Eigentliche, das sich zu keiner Spitzenhilfe anbietet, missachtet und verwischt, in einer Welt, die die Verwandlung mehr und mehr verbietet, weil sie dem Allzweck der Produktion entgegenwirkt, die bedenkenlos die Mittel zu ihrer Selbstzerstörung vervielfältigt und gleichzeitig zu ersticken sucht, was an früher erworbenen Qualitäten des Menschen noch vorhanden wäre, das ihr entgegenwirken könnte, in einer solchen Welt, die man als die verblendetste aller Welten bezeichnen möchte, scheint es von geradezu kardinaler Bedeutung, dass es welche gibt, die diese Gabe der Verwandlung ihr zum Trotz weiter üben«. Die Kunst der Verwandlung also, die eine im Dienste des Lebens gegen den Sog des Todes stehende Kunst der Anverwandlung von Humanem ist, bedeutet die Fähigkeit und die Möglichkeit, das Menschliche gerade im Geringen, im Alltäglichen und Gewöhnlichen zu entdecken. Die Dichter, so nochmals Canetti, »sollten imstande sein, zu *jedem* zu werden, auch zum Kleinsten, zum Naivsten, zum Ohnmächtigsten. Ihre Lust auf Erfahrung anderer von innen her, dürfte nie von den Zwecken bestimmt sein, aus denen unser normales, sozusagen offizielles Leben besteht, sie müßte völlig frei sein von einer Absicht auf Erfolg oder Geltung, eine Leidenschaft für sich, eben die Leidenschaft der Verwandlung«.

Nicht Friedrich II. von Preußen also, jener Mächtige, der Hekatomben von Menschen dem Großmachttraum Preußens geopfert hat, ist der Held von Lessings Komödie »Minna von Barnhelm«, sondern seine Opfer, der gänzlich unbekannte und erst in der Figuration seines Autors seither zu Weltruhm gelangte, fiktive Major von Tellheim und das mit Liebeslist agierende Fräulein von Barnhelm. Nicht die entstehende experimentelle Medizin ist das Thema von Georg Büchners Drama »Woyzeck«, sondern ihr Opfer, der zum »Versuchstier« degradierte Woyzeck, vor dessen innerem Auge sich die Welt so verwandelt, dass wir seither um

10 Durs Grünbein: »Aus der Hauptstadt des Vergessens. Aufzeichnungen aus einem Solarium«. In: Frankfurter Allgemeine Zeitung. Bilder und Zeiten vom 7. März 1998. Hier zitiert nach dem Kapitel »Lava und Müll« aus Aleida Assmanns gelehrtem und gleichwohl spannendem Buch: *Erinnerungsräume. Formen und Wandlungen des kulturellen Gedächtnisses*. München 1999, S. 404.

11 »Der Beruf des Dichters«, S. 35, letzte Spalte. Die folgenden Zitate ebd.

unsere eigenen Mordinstinkte durch ihn zu wissen glauben und den Mond nicht mehr als das die Seele stillende Gestirn der Nacht, sondern auch als ein das Gewissen des Menschen blutig verwundendes Eisen kennen. Nicht die Damen von Welt sind Theodor Fontanes lebensnahe Frauengestalten, sondern Lene Nimptsch, die Frau des Fabrikmeisters Gideon Franke, Mathilde Möhring, die Tochter des Buchhalters in einem Kleider-Exportgeschäft, Corinna Schmidt, die Tochter des Professors, die mit dem nicht geliebten, aber geachteten Ehemann gleichwohl zur Hochzeitsreise an den Erinnerungsort großer Leidenschaft und tragisch endender Liebe reist, nach Verona, an Julias Grab[12]. Es seien die immer gleichen Geschichten, meinte Gottfried Keller, welche die Menschheit von ihresgleichen erzähle, ob von mittelalterlichen Geschlechtern, von britischen Königen oder von Schweizer Bauern. Alle wirklich guten Genres »seien von jeher dagewesen« und durch die Jahrtausende hindurch überliefert: »Die Zahl solcher Fabeln ist mäßig, gleich der Zahl der Metalle, aber sie ereignen sich immer wieder auf's Neue mit veränderten Umständen und in der wunderlichsten Verkleidung.«[13]

In den Mythen, den Literaturen, den Stimmen und Figuren längst dahingegangener, wirklicher und erfundener Menschen aber, in dem tausendfältigen Leben, dem sich der Dichter öffnet, »das in ihn eingeht«, erfährt er mit Bestürzung die in vielen wachsende Macht des Todes, doch nur um ihr zu widerstehen. Sein Gesetz nämlich lautet: »Daß man das Nichts nur aufsucht, um den Weg aus ihm zu finden, und den Weg für jeden zu bezeichnen. Daß man in der Trauer wie in der Verzweiflung verharrt, um zu lernen, wie man andere aus ihnen herausholt, aber nicht aus Verachtung des Glücks, das den Geschöpfen gebührt, obwohl sie einander entstellen und zerreißen.«[14] Eine solche Botschaft war der Schwedischen Akademie der Schönen Künste 1981 immerhin einen Nobelpreis für Literatur wert. Die Münchner Rede vom Januar 1976, sagte Elias Canetti, habe seine »Intentionen als Dichter am klarsten zusammengefaßt«. Diese Rede werde ihn auch in Stockholm vertreten haben, wo man bekanntlich alles lese[15].

2. Erinnerungstheorien

Das Gedächtnis, welches die Dichter meinen, ist kein Gefäß, kein Archiv, kein bloßer Speicher für Informationen, sondern ein lebendiger Prozeß der steten Anverwandlung alldessen, was zur Entwicklung des Menschen als Menschen gehört, weit über Schrift- und Druckerzeugnisse zurück, vordringend in einen Raum, in

12 Lene Nimptsch ist die Hauptfigur in Theodor Fontanes Roman »Irrungen, Wirrungen« (1887), Mathilde Möhring die Titelfigur seiner letzten (gleichnamigen und erst 1906 erschienenen) Erzählung, Corinna Schmidt die Gegenfigur zu der Titelgestalt in Fontanes Roman »Frau Jenny Treibel oder ›Wo sich Herz zum Herzen find't‹« (1892).

13 Gottfried Keller: »Romeo und Julia auf dem Dorfe«. In: Thomas Böning: *Gottfried Keller. Die Leute von Seldwyla*. Frankfurt am Main 1989, S. 69 und S. 697.

14 Elias Canetti: »Der Beruf des Dichters«, S. 36, 2. Spalte.

15 Brief von Elias Canetti an mich vom 8. November 1981.

dem nur noch Mythos und Märchen vom Ursprung des Menschen zeugen. Mythos und Märchen, die Formen mündlicher Überlieferung, aber auch erschlossene Etymologien und – die Phantasie der Dichter dringt in jenen Raum und jene Zeiten vor, wo sich der Mensch, dem allein unter allem Lebendigen der Erde Erinnerung gegeben ist, von seinen tierischen Vorfahren trennt. Dort wird er sich seiner selbst bewusst und beginnt die Meditation seines Sterbens und seiner Begrenztheit, in welcher der Anfang aller Kunst und aller Wissenschaft liegt. Dieses Menschheitsgedächtnis, eine kollektive Erinnerung, dessen Organ und dessen Organon der Dichter zugleich ist, scheint der Ort des Sozialen zu sein, des Zwischenmenschlichen; es scheint auch das Kontinuum der Menschenwelt zu bilden, da es nicht nur Kommunikation zwischen den Menschen (weit über die Grenzen des individuellen Lebens hinaus) herstellt, sondern in die geschichtslose Erosion der Natur die geschichtliche Spur des Menschen setzt. In diesem Sinne sind Religion und Dichtung urverwandt, weil beide auf den Ursprung und das Fortleben des Menschen bezogen sind, weil beide Rückbindung meinen (re-ligio) oder anders ausgedrückt: Erinnern, bewahrendes, verwandelndes Gedenken dieser Menschenspur. Wilhelm Raabe hat für die humane Urerfahrung, die zugleich die Initiationserfahrung des Poetischen ist, in seinem Altersroman »Die Akten des Vogelsangs« (1895) ein Zitat aus Skakespeare's Drama » King Richard II« (Akt III, Szene II)[16] abgewandelt:

»Let's talk of graves, of worms, and epitaphs,
Make dust our paper, and with rainy eyes
Write sorrow on the bosom of the earth.
...
For God's sake let us sit upon the ground
And tell sad stories of the death of kings ...«[17]

Die komplexe Welt wird durch die Vermehrung des Menschengewimmels um fiktive Gestalten, durch die Erschaffung von Menschen, wie sie »die bittere Erde nicht hegt«, noch komplexer. Nun ist sie eine von realen *und* erfundenen, von lebenden *und* von toten, von berühmten *und* vergessenen Menschen bevölkerte Erde. Doch ist gerade die Erschaffung poetisch-fiktiver Gestalten zumindest im Blick realistisch schreibender Autoren auch ein Mittel, um die undurchschaubare Vielfalt des komplexen Menschenlebens auf die durchschaubare, weil selbst hergestellte Figur fiktiver Welten zu reduzieren. dass die poetische Erschaffung von Menschen die intensivste Form ist, Menschen zu erkennen, ist das Postulat, dem sich die Dichtung seit dem Siegeszug der Autonomieästhetik im 18. Jahrhundert verschrieben hat. In diesem Tun (dieser wörtlich verstandenen »Poesie«) aber ist das kulturelle Gedächtnis der Menschheit präsent, denn Erinnerung ist Stoff und Basis jeder Poesie. Sie stellt nicht Tradition her, sondern Kontinuität, und schließt die Kette des Menschseins.

---

16 Für den Nachweis des Zitats danke ich Sonja Fielitz (München).

17 Nur die kursiv gesetzten Zeilen werden bei Raabe (von Helene Trotzendorff) zitiert. Die Dichter aller Zeiten erzählen von nichts anderem als vom Tod der Könige dieser Erde, vom Tod des Menschen.

Die heutige Konjunktur von Gedächtnis und Erinnerung, die innerhalb des Jahrzehnts am Ende des 20. Jahrhunderts zu ganzen Bibliotheken über Mnemotechnik, über »ars memoriae« und »ars oblivionis«, über Erinnerungskunst und »anamnetische Kultur« geführt hat, ist nicht nur als ein Phänomen an der Grenzlinie des Generationenwandels zu beschreiben, sondern mit Sicherheit auch als ein Verlustphänomen[18]. Die Beschleunigungsturbulenzen einer radikalisierten Modernisierung[19], die wir gegenwärtig erleben, führen zu Gedächtnisbegrenzung und Erinnerungsverlusten, in denen Rezentes als alt ausgegeben, Bekanntes als etwas verstanden wird, was angeblich noch niemals dagewesen ist, Nachgeahmtes als grundlegend original erfahren wird. Unsere Zeit ist allen Ernstes der Überzeugung, dass sie das Problem des Gedächtnisses durch die Erfindung elektronischer Rechner und Speichermedien gelöst habe, und eine Formel wie »gespeichert, d.h. vergessen« dringt nur langsam in die Erfahrungswelt der Moderne ein[20]. Die modernitätsprägende Beschleunigung des Erfahrungswandels, die kontinuitätssprengende Ausdifferenzierung aller Wertsysteme, die rationalistisch-intellektuelle Entzauberung der Dingwelten wirken in die von Theodor W. Adorno beschriebene Richtung, wonach bürgerliche, auch spätbürgerliche Gesellschaften dahin tendieren, Erinnerung, Zeit und Gedächtnis dem Fortschrittsgedanken zu opfern, das heißt als eine Art von irrationalem Rest zu liquidieren[21]. Insofern ist die theorielose Datenexplosion moderner Natur- und Lebenswissenschaften das exakte Spiegelbild dieser Entwicklung, sind die vom Fortschrittsgedanken noch immer faszinierten USA das gelobte Land experimentell gewonnenen Wissens: »History is five years old!«

Diesem allgemeinen Trend entgegen läuft die beschriebene wissenschaftliche und literarische Konjunktur von Gedächtnis und Erinnerung, da die immer rascher aus dem Horizont der Erfahrung schwindende Vergangenheit den Kontinuitätsbruch suggeriert und ein Verlustempfinden erzeugt, das nach Substitution und Kompensation ruft. Dabei befindet sich Europa derzeit in einer besonderen Situation. Es ist nämlich

- (1) geprägt von jenem Schock der Zerstörung, den wir mit dem Namen »Auschwitz« umschreiben, so dass alle Schrecken neuer Kriege in der Mitte Europas

18 Ich verweise nur auf wenige jüngere deutsche Beiträge zu diesem internationalen Diskussionszusammenhang: Jan Assmann: *Das kulturelle Gedächtnis. Schrift, Erinnerung und politische Identität in frühen Hochkulturen*. München 1992; Harald Weinrich: *Lethe. Kunst und Kritik des Vergessens*. München 1997; Aleida Assmann: Erinnerungsräume (s. Anm.10). Zum Forschungsstand vgl.: Jan Assmann: *Schuld und Unschuld des Vergessens*. In: Internationales Archiv für Sozialgeschichte der deutschen Literatur 23,1 (1998), S. 191 – 203; vgl. auch Wolfgang Frühwald: »Erinnerung und Gedächtnis. Anmerkungen zur historischen Vernunft«. In: Petra Kolmer und Harald Korten (Hgg.): *Recht – Staat – Gesellschaft. Facetten der politischen Philosophie*. Freiburg und München 1999, S. 185 – 203.

19 Vgl. dazu Johann Baptist Metz: »Zwischen Erinnern und Vergessen. Der Christ im Umgang mit der Geschichte«. In: Maximilian Liebmann, Erich Renhart, Karl Matthäus Woschitz (Hgg.): *Metamorphosen des Eingedenkens*. Gedenkschrift der Katholisch-Theologischen Fakultät der Karl-Franzens-Universität Graz 1945 – 1995. Graz 1995, S. 25 – 34.

20 Die Formel stammt von Hans Magnus Enzensberger, vgl. Weinrich, a.a.O. S. 260.

21 Vgl. Jan Assmann, a.a.O. S. 85.

auf diese Erfahrung der Zerstörung des Menschlichen, auf den Verlust des »zivilisatorischen Urvertrauens«[22] bezogen werden. Erinnerungsarbeit, meint Heiner Müller, gehe immer von einem Schock aus, und Aleida Assmann hat, daran anknüpfend, davon gesprochen, dass die Bewegungen des Gedächtnisses gewissermaßen »unter Strom« stehen: »Es gibt wohl nichts, was die Erinnerung so nachhaltig in Gang gesetzt hat wie die Katastrophe der Zerstörung und des Vergessens in der Mitte dieses Jahrhunderts. Es ist deshalb nur folgerichtig, wenn am Ende dieses Jahrhunderts, als dessen Signatur aus europäischer und zumal deutscher Sicht eine ungekannte Entschränkung der Zerstörungsgewalt erkennbar ist, Anwälte des Gedächtnisses auftreten, um, wie Simonides in der römischen Legende, die Schauplätze der Katastrophen zu besichtigen.«[23] Die schockartige Erfahrung der Zerstörung ganzer Kulturen steht am Anfang von Gedächtnisakten, die wir als Literatur beschreiben und jede Nation, jedes Volk hat seine eigenen Schockerfahrungen. Doch gibt es auch kontinent- und weltumspannende Schockerfahrungen, welche in vielen Völkern und Literaturen über Jahrhunderte, ja über Jahrtausende hin nachwirken: die babylonische Gefangenschaft der Juden, die Zerstörung der trojanischen Kultur durch die Griechen, die der karthagischen Kultur durch die Römer, die der römischen durch die Germanen, die der amerikanischen Inkas, Azteken und Indianer durch europäische Eroberer. Bis zum heutigen Tag leben in vielen Literaturen der Welt diese Zerstörungserfahrungen nach.

- (2) Die europäische Situation heute ist auch davon geprägt, dass wir uns gegenüber Weltkrieg und Völkermord in einer besonderen Erinnerungssituation befinden. Die Europäer haben nämlich um 1985, also in den Jahren, in welchen die Untergangsgeschichten in den Literaturen Europas wucherten, die Vierzigjahresgrenze seit dem Ende der nationalsozialistischen Herrschaft über Deutschland und Europa überschritten und sind tief in jene zweite Vierzigjahresperiode eingetaucht, in welcher Erinnerung, d.h. Konstruktion von Vergangenheit, dynamisch befestigt oder zerstört wird, in der sich aus dem rapide schwindenden Gedächtnis der Augen- und Ohren- und Zeitzeugen die rituell befestigte Basis eines Geschichtsbildes entwickelt oder diese Geschichte vergessen wird. Auch die Verfälschung von Geschichte gehört zu den Phänomenen solcher von den Nachgeborenen beherrschten Phasen. »Alle Untersuchungen der ›Oral History‹ bestätigen«, nach Jan Assmann, »daß auch in literalen Gesellschaften die lebendige Erinnerung nicht weiter als 80 Jahre zurückreicht. (...) Hier folgen dann, durch ein ›floating gap‹ getrennt, anstelle der Ursprungsmythen (illiterater Gesellschaften) die Daten der Schulbücher und Monumente, d.h. die offizielle Überlieferung.«[24] Die Auseinandersetzung also, in die wir in allen Ländern Europas inzwischen geraten sind, ist gekennzeichnet von der kulturellen For-

22 Terminus nach K.L.Naumann, vgl. Metz, a.a.O. S. 30.
23 Aleida Assmann, a.a.O. S. 18.
24 Jan Assmann, a.a.O. S. 51.

mierung der Vergangenheit, vom Streit darum, Geschichte sachadäquat und wirklichkeitsangemessen zu erzählen. Da die Perspektiven auf Historie aber so vielfältig sind, wie die Personen, die Geschichte (in Geschichten) erzählen, herrscht Streit. Die Jahre am Beginn des 21. Jahrhunderts sind geprägt von der Auseinandersetzung um Verschriftlichung, um Markierung, um Monumentalisierung und Gedächtnis-Formierung, also vom Streit um Geschichtsbewusstsein, in dem die Bilder des vergangenen Jahrhunderts fixiert werden. Wie stark diese Fixierung auch durch Quellen außerhalb der offiziellen Geschichtsschreibung geschieht, dafür ist die bis heute dauernde Festlegung des Bildes des spanischen Königs Philipp II. kennzeichnend. Noch immer ist dessen Bild geprägt durch Schillers »Don Carlos«, ein Drama, das auf parteiischen Quellen beruht. Reinhold Schneiders engagierter Versuch, dieses Bild des Königs zu korrigieren, es durch das Bild des für ihn »heiligen« Königs zu ersetzen, ist gescheitert, weil Schillers Erinnerungsprägung in die bildungsbürgerliche Tradition eingegangen ist, Schneiders Texte nur in die Sondertradition einer kleinen katholischen Bildungsschicht.

Es war die große Entdeckung Jan Assmanns, dass aus dem 5. Buch Mose und seiner Erzählung vom Ende der vierzigjährigen Wüstenwanderung des Volkes Israel ein anthropologisches Schema zu gewinnen ist, das nicht begrenzt ist auf die Situation des alten Israel, sondern durch alle Zeiten hindurch den kulturellen Zuständen von Erinnern und Vergessen die immer gleiche, aber historisch variierte Struktur gibt[25]. Diese Kontur ist bestimmt durch die Teilung der Achtzigjahres-Periode lebendiger Erinnerung in zwei Vierzigjahres-Perioden, in die Phase des kommunikativen Gedächtnisses der Mitlebenden und in die des kulturellen Gedächtnisses, in der das »Erfahrungsgedächtnis der Zeitzeugen, wenn es in Zukunft nicht verlorengehen soll, in ein kulturelles Gedächtnis der Nachwelt übersetzt werden muß. Das lebendige Gedächtnis weicht damit einem mediengestützten Gedächtnis, das sich auf materielle Träger wie Denkmäler, Gedenkstätten, Museen und Archive stützt«[26] . Am wirkungsvollsten allerdings scheint die rituell befestigte Erinnerung zu sein, die Feier des Sabbats zur Erinnerung an den Bund, den Gott mit seinem Volke geschlossen hat, die Feier des Sonntagsgottesdienstes, als die stete Wiederholung der Stiftung des Christentums, des Todes und der Auferstehung Jesu, die Strukturierung des Jahres nach den Stationen des Lebens Jesu, die Feier des Lailat al-Kadr zur Erinnerung an den Tag, an dem Allah den Koran an den Propheten übergeben hat, etc.

Wenn wir dieser Theorie folgen, so ist die Zeitenwende, die Europa soeben durchlebt, nicht allein durch die irrationalen Ängste einer Jahrtausendwende bestimmt, nicht nur durch den Übergang von der vorherrschenden Drucküberlieferung des Wissens zur elektronischen Überlieferung (bekannt als das Ende der Gutenberg-Galaxis), sondern vor allem durch den Übergang aus der ersten in die zweite Vierzigjahresperiode der Erinnerung an den Schock in der

25 Vgl. dazu Frühwald, »Erinnerung und Gedächtnis«, S. 185 – 196.
26 Aleida Assmann, a.a.O. S. 15.

Mitte des blutigen 20. Jahrhunderts. Die maximale Periode lebendiger Erinnerung, in der Geschichtsbilder fixiert und geprägt, in der Referenztexte und Monumente, rituelle Gedächtniszeremonien festgelegt werden, neigt sich ihrem Ende zu. In der Auseinandersetzung solcher letzten Tage werden längst bekannte und wohl dokumentierte Ereignisse der Geschichte neu beschrieben, gleichsam nochmals entdeckt und nun, anders perspektiviert, auch neu erzählt. Daher also, und nicht nur wegen der Verjährungsfristen, die Flut der uns überspülenden Erinnerungsliteratur, der diaristische Boom, der Streit um die Verbrechen der Wehrmacht, um das Gold der Vertriebenen und Ermordeten, um die Entschädigung der letzten noch lebenden Zwangsarbeiter, um die Entdeckung und die Bewertung der Kollaboration mit den Nationalsozialisten in vielen ehemals besetzten, aber auch neutralen Ländern Europas! Daher auch die modischen Entschuldigungsgesten ganzer Heerscharen von Politikern, als zeigte die Geschichte des kulturellen Gedächtnisses nicht deutlich, dass die einmalige »schockierende« Geste (zum Beispiel Willy Brandts Kniefall im Ghetto von Warschau) im kollektiven Gedächtnis haftet, die stete Wiederholung aber nur den Überdruss nährt. Tatsächliche »Ent-Schuldigung« kann nur durch eine lange, wohl mehrere Generationen umfassende, »unter Strom stehende« Gedächtnisarbeit geleistet werden. Dabei ist »Erinnerung« nicht schon per se ein positiv besetzter Begriff. Die Gewaltausbrüche im Amselfeld, im Becken von Pristina, bezeugen, wie eine erstarrte, aber auch durch viele Jahrzehnte hin gewaltsam unterdrückte Erinnerung auszubrechen und das Alphabet des Hasses fast mechanisch zu repetieren vermag.

- (3) Die Situation in Europa wird aber auch dadurch gekennzeichnet, dass in Mitteleuropa, zumal in Deutschland, durch große Immigrationswellen nun zwei Kulturen aufeinandertreffen, nach Metz eine primär gedächtnisgeleitete Kultur, wie die islamische, und eine primär diskursgeleitete wie die aufgeklärt-westliche[27]. Gedächtnisgeleitete Kulturen haben spezifische »Modernisierungshemmungen ...; sie lähmen die Neugierde, verdächtigen das Experiment, ritualisieren ihre Lebenswelt und sind allzu sehr auf reine Wiederholung bedacht; fundamentalistische Verstrickungen liegen deshalb besonders nahe. Doch was wären Kulturen ohne jegliches verbindliche Gedächtnis, Kulturen, die ausschließlich diskursorientiert sind, Kulturen, in denen es nur ein diskursiv beherrschtes, aber kein die Diskurse leitendes Gedächtnis mehr gibt? Wären in ihnen schließlich die Menschen noch etwas anderes als das Experiment ihrer selbst, Menschen, die in den von ihnen inszenierten Beschleunigungsturbulenzen immer mehr sich selbst abhanden kommen?« Die von vielen, insbesondere von Samuel Huntington, für gefahrenträchtig gehaltene Situation[28] enthält aber in der Mitte Europas

---

27 Metz, a.a.O. S. 34. Das folgende Zitate ebd.

28 Samuel P. Huntington: *Der Kampf der Kulturen. Die Neugestaltung der Weltpolitik im 21. Jahrhundert*. München und Wien 1996 (englische Originalausgabe: The Clash of Civilizations. New York 1996).

eine epochale historische Chance. Die Begegnung der Kulturen muß nicht notwendig zu einem »clash« geraten, auch wenn brennende Häuser in Südspanien, in Deutschland und anderswo wenig Hoffnung auf die Vermeidung des Kulturenkampfes machen. Wenn es aber gelingt, die Begegnung als Chance zu erkennen und durch rechtzeitige, kluge Integrationspolitik als Chance zu nutzen, so könnten Öffnung und Erinnerung geschehen, Öffnung zum Diskurs auf der einen Seite, Erinnerung an die Notwendigkeit eines diskursleitenden Gedächtnisses auf der anderen: Ob und wie Religion auch ein Modernisierungselement sein kann, haben die West- und Mitteleuropäer längst vergessen. dass Vernunft und Rationalität auch von »heiligen« Schriften nicht fernzuhalten sind, müssten islamische Theologen dem Jahrhundert der Vernunft, dem Jahrhundert der Aufklärung in Europa, abzuschauen versuchen.

3. Beispiel

Es gibt zahllose Beispiele für jene Verwandlungen, welche Erinnerungsräume öffnen und mit ihnen in die Tiefe der Mythen eindringen. Aleida Assmann hat sie aus der Weltliteratur, von den homerischen Epen über Shakespeares Dramen bis zur jüngsten deutschen Lyrik, gesammelt. Auffällig in allen diesen auf mythischen Praetexten gründenden Werken ist der Sog des Todes, dem die Dichter in unterschiedlicher Weise begegnen und widerstehen, »as long as memory holds a seat / in this distracted globe«[29]. Erinnerung ist von den Anfängen des Menschseins bis tief in das 18. Jahrhundert hinein vor allem Gedächtnis des Todes und der Toten. An Grabbeigaben und Begräbnisritualen sind die frühesten Spuren des Menschseins, sind die ersten Hinweise auf die Formierung eines kulturellen Gedächtnisses abzulesen, das sich ausdifferenziert und seit der Frühen Neuzeit in drei konkurrierenden Funktionen auftritt: als Totengedenken, Nachruhm und historische Erinnerung[30]. Am Ende dieser Tradition steht der Roman des sechzigjährigen Goethe »Die Wahlverwandtschaften« (1809), der ein Roman des Todes und der Todesangst, aber auch ein Roman der Einbildungskraft ist. In seiner Mitte steht jene Gedankensünde, der doppelte Ehebruch im Ehebett, in dem sich Eduard und Charlotte umarmen, aber beide dabei an einen jeweils anderen geliebten Partner denken[31]. Das aus dieser Vereinigung entstehende Kind Otto (»tot« ist sein Name anagrammatisch zu buchstabieren) trägt in der Wahrnehmung der beteiligten Personen die Züge jener Partner, mit denen die Eheleute in Gedanken Ehebruch begangen haben. Dem in der Versündigung, in der Zeugung des zum frühen Tode bestimmten Kindes kenntlichen Sog des Todes aber steht eine mächtige Urkraft gegenüber, die in ihrer Elementarität erst von der

29 Vgl. zu diesem Hamlet-Zitat Aleida Assmann, a.a.O. S. 412.

30 Ebd. S. 18.

31 Johann Wolfgang von Goethe: Die Wahlverwandtschaften I,11. In: Benno von Wiese und Erich Trunz (Hgg.): *Goethes Werke*. Bd. VI. Hamburg 1958, S.321 und S. 455 (Hamburger Ausgabe in 14 Bänden).

deutschen Romantik entdeckt und experimentell gebraucht und missbraucht worden ist: die Einbildungskraft des Menschen. In den »Wahlverwandtschaften« hält ja die ruhige, ihrer selbst unbewußte Schönheit Ottilies Eduards Einbildungskraft so obsessiv gefangen, dass er von ihr nicht mehr loskommt und daran zugrundegeht. Eduard will den Anblick des Schönen in der Welt erzwingen, hört nicht auf den Ruf der Götter, dass auch das Schöne vergeht, dass das Vollkommene stirbt[32]. Er will ihm in der Zone der Vergänglichkeit Dauer schaffen. Deshalb lässt er Ottilies Körper nach ihrem Tode einbalsamieren, um ihm den Schein der Schönheit zu erhalten. Im offenen Sarg muß Ottilie nach seinem Willen zur Grabkapelle getragen und dort wie im Märchen »allenfalls nur mit einem Glasdeckel zugedeckt«[33] werden. Es geht also nicht so sehr um die Mythisierung der »heiligen« Ottilie und ihrer Schönheit, sondern wie auch sonst im Roman bis zuletzt um die Gewalt der Einbildungskraft, die in den »Wahlverwandtschaften« als eine archaische, über den Menschen verfügende Kraft verstanden wird, als das fünfte Element, neben Feuer, Wasser, Erde, Luft. Wenn Goethe damit tatsächlich die Schwelle zu romantischem Denken überschritten hat, so ist zu konstatieren, dass er in der innigen Verbindung, welche die Entsagung zwischen Eduard und Ottilie knüpft, eine Gedankenehe ebenso dargestellt hat, wie im Aussehen des Kindes Otto die Gedankensünde. Die Einbildungskraft ist das Band der Ehe zwischen Eduard und Ottilie, diese Kraft überschreitet sogar die Schwelle des Todes. Goethe arbeitet damit einem Eheverständnis vor, dem die Zeitgenossen wenig Gleichrangiges an die Seite zu stellen hatten.

Die literarisch gezähmte Einbildungskraft gehört in den »Wahlverwandtschaften« zu den Elementen der zivilisatorischen Decke einer kunstvoll und künstlich zugerichteten Natur, unter der immerfort Chaos und Tod lauern. Schon die Zeitgenossen Goethes haben gespürt, dass der Fluss, der in diesem Roman scheinbar so friedlich und gezähmt durch den Park des kulturell formierten Lebens fließt, der Acheron ist, der Fluss des Todes und der Todesschrecken, der Eingang zur Unterwelt. Unter der mühsam gewebten und bestickten Decke von Konvention, Dezenz und rationaler Lebensführung, hinter den Formeln der gebildeten Konversation und auch hinter den naturwissenschaftlichen Gesprächen und Experimenten lauert die Elementarität des Lebens, die den Menschen in seine vorindividuellen Ursprünge, in Wasser und Feuer zurückzureißen vermag. Dort aber ist der Waffenstillstand der Geschlechter, den die Liebe schenkt, beendet, dort herrscht Geschlechterkampf. Die in den Roman eingefügte »Novelle« über »Die wunderlichen Nachbarskinder«[34] also kontrastiert durch ihr *happy ending* nicht nur die tragische Liebesgeschichte des Romans, sie zeigt auch den Geschlechterkrieg in all seiner Gewalt. Sie erzählt von dem sonderbaren Widerwillen zwischen zwei »trefflichen Naturen« und von der heilenden Wirkung, die entstehen kann, wenn

32 Vgl. dazu Schillers Gedicht »Nänie« (1800): »Siehe! Da weinen die Götter, es weinen die Göttinnen alle,/Daß das Schöne vergeht, daß das Vollkommene stirbt./Auch ein Klaglied zu sein im Mund der Geliebten, ist herrlich,/Denn das Gemeine geht klanglos zum Orkus hinab.«

33 Goethe: Die Wahlverwandtschaften II,18, a.a.O. S. 485.

34 Goethe: Die Wahlverwandtschaften II,10; a.a.O. S. 434 – 442.

einer Leben gegen Leben, Tod gegen Tod setzt. Hier in der Novelle, wie dort im Roman ist die Einbildungskraft zentrales Bild für die Elementarität des Daseins. Über sie zu verfügen, sie in ihrer Macht zu kennen, sie zu bändigen, bedeutet Lebensklugheit und Lebensfähigkeit. In dem in der Novelle dargestellten Geschlechterkrieg also, der sich im Inneren der jungen Frau noch immer so vollzieht, wie in den Spielen der Kinder, wird Elementarität sichtbar: »Sie beschloss zu sterben, um den ehemals Gehassten und nun so heftig Geliebten für seine Unteilnahme zu strafen und sich, indem sie ihn nicht besitzen sollte, wenigstens mit seiner *Einbildungskraft*, seiner Reue auf ewig zu vermählen. Er sollte ihr *totes Bild* nicht loswerden, er sollte nicht aufhören sich Vorwürfe zu machen, dass er ihre Gesinnungen nicht erkannt, nicht erforscht, nicht geschätzt habe.«[35] Die junge Frau, die sich im Wasser, dem Element, welches der weiblichen Natur zugehört, mit dieser Absicht das Leben zu nehmen versucht, wird von dem gehaßten Geliebten gerettet und in der Hütte eines jungen Ehepaares wieder zum Leben erweckt. Das Feuer, das dem männlichen Geschlecht zugehörige Element, bringt sie ins Leben zurück: »Ein *lichtes Feuer* brannte; wollne Decken wurden über ein Lager gebreitet; Pelze, Felle und was *Erwärmendes* vorrätig war, schnell herbeigetragen. Hier überwand die Begierde zu retten jede andre Betrachtung. Nichts ward versäumt, den schönen, halbstarren, nackten Körper wieder ins Leben zu rufen. Es gelang.«[36] Die scheinbar verfeindeten jungen Menschen schließen den Waffenstillstand der Liebe. In allen Einzelzügen verkehrt diese Szene das Verhältnis von Eduard und Ottilie in sein Gegenteil.

Mit gleicher Gewalt, mit der die junge Frau in der Novelle von den wunderlichen Nachbarskindern sich den Tod zu geben sucht, mit gleicher erzählerischer Gewalt, mit welcher dort der Wechsel »vom Wasser zur Erde, vom Tode zum Leben, aus dem Familienkreise in eine Wildnis, aus der Verzweiflung zum Entzücken, aus der Gleichgültigkeit zur Neigung, zur Leidenschaft gefunden« haben[37], stürzt dann im Roman die Handlung ihrem unausweichlich tödlichen Ende zu. Walter Benjamin hat verdeutlicht, dass sich nicht nur der immanente Erzähler des Romans, sondern dass sich der Autor, Goethe, den Umgang mit den dämonischen Mächten, den er auf mythische Weise und mit einem Geflecht mythischer Bilder und Symbole in den »Wahlverwandtschaften« pflegt, durch ein spezifisch menschliches Gefühl erkauft hat, durch Angst: »Den Umgang der dämonischen Kräfte erkauft die mythische Menschheit mit Angst. Sie hat aus Goethe oft unverkennbar gesprochen. Ihre Manifestationen sind aus der anekdotischen Vereinzelung, in der fast widerwillig von den Biographen ihrer gedacht wird, in das Licht einer Betrachtung zu stellen, die freilich schreckhaft deutlich die Gewalt uralter Mächte in dem Leben dieses Mannes zeigt, der doch nicht ohne sie zum größten Dichter seines Volks geworden ist. Die Angst vorm Tod, die jede andere einschließt, ist die lauteste. Denn er bedroht die gestaltlose Panarchie des

35 Ebd. S. 438.
36 Ebd. S. 440.
37 Ebd. S. 441.

natürlichen Lebens am meisten, die den Bannkreis des Mythos bildet. Die Abneigung des Dichters gegen den Tod und gegen alles, was ihn bezeichnet, trägt ganz die Züge äußerster Superstition.«[38] So geht dieser Roman auch deshalb über einen konventionellen Eheroman hinaus, weil der Tod das lebenslange Versprechen der Treue zwischen den Eheleuten aufhebt, während sich hier Treue und Liebe erst im Tode bewähren. Ottilie hungert sich zu Tode, weil sie sich gegen die Ehe von Eduard und Charlotte verfehlt hat und Eduard zur Sühne entsagt, Eduard aber stirbt ihr – in der Manier des romantischen Liebestodes – nach. In den Figuren von Eduard und Ottilie ist die Todesangst letztlich überwunden. Diese unbedingte Liebe scheint eine menschliche Spur auch in das Dunkel des Todes zu setzen. Ottilie zunächst, dann auch Eduard sind jenseits der kreatürlichen Todesangst angekommen. Weil ihr Zusammensein im Leben unmöglich geworden ist, wird der gemeinsame Tod zum Sinnbild des Zusammenseins. Noch einmal also triumphiert die Einbildungskraft, diesmal über den Tod, wie sie bisher über das bürgerliche Leben triumphiert hatte. Im Bankreis einer solchen Elementargewalt ist sogar der nazarenisch-legendäre Schluss des Romans, ist die Kanonisierung einer Liebe bis über den Tod hinaus ein auch künstlerisch mögliches Ende des Romans. Jeder Leser, jede Leserin kann sich durch die Macht der eigenen Einbildungskraft dieser Liebe nähern: »So ruhen die Liebenden nebeneinander. Friede schwebt über ihrer Stätte, heitere, verwandte Engelsbilder schauen vom Gewölbe auf sie herab, und welch ein freundlicher Augenblick wird es sein, wenn sie dereinst wieder zusammen erwachen.«[39]

4. Komplexität und Reduktion

Die Hirnforscher heute können die Interaktion von mehr als hundert miteinander verschalteten Hirnzellen in Kultur beobachten. Doch der Begriff der Komplexität des Lebens und der komplexen Systeme, in denen wir leben, mit denen wir umgehen, meint erheblich kompliziertere Aktionen als die von hundert interagierenden Zellen. »Komplex« bedeutet immer, dass das Ganze mehr ist als die Summe seiner Teile. Der komplexe Organismus also muss letztendlich als ganzer erforscht werden. Die natur- und lebenswissenschaftlichen Methoden sind von diesem Ziel, auch wenn sie sich wieder stärker dem Systemischen zuwenden, noch Lichtjahre weit entfernt. Dass die poetische Weise des Zugangs zum hochkomplexen Menschen, über die Erschaffung von Menschen und Welten, kein schlechter Zugang zum Komplexen ist, haben schon die Poeten des 19. Jahrhunderts erkannt. Die Biologie sei, so wird gesagt, als die Wissenschaft von den Organismen die eigentliche Wissenschaft vom Komplexen, weil alle höheren Organismen komplex

38 Walter Benjamin: »Goethes Wahlverwandtschaften«. In: Rolf Tiedemann und Hermann Schweppenhäuser (Hgg.): *Walter Benjamin. Gesammelte Schriften*. Bd. I,1. Frankfurt am Main 1972, S. 151.

39 Goethe: Die Wahlverwandtschaften II,18; a.a.O. S. 490.

verfasst sind. »Im Verlauf der Evolution«, schrieb der Zürcher Zoologe Rüdiger Wehner, »hat die Komplexität biologischer Systeme von selbstreplizierenden Molekülen über Prokaryoten, Protisten (einzelligen Prokaryoten) bis hin zu mehrzelligen Organismen und Superorganismen (in Form geschlossener Sozialverbände) ständig zugenommen. Vielfach gingen dabei Systeme höherer Komplexität aus dem Zusammenschluß niederorganisierter Systeme hervor. In jedem Fall war jedoch mit dieser Zunahme an Komplexität eine Leistungssteigerung verbunden, die sich zum großen Teil aus der kooperativen Arbeitsteilung zwischen zunehmend spezialisierten Nukleinsäuren und Proteinen, Zellen und Zellverbänden, Spermium und Ei oder Soma und Keimbahn ergab.«[40] Die höher organisierten Organismen allerdings zahlen für die mit ihrer Komplexität verbundenen Leistungssteigerung einen hohen Preis: den individuellen Tod. So ist leicht nachzuvollziehen, was Ernst Pöppel 1994 geschrieben hat: »Als das Leben erfunden wurde, war der Tod nicht dabei. Für die ersten Lebewesen war Unsterblichkeit ein wesentliches Kennzeichen ihrer Existenz. Der individuelle Tod kam viel später hinzu: Tod ist erst möglich geworden durch die sexuelle Fortpflanzung. ... Sexuelle Fortpflanzung führt zu Individuen, die sterben können und auch müssen, Zellteilung hingegen ... führt zu identischen Kopien des Vorgängers: Es gibt keine Individualität und damit auch keinen individuellen Tod.«[41] Das also könnte die biblische Erzählung vom Sündenfall und der Vertreibung der ersten Menschen aus dem Paradies der Einheit, der Unsterblichkeit und der bewusstlosen Unschuld auch meinen, dass der Preis, den die Individuen für Leben und gar für bewusstes Leben bezahlen, ihr Tod ist. Komplexität also heißt Leistungssteigerung und zumindest eine, die auf den Menschen zuführende Evolutionslinie, ist in dieser fragilen Entwicklung gefangen. Dass es vermutlich nicht die einzige und nicht die einzig mögliche Evolutionslinie ist, beginnen wir gerade zu lernen. Die Differenzierung der Evolutionstheorie hat soeben erst begonnen.

*

Nach allem, was ich skizziert habe, ist die These nicht aus der Luft gegriffen, dass die übermächtige Erinnerung des Todes und der vom Menschen aktivierten Gegenkräfte der Erinnerung, des Gedenkens die mythisch-religiösen Praetexte sind, in denen Dichtung und Literatur wurzeln. Die komplexe, komplexe Welten und Menschen schaffende Literatur hat in einem solchen Bezug den äußerst möglichen Grad der Reduktion erreicht. Sie versucht, durch Schreiben dem Tod zu widerstehen. » ... und wie ermutigt es mich«, schrieb mir Elias Canetti am 16. Februar 1976, »dass Sie die Utopie, die Sie an den Schluss ›der Laudatio‹ setzen,

40 Rüdiger Wehner: »Theoretische Biologie. Zukunftsperspektiven der modernen Biologie«. In: *Neue Zürcher Zeitung* 25. Juni 1997.

41 Ernst Pöppel/Anna-Lydia Edingshaus: *Geheimnisvoller Kosmos Gehirn. Nach einer Idee von Horst Günter Koch*. München 1994, S. 11.

den Kampf, der ›die Überwindung des Todes und des Todesbewusstseins erstrebt‹, nicht nachsichtig verschweigen oder gar verwerfen«. Als ich Wolfgang Koeppen, der fast zwanzig Jahre vor seinem Tod aufgehört hatte zu schreiben, einmal fragte, warum er nicht mehr schreibe und fast nichts mehr publiziere, hat er mir geantwortet: »Weil alles längst gesagt ist: Adam begegnet der Eva, Kain beneidet den Abel.« Liebe und Hass, Angst und Tod sind die Antriebskräfte des Lebens. Literatur erzählt davon.

Daniela Rippl

Syntopie II: Kunst und Wissen

> Wir sind doch nicht dazu auf Erden, das Geheimnis der Welt aufzuheben; es vielmehr erst zu schaffen, zu komplizieren, noch eins drauf zu setzen – Auf daß Natur sich drin verirre! Recht betrachtet ist dies das große Werk der Wissenschaft.[1]

Wir erfahren die Welt nie als Ganzes, dennoch strebt unser menschliches Denken nach *Ganzheit und impliziter Ordnung*.[2] Der Ort als Kontext, in dem sich unsere Erfahrung vollzieht, spiegelt sich im subjektiven Bild, dessen fragmentarischer Charakter auf der Inkongruenz innerer und äußerer Wahrnehmung beruht. Das Hervorbringen dieser Bilder bzw. Welt-Bilder haben Wissen – insbesondere die Wissenschaft als *gänzlich in Können konvertiertes Wissen*[3] – und Kunst gemeinsam: Einerseits kann ein solches Bild selbst als Ursprung angesehen werden, im Sinne eines *Urphänomens der Geschichte*[4], andererseits ist sein Verständnis immer abhängig von einem kommunikativen und somit wiederum geschichtlichen Kontext. Bei diesem handelt es sich um ein Netz aus Erfahrung, Erinnerung und Konvention, und gestaltpsychologisch kann das Verstehen des Bildes auf die Formel gebracht werden: »Um zu sehen, muß man zuerst wissen.«[5] Eine weitere Gemeinsamkeit erweist sich am Begriff des Stils. Nach Riegl ist die Kunst Produktion von Stilformen und die Geschichte der Kunst die Geschichte ihrer Aufeinanderfolge, was nach Feyerabend auch für die Wissenschaft gilt.[6] Die Art und Weise des Hervorbringens von Weltbild und Stilform in Kunst und Wissenschaft unterscheidet sich jedoch grundlegend. Ein wesentlicher Unterschied scheint darin zu liegen, dass die Wissenschaft reflexiv vorgeht, d.h. sie ist nicht selbstbegründend und ihr Weltbild ist immer gegenständlich. In ihren steten Versuchen, das Unsichtbare zu erobern, scheitert die Wissenschaft am Riss zwischen ihrem Objekt und dem Unsichtbaren. Zurück bleibt ein Unbehagen über die Unvollständigkeit jedes wissenschaftlichen Modells. Demgegenüber sucht die Kunst, diese Grenze des Gegenständlichen, die dem Reflexiven immer gesetzt ist, im Nicht-Reflexiven zu überwinden: Jener Rückgang vor jede Reflexion, der mit Schelling auf einen »unvordenklichen Grund« ver-

---

1 Paul Valéry: *Cahiers/Hefte*, Band V, Frankfurt am Main: S. Fischer, 1992, S. 407.
2 David Bohm: *Wholeness and the implicate order*, London: Routledge & Kegan Paul, 1980.
3 Paul Valéry: *a.a.*O., Band V, S. 438.
4 Walter Benjamin: »Das Passagen-Werk«, in: *Gesammelte Schriften*, Band V, I, Frankfurt am Main: Suhrkamp, S. 592.
5 Ludwik Fleck: »Schauen, Sehen, Wissen«, in: *Erfahrung und Tatsache*, Frankfurt am Main: Suhrkamp, 1983, S. 147.
6 Paul Feyerabend: *Wissenschaft als Kunst*, Frankfurt am Main: Suhrkamp, 1984, S. 29.

weist oder auf die primordiale Erfahrung zurückgeht, wie es Merleau-Ponty an Cézanne zeigte. Alle Wissenschaft muß vergessen werden, da Kunst keine Nachahmung, sondern ihrem Wesen nach eine Ausdruckshandlung ist: »Der Maler [...] macht gerade das zu einem sichtbaren Gegenstand, was ohne ihn im je einzelnen Bewußtseinsleben eingeschlossen bliebe: die Vibration der Erscheinungen, die die Wiege der Dinge ist.«[7] In diesem Sinne ist das Bild der Kunst Grund einer Einsicht, die es ausschließlich aus sich selber schöpft. Aufgrund der Unergründbarkeit dieser »Seins-Schau« muß die Kunst die Erfahrung einer gewissen Unruhe hinnehmen, die sich in der Aura des Bildes und ihrer Unübersetzbarkeit in Sprache spiegelt. Im Prozeß des Sehens wird dies am besten deutlich, ist er doch immer schon gespalten in Wissen und Nicht-Wissen, in Sichtbares und Unsichtbares. In meinen folgenden Ausführungen möchte ich an diesen beiden Punkten – Sehen und Bild – zeigen, in welchem Verhältnis Kunst und Wissen zueinander stehen.

1. Bilder der Welt – Welt-Bilder

Im Schauspiel der Welt sind wir angeschaute Wesen.
(Merleau-Ponty)

»Ein Bild ist ein Riß im Sein – und diesen Riß spürt der Mensch auch in seiner eigenen Existenzweise. Wenn Sartre das Für-*sich* durch den Satz beschreibt: *Der Mensch ist, was er nicht ist, und ist nicht, was er ist*, so gilt das auch für das Bild.«[8] In seiner *Theorie des Bildes* verweist Böhme auf den philosophischen Ursprung dieser *ikonischen Differenz*[9], die seit Merleau-Pontys phänomenologisch gewonnenen Betrachtungen unser Bildverständnis prägt und danach von Lacan noch einmal in der Unterscheidung von *tableau* und *image* auf den Punkt gebracht wird: Platons Dialog *Sophistes* beschreibt das Bild als Sein des Nichtseienden, als Abweichung vom Original und als Austrag der Spannung, die sich zwischen Darstellungsmedium und Dargestelltem ergibt.

In ihrer Beschäftigung mit dem Weltganzen ermöglicht die Philosophie die erste und grundlegende Annäherung an das Bild und gewährleistet die Reflexion über die verschiedenen Arten des künstlerischen und wissenschaftlichen Bildes. Fichtes Bildlehre ist ein weiteres prägnantes Beispiel dafür, wie sich die oben beschriebene ikonische Differenz von Bild und Sein denken lässt. In den späten Fassungen seines Hauptwerkes, von ihm als »Wissenschaftslehre« bezeichnet, stellt Fichte die These auf, dass die Welt als Erscheinung Bild des Absoluten ist. Unter dem Absoluten ist das Eine Sein zu verstehen, das der Welt zugrundeliegt und ihr Gewissheit

7 Maurice Merleau-Ponty: »Der Zweifel Cézannes«, in: *Was ist ein Bild*, hg. von Gottfried Böhm, München: Fink 1994, S. 39-59, S. 50.

8 Gernot Böhme: *Theorie des Bildes*, München: Fink, 1999, S. 7ff.

9 Der Begriff der »ikonischen Differenz« wurde von Gottfried Boehm in Analogie zu Heideggers »ontologischer Differenz« geprägt. Siehe: Gottfried Böhm: Die »Wiederkehr der Bilder«, in: *Was ist ein Bild*, hg. von Gottfried Böhm, München: Fink, 1994, S. 11-39, S. 30.

verleiht. In dem Moment, wo man versucht, von diesem absoluten Sein, im Sinne einer beziehungslosen, in sich geschlossenen Einheit, zu sprechen, hat es sich jedoch dem Sprechenden bereits entzogen, da von außen auf es zugegriffen und es damit in eine Beziehung gesetzt wird – Fichte bezeichnet das als den *Widerspruch im Sagen des Seyns.*[10] In diesem Prozeß ist das Subjekt bei seinem Versuch, sich Verständigung über seine Grundlage zu verschaffen, auf sich selbst zurückgeworfen, d.h. es hat keinen Zugang mehr zu einer objektiven Einheit und ist im Denken nicht zur Synthese fähig: Das findet seinen Ausdruck darin, »daß das Absolute nicht ausser dem Absoluten gesucht werden müsse, und insbesondere, daß wir das Absolute wohl nie erfassen werden, wenn wir es nicht einmal leben und treiben.«[11] An dieser Stelle offenbart sich das Scheitern der reflexiven Verfahrensweise, der sich in ihrem objektivierenden Zugriff immer die handelnde Instanz entzieht, die gerade dieses Objektivieren leistet. Die Beschäftigung des Subjekts mit sich selbst, dem Ich, führt auf diese Weise in einen unendlichen Regreß, der in der Reflexionstheorie nie überwunden werden kann: »Zwischen dem, was das ›Ich‹ ist, und dem, woraus es verständlich gemacht werden kann, öffnet sich eine Differenz, vielleicht sogar ein Abgrund. Ihn zu durchmessen, ist von nun an die Aufgabe der Philosophie. Die Reflexionstheorie, die dem Phänomen des Ich seine eigene Explikation zumutet, bringt es gar nicht vollständig in den Blick. Sie bringt es vielmehr schließlich zum Verschwinden. Also muß man nach einer anderen Theorie suchen, welche bis zum Grund des Phänomens reicht.«[12] Diese selbstreferenzielle Struktur des Ich ist nach Fichte auch die Grundlage der Erscheinungswelt, die als Bild der absoluten Einheit aufgefaßt werden kann. Einerseits ist das Bild nur ein Abbild des Seins und nicht dieses Sein selbst, andererseits weist es selbst eine Seinskomponente auf, indem es vorhanden ist. Auf diese Weise ist dem Bild immer schon eine doppelte Struktur eingegeben, es ist Blick und Angeblicktes zugleich: »Bild eines Bildes, absolut vereinigt mit dem Bilde jenes Seins, des Bildseins.«[13] Darüberhinaus enthält es aber auch einen Akt des Selbstverständnisses, einen Blick auf das Blicken selbst. Zunächst erweist sich die Erscheinung des Absoluten als Bild überhaupt, dann begreift sich dieses Bild aber auch als solches, indem es ein Bild von sich selbst bildet, und schließlich ist dieses Begreifen selbst zu verstehen als Bild vom Bilden – die doppelte Struktur wird also ergänzt um eine weitere Komponente: »Bild eines Hinschauens; dieses Hinschauen ist ein Bewegen, Werden, Ersehen, dieses muß bei sich führen sein nicht Ersehen, sondern Sehen; muß gestellt und gefasst sein in der Einheit eines Bildes oder Blickes.«[14]

---

10 Johann Gottlieb Fichte: »Einleitungsvorlesungen in die Wissenschaftslehre« (1813), in: *Fichtes Werke*, Bd. 9, Berlin: de Gruyter, 1971, S. 41.

11 Johann Gottlieb Fichte: *Die Wissenschaftslehre. Zweiter Vortrag im Jahre 1804*, Hamburg: Felix Meiner, 1975, S. 272f.

12 Dieter Henrich: *Fichtes ursprüngliche Einsicht*, Frankfurt am Main: Vittorio Klostermann, 1967, S. 16.

13 Johann Gottlieb Fichte: »Wissenschaftslehre« (1813), in: *Fichtes Werke*, Bd. 10, Berlin: de Gruyter, 1971, S. 16.

14 Johann Gottlieb Fichte: a.a.O., S. 18.

Ganz im Sinne von Fichtes Bildlehre stellt dann später auch Heidegger deutlich heraus, daß es sich beim Weltbild nicht um ein Bild *von* der Welt handelt, sondern um die Welt, verstanden *als* Bild: »Weltbild, wesentlich verstanden, meint daher nicht ein Bild von der Welt, sondern die Welt als Bild begriffen.«[15] Heidegger geht es bei seiner Beschäftigung mit Bild und Weltbild jedoch vor allem um die geschichtliche Verortung des Weltbildgedankens. Seine These lautet: »Das Weltbild wird nicht von einem vormals mittelalterlichen zu einem neuzeitlichen, sondern dies, daß überhaupt die Welt zum Bild wird, zeichnet das Wesen der Neuzeit aus [...] Der Grundvorgang der Neuzeit ist die Eroberung der Welt als Bild.«[16] Der Grund dafür liegt nach Heidegger darin, daß der Mensch der Neuzeit sich als Bezugsmitte des Seienden – oder der Welt als Benennung des Seienden – definiert, indem sich das Wesen des Menschen wandelt und er zum Subjekt wird. Den Griechen war diese Auslegung fremd: Ihnen entsteht das Seiende nicht erst dadurch, daß der Mensch es anschaut und objektiviert, sondern der Mensch ist der vom Seienden Angeschaute und von ihm Getragene: »Der griechische Mensch *ist* als der Vernehmer des Seienden, weshalb im Griechentum die Welt nicht zum Bild werden kann.«[17] Ganz anders der neuzeitliche Mensch, der sich in seinem Vorstellen etwas Vorhandenes als Entgegenstehendes gegenübersetzt und es auf sich, als Subjekt, bezieht – er setzt sich in ein Verhältnis. Wesentlich ist dabei, dass sich im Vergleich zu Antike und Mittelalter auf diese Weise nicht nur die Stellung des Menschen im Seienden geändert hat, sondern »daß der Mensch diese Stellung eigens als die von ihm ausgemachte selbst bezieht, sie willentlich als die von ihm bezogene innehält und als den Boden einer möglichen Entfaltung der Menschheit sichert. Jetzt erst gibt es überhaupt so etwas wie eine Stellung des Menschen.«[18] Dadurch, dass der Mensch sich selbst in Stellung, in ein Verhältnis, gesetzt hat, setzt er sich und die Welt ins Bild.

Dieses Verhältnis gestaltet sich im wissenschaftlichen und künstlerischen Bild auf unterschiedliche Weise. »Wenn Wissenschaft als Anpassung meiner geistigen Organe an das Bild der Außenwelt gelten kann – wobei diese Anpassung sogar als autonomes Fortwirken denkbar ist –, die Kunst aber als Veränderung des Milieus oder der Gegebenheiten mit dem Ziel einer Angleichung an ein Bild der Innenwelt – so ist ersichtlich, daß die eine dieser Tätigkeiten nicht von der anderen ablösbar ist.«[19] Zwar haben Kunst und Wissenschaft das gleiche Ziel, nämlich »bewältigen, überwinden«[20], sie unterscheiden sich jedoch darin, wie sie mit dem Bild verfahren. Das klassische Bild der Wissenschaft hat im 20. Jahrhundert in mehrfacher Hinsicht eine Wandlung erfahren. Einerseits haben zunehmend sozio-

---

15 Martin Heidegger: »Die Zeit des Weltbildes«, in: *Holzwege*, Frankfurt am Main: Vittorio Klostermann, 1950, S. 82.

16 Martin Heidegger, a.a.O., S. 83/87.

17 Martin Heidegger, a.a.O., S. 84.

18 Martin Heidegger, a.a.O., S. 84.

19 Paul Valéry: »Persönliche Ansichten über die Wissenschaften«, in: *Werke*, Band IV, *Zur Philosophie der Wissenschaft*, Frankfurt am Main: Insel, 1989, S. 278.

20 Paul Valéry: Band VI, S. 25.

logische Betrachtungsweisen Eingang in die Wissenschaftstheorie gefunden, andererseits hat z.B. die Physik erkenntnistheoretische Konzepte in ihre Theorien eingeführt. Während Newton noch mit absoluter Zeit und absolutem Raum operierte und der Wissenschaftler als derjenige galt, der objektiv gegebene Naturphänome zu beobachten hatte, trat im 20. Jahrhundert mehr und mehr die Auffassung in den Vordergrund, daß schon der Wissenschaftler selbst aufgrund seiner Zugehörigkeit zu einer bestimmten Forschergemeinde die beobachtete Welt – und damit das Welt-Bild – aktiv mitprägt:

> Viele Repräsentanten der exakten Wissenschaften, die sich noch des Denkstils der klassischen Physik bedienen, behaupten, daß das »objektive Beobachten« einer isolierten, elementaren Tatsache möglich ist, unabhängig von der psychologisch oder soziologisch bedingten Bereitschaft, mehr oder weniger »subjektive Gestalten« zu sehen [...]. In dieser Auffassung einiger Physiker steckt eine ganze Masse an Täuschungen und Missverständnissen, charakteristisch für ihren Denkstil. [...] Es ist unmöglich, den Gegenstand der Beobachtung abzusondern, ohne nicht bereits im voraus bestimmte seiner Merkmale vorauszusetzen. [...] Die Objektivität wissenschaftlicher Beobachtungen beruht einzig auf ihren Bindungen mit dem ganzen Vorrat an Wissen, Erfahrung und traditionellen Gewohnheiten des wissenschaftlichen Denkkollektivs. [...] Also ist auch die wissenschaftliche Beobachtung – Gestaltbeobachtung oder Konstruktionsbeobachtung – vom gemeinschaftlichen Denkstil abhängig.[21]

Die Mittel der mathematischen Konstruktion, Messung und Berechnung als Voraussetzung, einen Zugang zur Natur zu bekommen, werden also durch soziologische Aspekte ergänzt, ohne die die Tätigkeit des Wissenschaftlers (und damit das Ereignis Wissenschaft) nicht mehr denkbar wäre: Die wissenschaftliche Beobachtung ist immer schon geprägt von dem »Denkstil« des Kollektivs, dem der Forscher angehört. Das legt nahe, Analogien zwischen der Entwicklungsgeschichte der Wissenschaft und der Geschichte der Kunst zu ziehen, die sich ebenfalls in der Aufeinanderfolge von Stilen vollzieht:

> Auch sie [die Wissenschaften] haben eine Fülle von Stilen entwickelt, Prüfungsstile eingeschlossen, und die Entwicklung von einem Stil zu einem anderen ist der Entwicklung, sagen wir, von der Antike zum gotischen Stil durchaus analog [...] Untersucht man, was ein bestimmter Denkstil unter diesen Dingen versteht, dann trifft man nicht auf etwas, was jenseits des Denkstils liegt, sondern auf seine eigenen grundlegenden Annahmen: Wahrheit ist das, was der Denkstil sagt, daß Wahrheit sei [...] Die Wahl eines Stils, einer Wirklichkeit, einer Wahrheitsform, Realitäts- und Rationalitätskriterien eingeschlossen, ist die Wahl von Menschenwerk. Sie ist ein *sozialer* Akt, sie hängt ab von der *historischen Situation*.[22]

Neben diesem Aspekt, der Entwicklung von Stilformen auf einem soziologisch motivierten Hintergrund, weist die Wissenschaft aber auch Merkmale auf, die nur für sie typisch sind: die zunehmende Fragmentierung sowie der Zweck- und Gebrauchscharakter ihres Weltbildes.[23] Parallel zur »Soziologisierung« der Wissenschaftstheorie entwickelten sich nämlich Anfang des 20. Jahrhunderts – durch

21 Ludwik Fleck: a.a.O., S.161ff.

22 Paul Feyerabend, a.a.O., S. 76ff.

23 Heidegger spricht in diesem Zusammenhang auch von »Verfügbarmachung«, »erklärendem Vorstellen« und »Vergegenständlichung« in der wissenschaftlichen Forschung – s. Martin Heidegger, a.a.O., S. 80.

Relativitätstheorie und Quantenmechanik – Theorien in der Physik, die die Objektivierung als Inbegriff der wissenschaftlichen Methodik um die Rückwirkung der Theorie auf das Experiment und um die beobachtende Instanz des Wissenschaftlers erweiterten. Das ursprünglich mechanistische Weltbild der Physik, in dem die Welt als objektiv gegebenes System betrachtet wurde, das es vollständig zu beschreiben galt und zu dem letztlich auch der Forscher selbst gehörte, hatte zunehmend einem Verständnis zu weichen, das die Möglichkeit einer vollständigen wissenschaftlichen Beschreibung der Welt in Frage stellte. Gefördert durch das Resultat der frühen Quantenmechanik, dass ein unüberbrückbarer »Schnitt« zwischen dem zu messenden System und dem Forscher, der die Messung durchführt, besteht, kam die Überlegung auf, ob nicht wissenschaftliche Erkenntnis immer nur fragmentarischen Charakter haben und deshalb nie Anspruch auf eine vollständige Beschreibung der Welt erheben könnte. Zur soziologisch – durch die Zugehörigkeit des Forschers zu einem ganz bestimmten Denkkollektiv – begründeten Fragmentierung wissenschaftlichen Wissens erfolgte also parallel die innertheoretische, indem die Theorien selbst ihre Beschränkung thematisierten. Dieser Fragmentierung des wissenschaftlichen Weltbildes stand (und steht) der menschliche Anspruch gegenüber, sich der Welt und ihrer impliziten Ordnung möglichst als Ganzem zu nähern, weshalb verschiedentlich gefordert wurde, Erwägungen zum Verhältnis zwischen Bewußtsein und Außenwelt nun nicht mehr außer Acht zu lassen:

> What is needed is to give special attention to those theories that contribute to the expression of our overall self-world views. For, to considerable extent, it is in these world views that our general notions of the nature of reality and of the relationship between our thought and reality are implicitly or explicitly formed. In this respect, the general theories of physics play an important part, because they are regarded as dealing with the universal nature of the matter of which all is constituted, and the space and time in terms of which our material movement is described.[24]

Einerseits wird das Bild der Wissenschaft damit um eine subjektive Komponente ergänzt, wie sie auch im poiesis-Charakter des künstlerischen Bildes zu finden ist. Andererseits wird dieser im Zuge der zeitgenössischen Genomforschung und der damit gegebenen Möglichkeit, in den Bauplan des menschlichen Lebens einzugreifen, für das wissenschaftliche Denken aus einem ganz bestimmten Grund immer wichtiger, geht es doch um den Anspruch, das Territorium des Unsichtbaren vollständig zu erobern und zu kontrollieren, wie es z.B. die Visualisierung der Leibesfrucht deutlich zeigt. Dieses Streben, auf der einen Seite den Mythos der Selbstschöpfung, auf der anderen Seite den Traum von der Unsterblichkeit einzulösen, kann jedoch nicht darüber hinwegtäuschen, dass die Wissenschaft aufgrund ihrer reflexiven Vorgehensweise das Bewusstsein selbst nicht erklären kann – weder im Versuch einer beschreibenden Integration des Bewußtseins noch im Versuch, den Menschen durch Klonen zu reproduzieren. In diesem Anspruch auf globale Schöpfung erscheint die Wissenschaft als Kunstreligion ohne wirkliches Erlösungsmodell.

24 David Bohm, a.a.O.,S. 8.

Dieser Zweckgedanke der Wissenschaft und der Gebrauchscharakter ihres Bildes ist der Kunst fremd. Allenfalls wird er in Szene gesetzt, jedoch nur, um ihn letztlich abzuweisen. Die zeitgenössische Kunst greift die extremen Formen wissenschaftlichen Denkens, den Körper zum Verschwinden zu bringen, dahin gehend auf, dass sie ihn zum Medium, zum Ort der Kunst selbst macht. Nur vor diesem Hintergrund lässt sich die Bedeutung der Körperkunst von Sherman oder Sieverding oder der Aktionskunst von Orlan und Stellarc erfassen.[25] Damit wird das Verschwinden des Körpers über seine Nutzbarmachung simuliert. Es wird geltend gemacht, dass das Bild der Kunst gegenüber der Medienwirklichkeit immer einmalig ist und auch über die einmalige Kraft verfügt, die Aufmerksamkeit anders zu binden als über Konsum, Gebrauch und Zweck – indem es einen Blick auf das menschliche Sein gewährt, der nicht mehr reflexiv einholbar ist und sich einem objektivierenden Begreifen entzieht. Polanyi faßt dieses Phänomen des Bildes in seiner »Theorie der Integration des Inkompatiblen« zusammen, derzufolge Bilder Kunstwerke sind, »die durch die Verbindung ihres Inhalts mit einem inkompatiblen Rahmen von einer Qualität sind, die mit der Natur und den Dingen des menschlichen Lebens nichts zu tun hat.« Die Qualität der flachen Tiefe von Bildern formuliert er als *transnaturalen* Raum: »Wir stehen nicht einfach vor einem bloßen Mangel eines Bildes, der seine Nachahmung einschränkt, sondern vor einer besonderen Qualität, die in der Natur gänzlich fehlt. So verstehen wir, daß der Maler von Anfang an ein Bild anstreben muß, das wesentlich von der Natur verschieden ist.«[26] In diesem Ineinander von Sicht und Ansicht ist auch die Bildstruktur vorformuliert, der eine Kreuzung der Blicke zugrundeliegt: Blick und Anblick überkreuzen sich, wie es Lacans chiastisches Modell der Blickverschränkung veranschaulicht: »Auf dem Feld des Sehens ist der Blick draußen, ich werde erblickt, das heißt ich bin Bild/tableau.«[27] Das Angeblicktwerden gehört zum menschlichen Sein selbst – es realisiert sich nicht erst auf der Ebene der Kommunikation, sondern geht ihr voraus.

2. Sehen und Wissen – Enthüllen und Verbergen

Sich sich sehen sehend (Paul Valéry)

Versteht man das Bild als Gewährleistung von Welt und deren Bildcharakter als Ausdruck ihrer Verpflichtung auf ein ihr stets Entzogenes, Unverfügbares, sieht man sich übergangslos der Frage nach dem Umgang mit und in dieser bildhaften Welt ausgesetzt. Dieser Umgang ist geprägt durch das Sehen, wobei die Weisen des Sehens auf dem jeweiligen Kontext von Kunst und Wissenschaft beruhen. Auch hier ermöglicht die Philosophie wieder die übergeordnete Reflexion.

---

25 Vgl. in diesem Zusammenhang den Ausstellungskatalog *Ich ist etwas Anderes. Kunst am Ende des 20. Jahrhunderts*, Köln: Dumont, 2000.

26 Michael Polanyi: »Was ist ein Bild?« in: *Was ist ein Bild*, a.a. O., S. 155.

27 Jacques Lacan: »Was ist ein Bild/tableau«, in: *Was ist ein Bild*, a.a. O., S. 75.

Im Rahmen der schon erwähnten Bildontologie hat sich Fichte auch dem Problem des Sehens (eines Bildes) gewidmet. In seiner Bildlehre hatten sich die Welt und das in ihr herrschende Wissen als Bild bzw. Schema des absoluten Lebens ergeben, und in der Philosophie geht es im weiteren darum, die Struktur und die Verpflichtung, aber auch die Begrenzung dieses Schemas näher zu erfassen. Das Grundproblem besteht darin, dass immer nur vom Wissen, von der Welt aus, begonnen werden kann. Wie sich in der Bildontologie gezeigt hatte, kann jedoch von diesem Ausgangspunkt her die Einheit des Absoluten nicht begriffen werden. So ergibt sich, dass das absolute Leben einerseits zwar dasjenige Prinzip ist, das Welt und Wissen erst gewährleistet, es andererseits aber dem Wissen immer entzogen bleibt: Es kann nach Fichte im Wissen nie weiter kommen als bis zu dieser sich beschränkenden Selbstverständigung, die sich mit dem Vorhandensein eines solchen Risses begnügen muß. Diese im Wissen nicht mehr hintergehbare Faktizität ist Ergebnis der Einsicht, dass die Kluft zwischen Wissen und absolutem Leben per definitionem nicht mehr übersprungen werden kann und jeder Versuch, jenseits dieser Kluft noch Begründungsversuche zu errichten, in sich scheitern muss. Da also etwas dem Wissen Entzogenes zurückbleibt, bedeutet das aber auch, dass sich das Wissen nicht mehr als letztbegründend begreifen kann, »weil das absolute Wissen sich selbst unbegreiflich ist, und das absolute Begreifen keineswegs das absolute Wissen ist«.[28] An diesem Punkt, wo das Wissen scheitert, kommt das Sehen als dasjenige ins Spiel, was die Möglichkeit eröffnet, dieses Scheitern am Absoluten noch zu thematisieren:

> Dieses Sein nun, sowohl nach der Wahrheit, welche in ihrer Einheit allerdings unbegreiflich und unbeschreibbar bleiben dürfte, [...] als nach der Erscheinung, – liegt lediglich im absoluten Sehen selber, und ist nur in ihm aufzusuchen [...]. Das Sichdurchdringen des Sehens ist ein absolutes Sichvernichten, als selbstständiges, und Sichbeziehen auf ein anderes außer ihm, und nur in diesem Sichvernichten und Beziehen ist es, und ausserdem nicht; dieses Vernichten und Beziehen aber ist ein Akt [..] Das Sehen lässt sich gar nicht setzen, ausser als unmittelbar lebendig, kräftig und thätig daseiend.[29]

Erst mit dem Akt des Sehens selbst kommt die Reflexion an ihr Ende: Diese Vernichtung des Sehens tritt mit einem Schlag ein, sobald das Sehen objektivieren will, und dieses Sich-sofort-zurückziehen ist eben das Wesen des Sehens.

Das lässt sich nicht durch Objektivierung und wissenschaftliche Methodik erreichen, vielmehr rekurriert es auf ein »Verstehen, das etwas Fremdes, aber in sich Einleuchtendes, zur Erfahrung bringt.«[30] Die Wissenschaft hingegen hat die Tendenz, durch ihre Mittel der mathematischen Konstruktion, Messung und Berechnung und insbesondere durch die Genomforschung, buchstäblich alles zu »enthüllen«, indem sie das Wissen als das Grundlegende ansieht, das Sehen auf das Wissen reduziert und es damit ganz vom Sein löst. Aufgrund ihres reflexiven Charakters findet die Wissenschaft daher ihre Grenze schon im Wissen: »Um zu sehen,

28 Johann Gottlieb Fichte: *Die Wissenschaftslehre. Zweiter Vortrag im Jahre 1804*, Hamburg: Felix Meiner Verlag, 1975,. S. 264.
29 Johann Gottlieb Fichte: a.a.O., S. 264/268
30 Hans-Georg Gadamer: »Bildkunst und Wortkunst«, in: *Was ist ein Bild*, a.a.O., S. 90-104, S. 99.

muss man zuerst wissen, und dann kennen und einen gewissen Teil des Wissens vergessen. Man muß eine gerichtete Bereitschaft zum Sehen besitzen.«[31] Bevor die Wahrnehmung des Wissenschaftlers einsetzt, ist sie schon geprägt von einem – in der Regel kollektiv erworbenen – Hintergrundwissen: Sie ist gefiltert, und das, was der Wissenschaftler dann »sieht«, verlässt nicht mehr den durch das Wissen gesteckten Bereich. Das gilt nicht nur für die reguläre Wissenschaft, die sich im Rahmen eines akzeptierten Theoriebereiches abspielt und sich auf das Lösen eng umgrenzter Teilprobleme, eine Art Lösen von »Puzzles«, beschränkt, sondern auch für die großen Umwälzungen, die »Revolutionen«[32], wie sie z.B. die Quantenmechanik und die Relativitätstheorie in der Physik zu Beginn des 20. Jahrhunderts darstellten. Auch ein solcher »Paradigmenwechsel« – im Sinne eines Wechsels des Denkstiles der Forschergemeinde hin zu einer neuen grundlegenden Theorie – kann sich nur vollziehen, wenn schon ein neues Paradigma bereitsteht, das das neue Sehen ermöglicht: »The decision to reject one paradigm is always simultaneously the decision to accept another, and the judgement leading to that decision involves the comparison of both paradigms with nature and with each other.«[33] Das Wissen geht dem wissenschaftlichen Sehen also immer schon voraus.

Besonders prägnant zeigt sich der Umgang mit dem Sehen in der Wissenschaft am Beispiel des »Beobachters« in der Quantenmechanik. Der schon erwähnte »Schnitt« zwischen dem zu messenden System und demjenigen, der die Messung ausführt – eben dem Beobachter –, hat zu den verschiedensten Interpretationen und Gedankenexperimenten geführt, um dieses Resultat gedanklich fassen zu können. Eines der berühmtesten Gedankenexperimente ist »Schrödingers Katze« – dargelegt in einem Artikel, in dem Erwin Schrödinger, der selbst maßgeblich an der Entwicklung der Quantenmechanik beteiligt war, versucht hat, die Konsequenzen von Schnitt und Beobachter aufzuzeigen und zu interpretieren.[34] Das Grundproblem besteht, verkürzt gesagt, darin, dass die Quantenmechanik durch ihre Methodik, die von ihr beschriebenen Systeme über sogenannte »Zustände« zu beschreiben, unter anderem zu dem Resultat kommt, dass der wirkliche Zustand eines unbeobachteten Systems eine Überlagerung (»Superposition«) aus mehreren Einzelzuständen sein kann – erst bei der Messung, die immer ein Eingriff des Beobachters in das System ist, stellt sich dann ein bestimmter Zustand ein (durch den sogenannten »Kollaps der Wellenfunktion«). Dieses anschaulich nicht mehr greifbare Resultat hat Schrödinger nun dadurch verschärft, indem er versucht hat, die Konsequenzen der quantenmechanischen Welt-Beschreibung auf ein makroskopisches System – also ein System, das wir in unserer Lebenswelt vorfinden – auszuweiten. In seinem Gedankenexperiment befindet sich in einem geschlossenen Kasten eine Katze sowie eine Vorrichtung, die durch radioaktiven

31 Ludwik Fleck: a.a.O., S. 154.

32 Thomas S. Kuhn, *The Structure of Scientific Revolutions,*(2nd enlarged Ed.), Chicago: Univ. of Chicago Press, 1970.

33 Thomas S. Kuhn, a.a.O., S. 77.

34 Erwin Schrödinger: »Die gegenwärtige Situation in der Quantenmechanik«, in: *Naturwissenschaften, Nr.* 23, S. 807ff (1935).

Zerfall eine hochgiftige und für die Katze tödliche Substanz in den Kasten abgibt. Die Frage, ob die Katze im Kasten nach einer gewissen Zeit noch lebendig oder schon tot ist, kann nun durch die Quantenmechanik zunächst nicht beantwortet werden. Der wirkliche Zustand der quantenmechanisch zu beschreibenden Vorrichtung, die über radioaktiven Zerfall die tödliche Substanz auschüttet, ist gemäß der Quantenmechanik eine Überlagerung aus dem Zuständen »ausgeschüttet« und »nicht ausgeschüttet« – das hat aber zur Konsequenz, daß der Zustand der Katze eine Überlagerung aus »tot« und »lebendig« ist. Nach der subjektivistischen Interpretation erweist sich erst in dem Moment, in dem der Beobachter den Deckel öffnet und nachsieht, ob die Katze tot oder lebendig ist; es sind jedoch auch andere, z.B. objektivistische, Interpretationen möglich. Ohne sich hier auf diesen noch andauernden Interpretationsstreit einzulassen, kann doch an diesem Beispiel einiges für das wissenschaftliche Sehen festgehalten werden. Es zeigt sich nämlich, dass die Einführung des Beobachter-Konzeptes in der Quantenmechanik zwar zu einer Abkehr vom mechanistischen Weltbild führte, dass jedoch der Umgang mit dem Sehen in der Wissenschaft stets einem als grundlegend angenommenen Wissen verhaftet blieb – die Wissenschaft muss sich eingestandenermaßen mit dem Resultat begnügen, dass sie mit ihrem wissenden Zugriff zu einem Gesamtblick nicht in der Lage ist: »Es ist Teil der Anziehungskraft von Newtons Vision, daß sie uns beschenkt mit einer »Gottesaugen-Sicht« des ganzen Universums [...] der neue Dreh besteht darin, daß selbst die »empirische Welt«, die Welt unserer Erfahrung, nicht vollständig beschrieben werden kann.«[35] Ein anderer Blick, wie er sich durch ein nicht vom Wissen vorgeprägtes und ungefiltertes Sehen eröffnen könnte, bleibt der Wissenschaft offenbar verschlossen.

Anders die Herangehensweise in der Kunst. Sehen manifestiert sich hier in der eigentümlichen Verschränkung von Sehen und Gesehenem. Es ist ein zweigeteilter Akt, der die dialektische Struktur des Sehens, ihre »unausweichliche Spaltung« bedingt und auf der »unausweichlichen Modalität des Sichtbaren« gründet.[36] Deshalb ist der Akt des Sehens in paradoxer Weise an das Sein gebunden. Er ist anthropologisch zu verankern, weil er sich auf den Körper richtet und damit die menschliche Erfahrung begründet: Indem ich etwas betrachte, sehe ich etwas, aber auch mich selbst in meiner körperlichen Präsenz und erfahre mich zugleich sehend und gesehen. Wie Böhm im Anschluß an Merleau-Ponty gezeigt hat, repräsentiert damit jeder Körper die Mitte der Dinge als »sehender und sichtbarer Leib« und hat damit auch Anteil an der allgemeinen Sichtbarkeit der Dinge: »Sein zweiblättriges Wesen, seine doppelte Zugehörigkeit zur Ordnung der Objekte wie zur Ordnung der Subjekte macht ihn zum Kreuzungspunkt, zu einer Nahtstelle der Realität.«[37] Auf diese Weise hängt das Sehen nicht nur vom Wissen, sondern auch vom Körper ab. Der Philosoph und Kunsthistoriker Didi-Huberman formuliert

35 Hilary Putnam: »Realismus«, in: *Dialektik, Nr.* 1, S. 67f (1991).

36 Vgl. in diesem Zusammenhang Georges Didi-Huberman: *Was wir sehen blickt uns an. Zur Metapsychologie des Bildes*, München: Fink, 1999, S. 11-18.

37 Gottfried Böhm: »Die Wiederkehr der Bilder«, in: *Was ist ein Bild*, München: Fink, 1994, S. 20.

dieses Verhältnis von Sehen und Wissen in einem interessanten Zusammenhang. Wo – so fragt er – bleibt die »dunkle Unmittelbarkeit« der Wirkung, mit der die Bilder im Moment der ersten Begegnung die Betrachter in ihren Bann ziehen? Sie wird verdeckt durch eine Sprache, die in den Kategorien der Vernunft verhaftet bleibt, auf gelerntes Wissen ausgerichtet ist und damit den Verweischarakter und die sinnlich wahrnehmbare Mannigfaltigkeit des Bildes aufhebt. Wenn Wissen im ursprünglichen Sinne das bezeichnet, was man lernen kann, ohne dazu Erfahrung zu brauchen, so plädiert Didi-Huberman gerade für einen Prozeß des Sehens, der sich vom Wissen löst, denn die Kunst führt das Wissen, das unser Sehen leitet, in ein Sehen, das sich in keine Ordnung des Wissens mehr fügt:

> Darin bestünde der Einsatz: einerseits zu wissen, andererseits das Nicht-Wissen aber auch mitzudenken, wenn es sich aus den Netzen des Wissens losflechtet. Zu dialektisieren. Sich noch jenseits des Wissens der paradoxen Prüfung zu unterziehen, etwas nicht zu wissen (was genau darauf hinausliefe, es zu verleugnen), sondern zu denken, und zwar das Element des Nicht-Wissens, das uns jedes Mal betört, wenn wir unseren Blick auf ein künstlerisches Bild richten. Es handelt sich nicht mehr darum, einen Umfang, etwas Abgeschlossenes – wie bei Kant – zu denken, es handelt sich darum, einen konstitutiven und zentralen Riß zu verspüren: genau an der Stelle, wo die Evidenz zusammenbricht, sich aushöhlt und verdunkelt.[38]

Will man diesen Riss verspüren, kann man das *visuelle* Geschehen eines Bildes nicht auf die in ihm *sichtbaren* Bedeutungen reduzieren. Mit Merleau-Ponty denkt Didi-Huberman das Sehen als Tasterfahrung, »daß jedes Sichtbare aus dem Berührbaren geschnitzt ist, daß jedes taktile Sein gewissermaßen der Sichtbarkeit zugedacht ist und daß es Übergreifen nicht nur zwischen dem Berührbaren und Berührenden gibt, sondern auch zwischen dem Berührbaren und Sichtbaren, das in das Berührbare eingebettet ist.«[39] Mit Freud und den russischen Formalisten verweist der Autor auf die visuelle Komplexität und Intensität der wirkenden symptomatischen Formen, um ihre materielle und signifikative Autonomie und ihren dynamischen Charakter zu unterstreichen, sowie den metapsychologischen, historischen und anthropologischen Charakter der formalen Arbeit für ein anderes Sehen produktiv zu machen.[40] Mit Benjamin teilt er die Konzeption des Gedächtnisses als Geschehen, als stets dialektische Annäherung an das *Statt-haben* [*avoir lieu*] vergangner Dinge. Diese ursprüngliche Dialektik des Bildes ist »diejenige Form des historischen Gegenstands, die Goethes Anforderungen an den Gegenstand einer Analyse genügt: eine echte Synthesis aufzuweisen. Es ist das Urphänomen der Geschichte.«[41]

Diese Lektüren stellen die Begegnung mit dem Bild zwangsläufig in einen neuen Kontext. Darin erscheint es nicht länger als ein fixes Kompositum von Zeichen, dem sich das Sehen mit besitzergreifender Geste nähern kann, sondern »zu

38 Georges Didi-Huberman: *Vor einem Bild*, München/Wien: Hanser 2000, S. 15/16.

39 Maurice Merleau-Ponty: *Das Sichtbare und das Unsichtbare*, München: Fink 1986, S. 177.

40 Georges Didi-Huberman: *Was wir sehen blickt uns an*, a.a.O., S. 203-209.

41 Walter Benjamin: *Ursprung des deutschen Trauerspiels*, in: *Gesammelte Schriften*, Band I, 1, S. 226, das Passagen-Werk, a.a.O., S. 592, sowie Georges Didi-Huberman: *Was wir sehen blickt uns an*, a.a.O., S. 160ff.

Sehen geben, das heißt stets, das Sehen in seinem Akt, in seinem Subjekt zu beunruhigen. Sehen, das ist stets eine Operation eines Subjekts, als eine gespaltene, unruhige, bewegte, offene Operation.«[42] Wenn Sehen zum Erlebnis unserer Spaltung wird, dann wird das Sehen zu einer Verlusterfahrung und verweist auf einen Ort des Visuellen, der vor aller Repräsentation liegt. Didi-Huberman bringt damit einen Diskurs über das Sehen in Gang, der die sinnliche Wahrnehmung von Begriffen und Ideen löst, die sich die Vernunft formt und damit das Sichtbare ganz im Lesbaren aufgehen läßt. Er richtet seine Aufmerksamkeit gerade auf die Stellen, die das Wissen nicht zu klären vermag. Es sind die Leerstellen, die offenen Stellen, wie z.B. die weißen Nebel in den Werken Fra Angelicos und die leeren Zentren in den Kuben von Sol LeWitt, in denen das Auge mit einem Ereignis konfrontiert wird, das der Geist als das Zusammenbrechen der Evidenz erlebt, denn der Akt des Zusehen-Gebens besteht nicht darin, Augenpaaren sichtbare Evidenzen zu geben: »Die Leere ist gewissermaßen die »carte blanche« für Sinnerfüllung. Das Weiß ist wie ein Schweigen, das plötzlich verstanden werden kann (Kandinsky); es ist eine Leere, die gelesen werden kann. Den Meister erkennt man an dem, was er weggelassen hat. Die weißen Stellen des Bildes sind die Blickaugen des Bildes, um ein altes Wort für das Weiße im Auge aufzunehmen, mit denen uns das Bild in einem Augenblick ansieht.«[43] Sie öffnen die virtuelle Komplexität der Bilder und führen das Auge in die Dimension zwischen Wissen und Sehen, in der das, was die symbolische Verarbeitung des Werkes gerade umgestaltet hatte, für einen Augenblick auftaucht. Sehen heißt in diesem Zusammenhang, zur Kenntnis zu nehmen, dass »das Bild die Struktur eines davor-darin besitzt, bzw. die Struktur einer Schwelle« und folglich ist man als Betrachter »exakt *zwischen einem Davor und einem Darin*: Und diese unbequeme Position bestimmt unsere ganze Erfahrung, sobald sich das, was uns in dem, was wir sehen, anblickt, zu uns hin öffnet.«[44] Gerade im Sich-Zeigen und Sich-Entziehen erweist sich die Bedeutung des dialektischen Bildes, die das Verborgene vom Enthüllen unterscheidet. Darin sieht Didi-Huberman die phänomenale Wirkkraft der Bilder begründet, die er an Kafkas Parabel »Der Türhüter« und an Joyce »Ulysees« entfaltet. Der Betrachter wird im Moment dieser visuellen Konfrontation auf einen Standort verwiesen, an dem sein Wissen in Nicht-Wissen, sein Sehen in Nicht-Sehen umschlägt, oder um mit Gadamer zu enden: »Das ist wahrhaft freies Sehen, in dem sich Kunst eigentlich zeigt, zum Verweilen nötigt und Teilhabe gewährt. Es hebt sich heraus für eine Weile. Es ist ein Wechselspiel von Zurücktreten und Herauskommen, von Verweilen und Weitergehen, aber auch von Mitgehen. So ist die Bewegung des Lebens selber.«[45] In diesem Sinne ist die Kunst immer schon Syntopie.

42 Georges Didi-Huberman: *Was wir sehen blickt uns an*, a.a.O., S. 62.

43 Günter Wohlfart: »Das Schweigen des Bildes. Bemerkungen zum Verhältnis von philosophischer Ästhetik und bildender Kunst«, in: *Was ist ein Bild*, a.a.O., S. 163-183, S. 179.

44 Georges Didi-Huberman: *Was wir sehen blickt uns an*, a.a.O., S. 226ff.

45 Hans-Georg Gadamer: »Bildkunst und Wortkunst«, in: *Was ist ein Bild*, a.a.O., S. 90-104, S. 104.

Zu den Autoren

Jutta Allmendinger, Studium der Soziologie und Sozialpsychologie in Mannheim; 1983-1984 Graduate Study, Universität Wisconsin, USA; 1987-1989 M.A. und Ph.D. (Sozialwissenschaften), Harvard Universität, Cambridge, USA; Habilitation 1993, Freie Universität Berlin. Seit 1992 Professorin für Soziologie, Universität München. Forschungsschwerpunkte: Soziale Ungleichheit, Soziologie der Sozialpolitik und Bildungssoziologie. Publikationen (Auswahl): *Career mobility dynamics. A comparative analysis of the United States, Norway, and West Germany*, Berlin 1989; *Lebensverlauf und Sozialpolitik. Die Ungleichheit von Mann und Frau und ihr öffentlicher Ertrag*, Frankfurt/Main 1994; *Soziologie des Sozialstaates. Gesellschaftliche Grundlagen, historische Zusammenhänge und aktuelle Entwicklungstendenzen* (mit W. Ludwig-Mayerhofer), Weinheim/München 2000.

Wilfried Brauer, Studium der Mathematik, Physik und Philosophie an der FU Berlin; 1966 Promotion in Mathematik, Universität Bonn; 1970 Habilitation in Mathematik und Informatik, Universität Bonn. 1971-1985 Professor für Informatik, Universität Hamburg; seit 1985 Professor für Informatik, TU München. 1977-1979 Präsident der Deutschen Gesellschaft für Informatik; 1994-1997 Präsident der European Association for Theoretical Computer Science. Publikationen (Auswahl): *Studien- und Forschungsführer Informatik* (mit S. Münch), Berlin/Heidelberg 1973, 8. Ausgabe 1996; *Mathematik und Informatik*, Mitteilungen der Mathematischen Gesellschaft Hamburg, 19, 55 (2000); *Informatikbetrachtungen*, in: J. Desel (Hrsg.), »Das ist Informatik«, Berlin/Heidelberg, 2001.

Elisabeth Bronfen, Studium der Deutschen und Englischen Literatur an der Harvard Universität, Cambridge, USA; Promotion und Habilitation an der Ludwig-Maximilians-Universität München; Professorin am Englischen Seminar, Universität Zürich. Forschungsschwerpunkte: Literatur des 19. und 20. Jahrhunderts, Gender Studies. Publikationen (Auswahl): *Over Her Dead Body. Death, Femininity and the Aesthetic*, Manchester 1992; *The Knotted Subject. Hysteria and its Discontents*, Princeton 1998; *Heimweh. Illusionsspiel in Hollywood*, Berlin 1999.

Wolfgang Frühwald, Promotion 1961; Habilitation 1969, Assistent und Dozent an den Universitäten München, Bochum, Erlangen-Nürnberg und Münster in Westfalen. 1970 Professor für Neuere Deutsche Literaturgeschichte an der Universität Trier-Kaiserslautern, seit 1974 an der Universität München. 1992-1997 Präsident der Deutschen Forschungsgemeinschaft, seit 1999 Präsident der Alexander von Humboldt-Stiftung. Publikationen (Auswahl): *Geisteswissenschaften heute. Eine Denkschrift. (Zusammen mit Hans Robert Jauß, Reinhart Koselleck, Jürgen Mittelstraß, Burkhart Steinwachs)*, Frankfurt am Main 1991; *Der Zerfall* *des Individuums. Über szientifisches Erschrecken in der Literatur,* Heidelberg 1993; *Zeit der Wissenschaft. Forschungskultur an der Schwelle zum 21. Jahrhundert,* Köln 1997; *»Im Kern gesund?« Zur Situation der Universität am Ende des 20. Jahrhunderts,* Basel 1998; *»Die Trübsal am Rande der posthumanen Wüsten«. Zum Menschenbild in der modernen Literatur,* Münster 2001.

Peter Glotz, Studium der Zeitungswissenschaft, Philosophie, Germanistik und Soziologie in München und Wien; Promotion 1968 in München. Von 1972-1977 und von 1983-1996 Mitglied des Deutschen Bundestages; von 1995-1996 bildungs- und forschungspolitischer Sprecher der SPD. 1996 Berufung zum Rektor der Universität Erfurt und Professor für Kommunikationswissenschaften. Seit 2000 Gastprofessur am Institut für Medien- und Kommunikationsmanagement, Universität St. Gallen. Publikationen (Auswahl): *Der missachtete Leser. Zur Kritik der Deutschen Presse,* Köln/Berlin 1969; *Ferenczy. Die Erfindung des Medienmanagements,* München 1998; *Die Benachrichtigung der Deutschen. Zum Strukturwandel des Nachrichtenjournalismus nach 1985,* Frankfurt/Main 1998.

Hubert Markl, Promotion (Zoologie) 1962 in München; Habilitation 1967 in Frankfurt/Main. Von 1968-1973 Professor und Direktor des Zoologischen Instituts der Technischen Hochschule Darmstadt; seit 1974 Professor für Biologie an der Universität Konstanz. Seit 1974 Mitglied des Senats der Deutschen Forschungsgemeinschaft (DFG); 1986-1991 Präsident der DFG; 1996-2002 Präsident der Max-Planck-Gesellschaft. Publikationen (Auswahl): *Biophysik,* 1977; *Evolution, Genetik und menschliches Verhalten,* 1986; *Wissenschaft: Zur Rede gestellt,* 1989; *Wissenschaft gegen Zukunftsangst,* 1998; *Schöner neuer Mensch?*, 2002.

C. Ulises Moulines, Studium der Philosophie in Barcelona; Promotion 1975 in München. 1978-1984 Professor für Wissenschaftstheorie an der Nationalen Universität Mexikos; 1984-1988 Professor an der Universität Bielefeld; 1988-1993 Professor an der FU Berlin; seit 1993 Professor und Vorstand des Instituts für Philosophie, Logik und Wissenschaftstheorie der Universität München. Seit 1997 Präsident der Deutschen Gesellschaft für Analytische Philosophie. Publikationen (Auswahl): *Zur logischen Rekonstruktion der Thermodynamik – Eine wissenschaftliche Analyse,* München 1975; *An Architectonic for Science* (mit W. Balzer und J.D. Sneed), Dordrecht, 1987; *Structuralist Theory of Science* (mit W. Balzer, Hrsg.), Berlin 1998.

Julian Nida-Rümelin, Studium der Philosophie, Physik, Mathematik und Politikwissenschaft in München und Tübingen; 1983 Promotion; 1989 Habilitation. 1991-1993 Professor am Zentrum für Ethik in den Wissenschaften an der Universität Tübingen; seit 1993 Professor für Philosophie an der Universität Göttingen. 1998-2000 Kulturreferent der Stadt München; seit Januar 2001 Staatsminister beim Bundeskanzleramt für Angelegenheiten der Kultur und der Medien. Publikationen (Auswahl): *Kritik des Konsequentialismus,* München 1993; *Economic*

Rationality and Practical Reason, Dordrech 1997; *Demokratie als Kooperation,* Frankfurt/Main 1999; *Rationalität in der praktischen Philosophie* (mit Th. Schmidt), Berlin 2000; *Strukturelle Rationalität. Ein philosophischer Essay über praktische Vernunft,* Stuttgart 2001; *Ethische Essays,* Frankfurt/Main 2002.

Ernst Pöppel, Studium der Psychologie und Zoophysiologie in Freiburg, München und Innsbruck; 1968 Promotion; 1971-1973 Massachusetts Institute of Technology, Cambridge, USA; 1974 Habilitation für Sinnesphysiologie; 1976 Habilitation für Psychologie. Seit 1976 Professor und Vorstand des Instituts für Medizinische Psychologie der Universität München. 1992-1997 Mitglied des Vorstands des Forschungszentrums Jülich. Seit 1997 auch Geschäftsführender Vorstand des Humanwissenschaftlichen Zentrums der Universität München. Forschungsschwerpunkte: Zeitliche Organisation organismischer Vorgänge, visuelle Informationsverarbeitung. Publikationen (Auswahl): *Lust und Schmerz. Über den Ursprung der Welt im Gehirn,* Berlin 1993; *Grenzen des Bewusstseins. Wie kommen wir zur Zeit und wie entsteht Wirklichkeit,* Frankfurt/Main 1997.

Daniela Rippl, Studium der Slawischen Philologie, Amerikanischen Kulturgeschichte und Anglistik in London, Moskau und München; Promotion 1995 an der Universität München. Forschungsaufenthalte in Moskau, New York und an der Cornell University. Seit 2000 Leiterin der Wissenschaftsabteilung im Kulturreferat München; daneben Lehrtätigkeit am Institut für Allgemeine Literaturwissenschaft der Universität München. Forschungsschwerpunkte: Literatur des 19. und 20. Jahrhunderts, Gender Studies, Medientheorien. Buchveröffentlichungen (Auswahl): *Vladimir Nabokov*, Berlin 1998, *Die Vor-Schrift des Textes*, München 1999; *Reparaturen der Welt* (mit L.A. Hartl).

Eva Ruhnau, Studium der Physik, Mathematik und Philosophie in Erlangen, Hamburg, Edmonton, Canada und München; 1977 M.Sc. in Mathematik, Edmonton; 1980 Diplom in Physik, Hamburg; 1985 Promotion in Mathematik, TU München. Forschungsaufenthalte in Berkeley, Princeton, San Diego und Tokyo. Seit 1997 Leiterin des Humanwissenschaftlichen Zentrums der Universität München. Forschungsschwerpunkte: Zeit in Philosophie, Physik, Neurowissenschaften und ihre mathematische Modellierung; Grundlagen der Quantentheorie. Buchveröffentlichungen (Auswahl): *The Now, Time and the Quantum* (mit M. Bitbol), 1994; *Time, Temporality, Now* (mit H. Atmanspacher), 1997; *Ethik und Heuchelei* (mit S. Kridlo, B. Busch u. K. Roessler), 2000.

Joachim Treusch, Studium der Physik in Marburg und Berlin; Promotion 1965, Habilitation 1969. 1970 Professor an der Universität Frankfurt/Main, 1971-1987 Professor am Lehrstuhl für Theoretische Physik II an der Universität Dortmund. Seit 1990 Vorstandsvorsitzender des Forschungszentrums Jülich; Zuständigkeit: Umwelt und Lebenswissenschaften, Außenbeziehungen. 1993-1997 Vorsitzender der Hermann von Helmholtz-Gemeinschaft Deutscher Forschungszentren.

Publikationen (Auswahl): *Naturwissenschaften und Umwelt*, Umwelt-Handwörterbuch, Berlin, 525 (1992); *Wissenschaft zwischen Wahrheitssuche und Wohlstandssicherung*, Physikalische Blätter 49, 1075 (1993); *Forschung für die Zukunft*, in »Visionen 2000«, F.A. Brockhaus, 224 (1999).